"十二五"职业教育国家规划教材
经全国职业教育教材审定委员会审定

U0791417

企业管理

（第三版）

李　旭　詹可军　韩俊德　主　编
王　健　张　洁　黄海力　王　峻　副主编

中国财经出版传媒集团
经济科学出版社
Economic Science Press

图书在版编目(CIP)数据

企业管理/李旭，詹可军，韩俊德主编．—3 版．—北京：经济科学出版社，2020. 5
“十二五”职业教育国家规划教材　经全国职业教育教材审定委员会审定
ISBN 978 -7 -5218 -0829 -2

Ⅰ. ①企…　Ⅱ. ①李…　②詹…　③韩…　Ⅲ. ①企业管理 - 高等职业教育 - 教材　Ⅳ. ①F272

中国版本图书馆 CIP 数据核字（2019）第 187505 号

责任编辑：张　蕾
责任校对：靳玉环
技术编辑：李　鹏　范　艳

企业管理
（第三版）
李　旭　詹可军　韩俊德　主　编
王　健　张　洁　黄海力　王　峻　副主编
经济科学出版社出版、发行　新华书店经销
社址：北京市海淀区阜成路甲 28 号　邮编：100142
编辑工作室电话：010 - 88191375　发行部电话：010 - 88191522
网址：www. esp. com. cn
电子邮箱：esp@ esp. com. cn
天猫网店：经济科学出版社旗舰店
网址：http：//jjkxcbs. tmall. com
北京密兴印刷有限公司印装
787 × 1092　16 开　16. 75 印张　420000 字
2020 年 8 月第 3 版　2020 年 8 月第 1 次印刷
ISBN 978 - 7 - 5218 - 0829 - 2　定价：45. 80 元
（图书出现印装问题，本社负责调换。电话：010 - 88191510）

修订说明

《企业管理》教材2015年被列为“十二五”职业教育国家规划教材，为了适应全国高等教育教学改革的发展趋势，以及素质教育和创新精神培养的要求，我们吸取各校师生在教材使用过程中提出的宝贵意见和建议，对教材进行了修订。

《企业管理（第三版）》以培养“厚基础、强能力、高素质、广适应”的创造性复合型人才为宗旨，在第二版教材基础上进行了修订，主要体现在以下方面：

（一）修正了第二版教材中不符合规范的文字和符号标识。

（二）删除了第二版教材中比较陈旧、保守的案例，突出经典案例，有助于学生更好地掌握企业管理的基本内容。

（三）删除了第二版教材中的部分模块，优化知识结构，方便学生更好地把握知识重点。

前　言

本书为“十二五”职业教育国家规划教材，并经全国职业教育教材审定委员会审定。

长期以来，在教学中使用本科教材或本科院校编写的高等职业教育教材时，深感现有教材不能适用教学工作的实际需要，为此我们编写了这本《企业管理》教材。

本教材按照教育部关于高等职业教育人才培养目标的要求，针对高职高专教学的实际需要，突出实用性和实践性、基础性和扩展性、层次性和灵活性的特点，以通俗易懂的语言和理论联系实际的讲解，介绍了以企业为特定对象的基层综合管理和企业职能管理，为学习者设计了一个系统科学的企业管理知识体系，并通过理论、案例、实训相结合的手段，加强对学生认识能力、分析能力、操作能力的培养，全面满足企业管理学理论与实践教学的需要。

本教材具有如下特色：

1. 摒弃“本科压缩型”教材模式，采用全新的体例。为适应知识经济环境下人们自学的要求，本书借鉴国际畅销管理学教科书的规范体系，重新构架了全书体例。本系列教材以培养学生的实际操作技能为主线，教材编写上要求理论和实践相结合，以实践为主，强调理论够用；一般内容教学和案例教学相结合，加强案例教学内容；课堂教学和课外练习思考相结合，强化课外练习思考。

2. 教材内容简明易懂。针对目前我国的高等教育由传统的精英教育转向大众化教育后，高职高专学生素质的变化，高等职业教育教材建设努力做到理论简明且通俗易懂，实际操作技能过程程序化，以便于学生更好地接受和掌握。

3. 尽力满足中国读者的需要。本书主要面向中国读者，主要为解决中国企业管理的问题提供帮助，因而本书结构框架的设计、概念的归纳尽量贴近中国人的思维习惯和语言基础；书中应用的实例和选择的案例大都取自中国企业，以便于读者理解和分析借鉴。本书还专门讨论了中国企业管理现代化的问题。

4. 努力反映时代要求和管理成就。企业管理日新月异，新的管理理论和管理经验不断涌现。本书努力反映近20年以内的企业经营环境和管理变化，充实管理理论新成果，例如最新的管理发展趋势、知识管理、先进的管理信息化平台等。

本套教材主要满足高等职业教育相关专业的教学需求，同时也可以用于实际工作者的技能培训。由于编者水平有限，难免有疏漏之处，恳请广大读者批评指正。

编　者

目 录

第一章　企业管理概述

第一节　企业基础知识

知识目标

※了解企业的含义

※了解企业的特点和发展历程

※掌握企业与公司的关系

能力目标

※掌握设立有限责任公司和股份有限公司的条件

※学会判断各种经济组织分别适合何种企业形式

相关知识

一、什么是企业

(一)企业的含义和特征

任何学习和研究企业管理的人,必须首先明确什么是企业。通常人们对于企业是这样来界定的:为满足社会需要,依法从事商品生产、流通或服务等活动,进行自主经营、实行独立核算、自负盈亏、具有法人资格的、以营利为目的的基本经济单位。

由此可以看出,企业必须具备一些基本的特征和要素:

(1)拥有一定数量、一定技术水平的生产设备和资金。

(2)具有开展一定生产规模和经营活动的场所。

(3)具有一定技能、一定数量的生产者和经营管理者。

(4)从事社会商品的生产、流通等经济活动。

(5)进行自主经营、独立核算,并具有法人地位。

(6)生产经营活动的目的是获取利润。

(二)企业的发展

企业可以根据不同的行业特征,分为工业企业、商业企业、交通运输企业、建筑企业、高新技术企业、金融企业、物流企业等。这些企业是社会生产力发展到一定水平的产物,它随着人类社会的进步、生产力的发展、科学技术水平的提高而不断发展和进步,经历了手工业生产时期、工业生产时期、企业生产时期,最后过渡到现代企业时期。现代企业与以往各阶段企业形式相比更为成熟,更加符合现代经济社会发展的需求,它具备以下特征:

(1)明晰的产权关系。

(2)所有者和经营者相分离。

(3)拥有并系统采用现代技术。

(4)实施科学管理。

(5)企业规模化和专业化相统 。

二、企业是否等于公司

在现实社会生活和经济活动中,有很多人会把企业与公司画等号,认为两者是一回事。究竟企业与公司是否相同,这涉及企业的法律形式。在法律上,根据企业的出资要求和企业主的法律责任可以将企业简单分为公司制企业与非公司制企业。

【小组讨论】

(1)多少资金可以开公司?

(2)如果公司破产,需要老板拿出自己的个人财产进行偿还吗?

(3)股份有限公司属于上市公司吗?

(4)几个人可以开公司?

(一)公司制企业

公司制企业就是我们俗称的公司,公司根据公司章程设置组织机构,公司的最高权力机构和决策机构是股东会,董事会是公司的执行机构,监事会是公司的监督机构。公司可以按照不同的分类标准划分为不同类别。依据所有制性质不同,可以将公司分为国营公司、公私合营公司和民营公司;依据国籍不同可以将公司分为本国公司、外国公司和跨国公司;依据公司的股份是否公开发行及股份是否可以自由转让可以将公司分为封闭式公司(不上市公司)和开放式公司(上市公司);依据股东对公司的责任承担不同可以将公司分为无限责任公司、有限责任公司、两合公司、股份有限公司和股份两合公司,下面将主要介绍无限责任公司和有限责任公司。业界更多地关注股东对公司责任的承担,我国公司法规定我国公司按照股东对公司责任承担不同可以分为有限责任公司和股份有限公司。

1. 无限责任公司

无限责任公司是指由两个或两个以上的股东所组成,股东对公司的债务承担连带无限清偿责任的公司。连带无限清偿责任是指股东不论出资多少,对公司债权人以全部个人财产承担共同或单独清偿全部债务的责任。无限责任公司是典型的人合公司。相对资合公司而言,人合公司的信用基础建立在公司股东个人的信用之上,而不在公司资本多少上。

对于无限责任公司而言,如果公司章程没有特别规定,无论股东出资多寡,每个股东都有权利和有义务处理公司的业务,对外都代表公司的权力,集中体现出人合性。但是,由于无限责任公司的风险太大,没有纳入我国公司法的范畴体系。

【案例思考1－1:公司注册资本能否分期付款】

杨某和郑某商定设立一个中介类有限责任公司,结果双方协商,制定了以下章程:①公司的注册资本为12万元;②杨某出资8万元,郑某出资4万元;③杨某首次出资6万元,郑某首次出资2万元,剩余部分公司成立一年内缴付。

根据上述案例,回答下面问题:

(1)公司的注册资本是否符合要求?

(2)杨某和郑某能否分期缴付出资?为什么?

2. 有限责任公司

有限责任公司又称有限公司,是指由50个以下股东共同出资,股东以其认缴的出资额为限对公司承担有限责任,公司以全部资产为限对公司的债务承担责任的企业法人。

有限责任公司不对外发行股票,股东的出资额由股东协商确定,既可以用现金出资,也可以用房产、机器设备、车辆等实物出资,还可以用知识产权和土地使用权作为出资。但是不能完全以非货币方式作为出资,货币出资额必须超过注册资本的30%以上。

有限责任公司可以根据股东人数的不同分为普通有限责任公司和一人有限责任公司。普通有限责任公司的股东人数在2人以上50人以下。一人有限责任公司的股东人数为1人。这两类公司在出资要求、责任承担等方面有所不同。

普通有限责任公司最低注册资本金是3万元,不要求一次性支付,可以分期支付,但是所有首次出资额必须超过注册资本的20%,不足部分需在两年内缴足,投资公司可以五年内缴足。

而一人有限责任公司最低注册资本金是10万元,要求必须一次性缴足,且一个自然人只能投资设立一个一人有限责任公司。一人有限责任公司的股东如果不能有效证明公司财产独立于个人财产的,应对公司的全部债务承担连带责任。

【小知识:最低注册资本详规】

虽说一般规定有限责任公司的最低注册资本为3万元,但是对特殊行业和类型的有限责任公司的最低注册资本作出了详细规定:

(1)以生产经营为主的和以商品批发为主的有限责任公司,其最低注册资本不少于人民币50万元;

(2)以商业零售为主的有限责任公司,其最低注册资本不少于人民币30万元;

(3)科技开发、咨询、服务性有限责任公司,其最低注册资本不少于人民币10万元。

从以上可以看出,有限责任公司的优点是出资门槛较低,设立程序比较简单,不必发布公告,也不必公开账目,公司内部设置机构灵活;但缺点是不能公开发行股票,筹集资金的范围和规模一般都比较小,难以适应大规模生产经营活动的需要。因此,有限责任公司一般适合于中小企业。

【案例分析1-1：公司注册资本能否分期付款】

(1)通过对有限责任公司基础知识的学习可以看出，上述有限责任公司是由王某和杨某两个人决定成立的，股东为2人，该有限责任公司为咨询类普通有限责任公司。其最低注册资本为10万元，两人决定注册资金为20万元，是符合要求的。

(2)对于公司注册资金分期付款是可以的，而且本案中两人首次出资为5万元，达到总注册资本的25%，当然超过20%，且剩余部分在公司成立后二年内缴清均符合公司设立要求。

3. 股份有限公司

股份有限公司又称股份公司，是指发起人人数在2人以上200人以下，公司资本划分为若干个金额相等的股份，股东仅以自己认购的股份为限对公司承担责任，公司以全部资产对公司债务承担责任的企业法人。

股份有限公司的最低注册资本金是500万元，上市公司最低注册资本是3000万元。公司的股份体现为股票形式，持有公司股票即为公司股东。股份有限公司的特征有以下几点：

(1)公司的股本全部分为等额股份，其总和即为公司资本总额。

(2)股东人数没有上限规定，便于集中大量的资本。

(3)股东以其所持股份享有权利、承担义务。

(4)公司信用的基础是资本而不是股东的个人信用，是典型的资合公司。

(5)公司的重大事项必须向社会公开。

(6)公司的设立有发起设立和募集设立两种，股份以股票的形式表现。

(7)股东的股份可以自由转让，但不能退股。发起人认购的股份自公司成立之日起三年内不得转让，公司董事、监事、经理在任职期间也不得转让所持有的本公司的股份。

股份有限公司的优点很明确：可迅速聚集大量资本，可广泛聚集社会闲散资金形成资本，有利于公司的成长；有利于分散投资者的风险；有利于接受社会监督。

股份有限公司的缺点在于：设立的程序严格、复杂；公司抗风险能力较差，大多数股东缺乏责任感；大股东持有较多股权，不利于小股东的利益；公司的商业秘密容易泄露。

因此，股份有限公司一般适合于资金实力比较雄厚的大型企业。

【小知识：子公司与分公司】

当公司的规模发展到了一定阶段以后，由于业务和管理的发展需要，公司会出现分支机构，子公司和分公司就应运而生。

子公司是对应母公司而言，是被母公司通过持股一定比例或者通过其他协议，经营活动被实际控制的公司。在法律上，子公司具有独立的法人资格，与母公司在业务和财务上独立。

分公司是对应总公司而言，分公司是被总公司管辖之下的法人分支机构，不具有独立的法人资格，一般情况下对外不能代表总公司，不具备独立的财产权利，若出现负债由总公司承担。

（二）非公司制企业

1. 个人独资企业

个人独资企业是指由业主一个人投资兴办，财产为投资者个人所有，投资者以个人财产为企业承担无限责任的经营实体。个人独资企业的优点在于没有最低出资额的限制，建立和停业的程序十分简单易行，产权能够比较自由地转让，经营者与所有者合一，经营方式灵活，决策迅速，利润独享，保密性强。个人独资企业的缺点在于由于业主个人是以个人财产或家庭财产来承担无限责任，所以一旦经营失败，投资者须对企业债务负有完全责任，风险较大。

【小组讨论】

（1）个人独资企业与个体工商户是一个意思吗？

（2）如果不是，试比较分析个体工商户、一人有限责任公司、个人独资企业的区别。

2. 合伙制企业

合伙制企业简称合伙企业，是由两个或者两个以上的投资者订立书面合伙协议，共同出资，合伙经营，共同收益、共担风险的企业。合伙企业没有最低出资额的限制，新合伙人对入伙前的债务承担连带责任。

合伙企业分为普通合伙企业和有限合伙企业两类。普通合伙企业的合伙人被称为普通合伙人，合伙人能对外代表企业，对企业债务承担无限连带责任。有限合伙企业是由承担无限连带责任的普通合伙人和承担有限责任的有限合伙人构成。有限合伙人对企业债务承担有限责任，不能以劳务出资，不对外代表合伙企业，不直接参与企业经营管理。

整体来讲，合伙企业与个人独资企业相比有很多优点。主要的优点是可以从众多的合伙人处筹集资本，使企业的筹资能力有所提高，合伙人共同偿还责任减少银行信贷风险，有助于提高企业的信誉。

合伙企业的缺点也很明显。合伙企业是根据合伙人之间的契约建立的，每当一位原有的合伙人离开，或者接纳一位新的合伙人，都必须重新确立一种新的合伙关系，从而造成法律上的复杂性。同时由于新合伙人对合伙之前的债务承担连带责任，导致新合伙人责任重大，通过接收新的合伙人增加资金的能力也受到限制。

3. 合作制企业

合作制企业是以本企业或合作经济实体内的劳动者平等持股、合作经营、股本和劳动共同分红为特征的企业制度。合作制企业是劳动者自愿、自助、自治的经济组织。

实行合作制的企业，外部人员不能入股，这是合作制企业与股份制企业的区别。如果在企业内部实行股票或股权证，合作制将转变为股份制。

经验证明，合作制有利于调动企业职工的积极性，有利于增强企业活力，降低成本，提高经济效益。由此可见，合作制适合于我国城乡的小型工商企业及各种服务性企业。因为这些企业一般都以劳动出资为主，本小利微，工资收入比较低，发展合作制比较适合。

【小知识:企业名称】

企业名称一般由四个部分构成:行政区域+字号+行业特征+组织形式。

(1)行政区域:企业名称中行政区域是指县级以上(包括县级)的行政区域名,但是除全国性的企业,或者是经国务院或批准的大型企业,或者是历史悠久的老字号外,一般不能用“中国”作行政区域。

(2)字号:违背社会公德,或者是公众熟知的县级以上的行政区域名(公众不熟知的县级以上的行政区域名,且有其他含义的除外)等不合法律规定的词不能作字号。

(3)行业特征:使用例如“汽车制造”“房地产开发”“文化传播”等表示行业的词。

如果企业规模较大,业务范围涉及多个行业,就可以省略行业特征这部分。

(4)组织形式:①如果是公司制企业,股份有限公司的组织形式就是“股份有限公司”,有限责任公司的组织形式就是“有限责任公司”或者是“有限公司”;②如果是非公司制企业,组织形式只能是“厂、中心、店、所”,绝不能出现“公司”或“股份有限”或“有限责任”等字样。

如果企业规模较大,业务范围涉及多个行业或地区,就可以不用行政区域,组织形式可以用“集团”。

小　结

企业分类中,用得最多的是根据法律形式将企业分为公司制企业和非公司制企业。

公司与企业绝对不能画等号,它们在范畴上不尽相同。企业的范畴大,可以分为公司制企业和非公司制企业,公司只是属于企业的一种形式。

公司制企业和非公司制企业都各有自身的优劣势。针对一个具体的企业而言,采用公司制还是非公司制,需要根据投资人的资金实力和意愿、企业的行业特征、企业的规模大小、融资要求以及结合企业长远发展目标等诸多因素综合考虑方能确定。

对于公司制企业与非公司制企业,不能绝对地判断二者孰优孰劣,只能根据具体企业情况判断适合哪种形式。只有选择适合企业发展的形式,才能有利于企业正常经营和发展壮大。

课外实训项目

(1)我们经常听说某人是某企业的董事长兼总经理,这说明该企业的什么问题?

(2)我们通常在街上看到的律师事务所属于什么企业形式,公司制还是非公司制?

第二节　管理常识

知识目标

※了解管理的定义

※掌握管理者的职能和角色

※熟悉优秀管理者所应具备的素质和能力

能力目标

※以优秀管理者为标杆,提高自身素质和能力

案例引入

管理之道

北京某咨询公司的董事长兼总经理何某,人称何总。何总常年跟公司的咨询人员战斗在外地项目第一线,基本鲜见他回总部。他与下属同吃同住,任何事都喜欢亲力亲为,非常辛苦。四十岁刚过,但发已谢顶,面无光泽,精神异常疲倦。他管理员工的哲学就是:服从服从再服从。

他拟订出一套管理制度,具体如下:领导传唤员工,员工手上不管有什么活,必须随传随到。员工对领导的安排,即便有异议也不能拒绝,必须无条件服从,否则走人。公司禁止员工在上班时间讲话交流,因为讲话影响工作效率。上班时间员工手机必须处于关机状态,以便能安心工作。公司座机电话只能告诉给父母或者配偶,禁止告诉其他人等。上班不能带任何有存储功能的设备,公司电脑上无U盘接口,禁止上网。如果需要同事之间共享资料,必须申请,在专人监督下用软驱拷贝查阅。

如果在外地做项目,管理制度另有规定:出差期间不能告诉家人去哪儿出差,禁止员工在出差期间即便是休息日去找当地的同学朋友,理由是保护客户秘密。出差期间上班时间为早上八点到晚上十点,午饭和晚饭吃饭加休息时间各一小时,晚上如果有会议,时间将延后不定。事实证明,何总是一个优柔寡断的人,只要晚上开会,往往大家到十二点还不能散会,因为决策没做出来。

这段时间何总和项目组成员出差在某生产企业,该企业办公场所比较紧张,便安排咨询公司所有项目组员工包括何总在一间办公室办公。何总工作压力大,抽烟很厉害,一天能抽一包多,都是在办公室内解决。因为窗外就是生产工厂,粉尘很大,何总从不允许员工开窗,理由是外面灰尘大,开窗后灰尘进来对大家身体不利。因此下属们就整天坐在烟雾弥漫的办公室内伏案工作,没有一人提出异议。何总很高兴,觉得自己很权威,管理得很好,没有一个人敢对他说“不”。

公司创立几年来,何总的咨询公司员工来了一茬又走了一茬,像走马灯似的换得很快。用他的原话讲就是“新鲜血液不断涌动”。其真实原因是何总招员工在某个方面很慷慨,只要认

为符合录用条件一签劳动合同就是三年,按照新劳动合同法的规定,试用期可以最长到六个月。因此只要被何总招进公司,试用期都是半年。可是几乎没有人能熬过半年的,因为在何总手下干够半年不是件容易的事。所以何总一直以来基本都在用退休的兼职员工和处于试用期的员工,用工成本很低。何总为自己独到的成本管理方法沾沾自喜,认为自己管理有方。

(1)请评价何总的管理手段和方法如何。

(2)请问他是一名成功的管理者吗?为什么?

案例分析

要评价上述案例中所描述的何总的管理方法和手段是优还是劣,必须根据现代管理理念和方法来判断。因此要解决上述问题,必须了解和明确:

(1)什么是管理?

(2)管理者的工作是做什么?

(3)管理者应该如何管理?

(4)一名成功的管理者应该具备哪些能力和素质?

只有掌握了这些内容,上述任务中的问题才能迎刃而解。

相关知识

一、什么是管理

(一)管理的定义

管理伴随着人类有组织的活动开始产生,发展于人们对于各种组织活动经验的总结和归纳。对于什么是管理,多年以来,人们试图给它一个完整而精确的定义,最终却由于角度和出发点不同,仁者见仁,智者见智,很难达成统一的说法。

认可度极高、颇具代表性的是西方几位管理学家给出的几种说法:

泰罗:管理是确切地了解你希望工人干些什么,然后设法使他们用最节约的方法完成它。

法约尔:管理就是计划、组织、指挥、协调和控制。

霍德盖茨:管理就是协调其他人来完成工作。

德鲁克:管理是一种以绩效责任为基础的专业技能。

西蒙:管理即决策。

综合上述各种观点,本书对管理所下的定义是:管理是组织为了达到个人无法实现的目标,通过计划、组织、协调、控制等各项职能手段,合理协调资源的过程。

管理的这一定义包含了以下内容:

1. 管理的主体是组织

组织包括企事业单位、国家行政机关、社会团体和宗教组织等。

2. 管理的客体是资源

资源包括人力资源、资金资源、物质资源和信息资源等。在这些资源中,人力资源是最重要的,因为任何组织必须要有人才能建立和发展,人与物的关系最终都表现为人与人的关系。任何资源的分配和协调都是以人为中心的,所以管理要以人为中心。

3. 管理的职能

管理的职能包括计划、组织、指挥、协调和控制。

4. 管理的目的是实现既定的目标

这个既定的目标单靠个人的力量是无法实现的,这是组织存在的原因。

【小组讨论:管理的最高境界】

有多个管理者在一起对管理的最高境界进行讨论。

A 说:管理的最高境界是无为而治。

B 说:管理的最高境界是管好人心。

C 说:管理的最高境界是信任管理。

D 说:管理的最高境界是文化。

E 说:管理的最高境界是利润最大化。

请问:你如何看待上述观点?

(二)管理的性质:管理是科学与艺术的统一

1. 管理的科学性

管理的科学性是指管理必须有科学的理论、方法来指导;要遵循管理的基本原理、原则,管理必须科学化。如果不承认管理的科学性,不按科学规律办事,违反管理的原理与原则,随心所欲地进行管理,必须受到规律的惩罚,导致管理活动的最终失败。

2. 管理的艺术性

所谓艺术性是指创造性的方式、方法。管理的艺术性是指一切管理活动都应当具有创造性。管理的艺术性由三方面决定:

(1)管理总是在一定的环境中进行的,而管理的环境是不断变化的。因此成功的管理必须依据不断变化的环境进行调整,灵活多变地、因地制宜地运用管理技巧和方法解决实际问题。

(2)管理的主要对象——人,具有主观能动性和感情。由于管理的对象人是一个极其特殊的社会群体,不同的人有不同的性格,在不同情境下呈现出不同的情绪特征。作为管理者而言,要准确把握不同管理对象的性格和情绪特征,有针对性地运用不同的管理方法和技巧,因人、因时而灵活处理,方能达到管理的效果。

(3)管理者性格的多样化。管理者可能呈现出多种性格特征,可能是典型胆汁质,可能是典型多血质,可能是典型黏液质,还有可能是混合型个性。每一个性特征的管理者都会因为自身性格原因或多或少影响其管理方法和技巧,例如胆汁质的管理者其管理可能大气、豪放,不拘泥细枝末节;多血质的管理者的管理手段灵活多变,因时而动;黏液质的管理者在管理中遇事冷静,处乱不惊,重视细节的处理。因此不同管理者的个性特征和生活阅历成就了各自不同的管理风格,形成了诸多实用的管理技巧和方法。

3. 管理是科学和艺术的统一

管理既是科学,又是艺术,是两者的统一,此两者有机结合,没有明确的界限。说它是科学,是强调其客观规律性;说它是艺术,是强调其灵活性与创造性。管理的艺术性是对管理的科学理论的发挥与延续,离开科学的基础就不可能有真正的艺术性。同时管理艺术性的发挥必然是在科学理论指导下的艺术性发挥,管理艺术性、创造性的结果在普遍适用之后就逐步成为科学理论。因此,管理的科学性与艺术性是相互作用、相互影响的,共同发挥管理功能,促进目标的实现。

二、管理者的工作是做什么

【小组讨论】

很多初涉管理的人都很好奇到底管理者的工作是什么?

(1)是不是整天坐在办公室里签字盖章?

(2)是不是一天到晚不停地接打电话部署工作?

(3)是不是需要一天到晚如赶场似的到处接见客户,在饭店觥筹交错?

如果我们只将管理者的工作停留在上述片面的层面,没有一个系统清晰的认识,那说明我们对于管理者的工作还是一知半解,没有上升到一定高度。因此我们非常有必要认真学习和了解以下知识:管理者的工作职能和工作角色。

(一)管理者的工作职能

管理者的工作职能指的是管理者为了有效地实现组织目标而做出的各项工作。归纳起来,管理者的工作职能主要包括计划、组织、指挥、协调和控制五个方面。

1. 计划

计划是为实现组织既定目标,管理者对未来的行动进行规划和安排的工作过程。在具体内容上,它包括组织目标的选择和确立,实现组织目标方法的确定和抉择,计划原则的确立,计划的编制,以及计划的实施。计划是全部管理工作职能中最基本的职能,也是实施其他管理工作职能的条件。计划是一项科学性极强的管理活动。任何一个管理者要想工作突出,卓有成效,必须学会修炼成为一个科学的计划制订者,去保障管理活动的正常运行和落实。

2. 组织

为实现管理目标和计划,管理者必须设计和维持一种职务结构,在这一结构里,把为达到目标所必需的各种业务活动进行组合分类,把管理每一类业务活动所必需的职权授予主管这类工作的人员,并规定上下左右的协调关系。为有效实现目标,还必须不断对这个结构进行调整,这一过程即为组织。组织职能一般包括设计与建立组织结构、合理分配职权与职责、选拔与配置人员、推进组织的协调和变革等。组织为管理者的工作提供了结构保证,它是进行人员管理、指挥、协调和控制的前提。

3. 指挥

指挥就是管理者对组织内每名成员和全体成员的行为进行引导和施加影响的活动过程,其目的在于使个体和群体能够自觉自愿且有信心地为实现组织既定目标而努力。指挥所涉及的是管理者与下属之间的相互关系。

4. 协调

协调是指管理者处理内外部公共关系的活动,特别是使组织内部的每一部分或每一成员的个别行动都能服从于整个集体目标，是管理过程中带有综合性、整体性的一种职能。它的功能是保证各项活动不发生矛盾、重叠和冲突，以建立默契的配合关系，保持整体平衡。与指挥不同，协调不仅可以通过命令，也可以通过调整人际关系、疏通环节、形成共识等途径来实现平衡。

5. 控制

控制是管理者按既定目标和标准对组织的活动进行监督、检查，发现偏差，采取纠正措施，使工作能按原定计划进行，或适当调整计划以达到预期目标。控制工作是一个延续不断的、反复发生的过程，其目的在于保证组织实际的活动及其成果同预期目标相一致。

管理者工作职能循序完成，并形成循环往复，其中每项职能之间是相互联系、相互影响的，以构成统一的有机整体。管理者的五项工作职能，归根结底是为了实现组织的目标。

（二）管理者的工作角色

1. 管理者的人际角色

管理者在工作中常常需要处理组织内部员工和组织外部利益相关者的关系，这时管理者所扮演的工作角色就是人际角色。管理者的人际角色可以分为三类：

（1）代表人角色。

作为组织的领导，管理者必须经常行使一些礼仪类的职责。例如管理者出席参加剪彩活动、以组织名义参加社会慈善活动、与利益相关方的谈判活动等。此时，管理者充当的是代表人角色，他此刻的一举一动、一言一行代表的是组织的形象和利益。因此，管理者在充当此角色时应尤为慎重。

（2）领导者角色。

管理者在与组织内部成员共同工作时，需要关键时候做出决策，选择正确的领导方式；运用权威，实施指挥；有效激励员工，调动员工的积极性，留住优秀的员工以维持组织的核心竞争力。此时管理者充当的是领导者角色，需要对工作的成败得失负主要责任。

（3）联络者角色。

管理者是一座桥梁，担当着连接上下和内外的重任，这就是管理者的联络者角色。一方面，这要求管理者必须了解员工的想法，收集员工的意见和建议，如实向上级反映；同时需要将上级主管部门的计划要求准确无误地传达给下级员工，绝对不能欺上瞒下。当然平行部门之间的联络也十分必要，需要经常沟通。另一方面，管理者还需要担当组织内外的联系人，起到沟通内外的作用。

2. 管理者的信息角色

信息是组织发展的重要资源，管理者在工作中必须确保与工作伙伴之间保持信息的及时性、准确性和完整性，这是工作顺利完成的重要保障。这就要求管理者在工作中成为信息传递渠道，此时他扮演信息角色。管理者扮演的信息角色可以分为三种：

（1）监督者角色。

监督的目的是获取信息，管理者可以通过各种办法获取一些有用的信息，如通过密切关注组织自身状况以及外部环境变化，通过接触内部员工，通过利用公共关系网等方式获取信息。例如公司监事会主席需要通过监督董事会及高管的日常工作来向股东会报告公司情况，保障公司的正常运转。

（2）传播者角色。

作为传播者，管理者把监督到的重要信息传递给工作伙伴。但是，在特殊情况下，管理者也会因特殊原因故意隐瞒某些特定信息，从而保障组织的正常秩序。

（3）发言人角色。

管理者信息角色的最后一种是发言人角色。管理者必须把信息传递给他人，例如上市公司向股民和社会公众报告公司的财务状况等。

3. 管理者的决策角色

管理者在处理信息时，根据信息所提供的依据，得出结论，最后做出决策，并分配资源以保证决策方案的实施。一般而言，管理者的决策角色分为四种：

（1）企业家角色。

作为企业家，管理者对发现的商机进行投资，例如开发新产品、提供新服务或者是提出并实施新的营销模式等。

（2）冲突管理者角色。

一个组织不管被管理得多好，它在运行过程中都不可能没有冲突发生。作为管理者，必须要学会冲突管理的方法和技巧，妥善处理冲突和解决问题，善于调解员工之间的矛盾和争端，平息客户的怒气，与不同的供应商进行谈判等。

（3）资源分配者角色。

资源包括人力资源、财力资源、物质资源和信息资源。不管是哪一种资源，都是稀缺的，谁都希望自己能更多地占有资源。管理者经常充当资源分配者这一角色。但是要把有限的资源分配得恰到好处，不引起争端，的确是一件非常困难的事情。管理者在分配资源时，必须考虑到事情的轻重缓急，善于处理各方关系，协调各方利益，保证资源分配得合情合理。

（4）谈判者角色。

管理者所扮演的最后一个角色是谈判者角色。管理者几乎每天都要面临谈判问题，和员工谈判、和客户谈判、和供应商谈判，以及和其他的利益相关方的谈判，等等。无论身处何种组织，管理者都会为了组织的利益经常需要谈判，这就要求管理者熟练掌握谈判的技巧方法，将组织的损失减少到最低，为组织争取更多的利益。

【小测试：管理者的角色】

下列情形中，管理者各在扮演什么角色：

（1）采购经理与零部件供应商谈采购价格。

（2）项目经理给项目组成员分配工作任务。

（3）调研组长组织小组成员去客户企业进行访谈。

（4）总经理参加行业协会高管会议。

（5）车间主任批评两名不遵守规章制度的员工。

（6）部门经理开会告诉员工春节放假提前到农历12月25日。

（7）大雪过后，物业经理带头开始打扫小区里的积雪。

三、如何修炼成为一名优秀的管理者

要想修炼成为一名优秀的管理者，必须具备良好的素质和突出的能力。

【案例思考 1－2：本田的管理模式】

在日本企业界，本田是技术和活力的代名词。本田公司是当今世界汽车业的佼佼者。本田的成就与创立者本田宗一郎的性格有很大关系。

本田宗一郎 1906 年出生在静冈县。1922 年，只有小学文化的他从乡下来到东京，在汽车修理厂做学徒。不久，他便成为一名优秀的修理工。1928 年，他独自开了一家汽车修理厂，经营得特别成功。1946 年，他创建了本田技术研究所，开始生产摩托车。1971 年，他将公司的经营权交给与自己毫无血缘关系的年轻人。宗一郎为本田制定的一些原则和规定已经渗透到企业的各个角落，形成了“本田管理模式”。

(1)充分尊重个人，公平合理授权。宗一郎认为公司必须备有各类人才，他们不用像公司宣誓忠诚，而是要他们为自己工作。为了保证权力确实能够交给有能力的人，他规定企业领导高层的亲属一律不得进入公司工作；高级干部到五十岁为年轻人让位。

(2)鼓励竞争，技术面前人人平等。公司鼓励每一个人、每个小集体都可以自由奔放的设想，能够利用业余时间到“新设想实验工作室”中去实施。

(3)顾客满意第一原则。在本田，研究人员认为他们不是研究技术，而是在研究人们的心理，想尽一切办法满足人们的心理。

(一)优秀管理者应该具备的素质

1. 品德素质

管理者作为组织中的佼佼者，作为下属学习的标杆和榜样，不仅需要在政治上经得起考验，还必须具备优良的品德素质。一名优秀的管理者，应该正直诚信，言行一致，不能阴险虚伪，言而无信。对待组织应该忠于职守、乐于奉献，有强烈的责任心和归属感；对待工作应该兢兢业业，奋发向上；对待下属应该以身作则，宽容大度，公平待人，不拉帮结派。对待工作中和自己意见不一致的同事或下属，一定要识大体、顾大局，就事论事，绝不搞打击报复。

2. 知识素质

管理是一项复杂的系统工程，所以要求管理者具备丰富的知识，并且要与时俱进，进行知识的更新。我们以企业管理者为例，他们掌握以下基本知识非常必要：

(1)宏观知识。

不懂宏观就不懂管理。企业管理人员必须在了解宏观经济知识的前提下，关注国家宏观调控的目标，熟悉大政方针，敏锐洞察未来经济发展趋势，为指导工作提供政策依据和行动导向。

(2)行业(企业)知识。

管理者都身处于一个具体的行业(企业)当中，因此对行业(企业)知识的了解显得必要而必须。每个行业(企业)都有其专属特征，管理者需要对行业(企业)的历史、行业(企业)技术工艺特征、行业(企业)规范与集中度、行业(企业)发展前景等方面有清晰的认识和透彻的把握，才能真正融入这个行业(企业)，了解这个行业(企业)。

(3)专业知识。

作为企业管理者,应该具备扎实的企业管理专业功底,熟练掌握和运用企业战略管理、采购管理、生产运作管理、营销管理、财务管理、人力资源管理、客户关系管理、商务谈判等专业知识。将这些知识形成一个系统,融会贯通。

(4)其他相关知识。

管理者仅仅掌握上述知识还是远远不够解决管理中遇到的所有问题,必须还要扩大知识的广度和深度,掌握其他与管理工作相关的其他知识,归纳起来有以下六点:①法律知识:管理者必须知法守法,依法管理。在面对相关法律纠纷时,要运用法律武器维护企业的权益。企业管理者需要掌握的法律知识主要包括社会保障法、民商法、经济法、税法等。②心理学知识:管理者的管理对象是人,人的心理活动复杂多变。作为企业管理者,必须熟悉管理心理学和消费者心理学,加强对管理对象的心理特征和活动的认识和了解,有针对性地进行科学和艺术的管理,才能事半功倍。③语言知识:企业管理者通常需要进行语言沟通,包括书面语言和口头语言。书面语言指公文的写作能力和水平必须符合规范,措辞得当。口头语言是指管理者应该学会一些方言或者是一两门外语。如果管理者在对外交往中,能熟练使用方言或是外语,不仅能表现出自己的素质,而且容易拉近与交谈对象的关系,更容易达成沟通目的。④社交礼仪知识:企业管理者必须掌握正式商务礼仪知识,尊重各地风俗习惯,合理化妆、搭配衣着,妥善接待和宴请来宾,不卑不亢、落落大方,塑造良好的个人与企业形象。⑤电脑知识:作为信息时代的管理者,必须懂得基本的电脑知识,熟练掌握办公室软件操作,熟练利用各种搜索工具进行信息收集,熟悉一两种统计工具进行数据分析等。⑥文艺类知识:如果管理者拥有较好的文学艺术修养,在诗词歌赋、音乐舞蹈方面有过人之处,往往会在管理过程中收到意想不到的效果,提高个人亲和力和美誉度。

由此可见,知识素质需要管理者具备相当的专业知识和足够的知识跨度。具体地说,就是要求管理者具有“三维知识结构”,即知识的深度、广度和时间度。深度指管理者对知识精通,而不是一知半解,能系统深入地掌握知识的理论框架和实务操作。广度指管理者的知识面要宽,即不仅掌握本专业或本岗位的系统知识,还应该熟悉现代管理知识和各种相关知识。时间度是指管理者的知识要适应新经济时代的要求,要不断地进行知识更新,补充新知识,淘汰旧知识。总之,具有扎实的知识基础、博学多才,对现代管理者而言,具有十分重要的意义。

3. 心理素质

心理素质是人心理面貌稳定性倾向的总和,一般包括性格、情绪、意志、兴趣等。良好的心理素质是现代管理者能力的内在基础,对管理活动效能的影响极大。作为一名现代管理者,要培养自己健全的心理素质。具体地说,就是要有渴望成功的强烈欲望、健全的性格,即要勤奋、朴实、认真、自信、自谦、开朗豁达、宽容大度、公平正直;稳定的情绪,即对事业要高度热情,善于控制自己的感情,具有稳定、持久、乐观等特点,良好的情绪不仅有助于管理者自己的心理健康和提高工作效率,而且对稳定员工情绪、感染员工热情、激励员工士气有着相当大的作用;坚强的意志,即要有坚持不懈、百折不挠、坚毅而有恒心、不达目的誓不罢休的精神;广泛的兴趣,它表现为强烈的好奇心与旺盛的求知欲,作为一名管理者应有广泛的兴趣,不仅对本行业感兴趣,而且对相关行业也感兴趣,当然管理者最大的兴趣应该在自己的管理工作上,不应该舍此而求彼。

4. 身体素质

管理工作任务繁重、节奏快、压力大，不仅需要管理者具有丰富的知识和经验、良好的心理素质，而且还要求他们拥有强健的体魄。俗话说："身体是革命的本钱"，此话一点都不假。试想在现代管理中，管理者每天需要处理各种纷繁复杂的工作，加班、出差做空中飞人都是家常便饭。如果没有一个强健的体魄，没有养成经常锻炼身体的良好习惯，是很难胜任管理者长年累月的高压工作。因此，为了延长自己的职业生涯，更好地服务于组织和社会，管理者应该养成良好的生活习惯，加强身体锻炼。

【小资料：透视王均瑶现象】

2004年11月7日，"胆大包天"的均瑶集团董事长王均瑶，因患肠癌医治无效在上海逝世，年仅38岁。王均瑶英年早逝，令人扼腕，他的死被称为"王均瑶现象"，引起了人们对中国企业家健康状况的极大关注。

据2008年1月28日新华社信息：目前中国的企业管理者担负着超乎寻常的责任。一天工作11小时，睡觉五六小时，一周只休息一天，一周66小时的工作时间里，有21小时花费在会议桌上和谈判桌上。

过度劳累和精神高度紧张，巨大的压力，长时间超负荷工作，难以排解的抑郁、焦虑和孤独，无不影响着企业家的心理和身体健康，从而导致了这群企业管理者极其令人担忧的健康状况。《中国企业家》杂志日前对国内企业家进行了《企业家工作、健康与快乐状况调查》，结果表明，"肠胃消化系统疾病"占30.77%、"高血糖、高血压以及高血脂"占23.08%，"吸烟和饮酒过量"占21.15%，90.6%的企业家处于"过劳"状态，28.3%的企业家"记忆力下降"，26.4%的企业家"失眠"。

这反映出中国企业家在精神和体力上普遍的过劳状态，应唤起企业家和管理者们对健康多加注意，切不可马虎大意。企业家管理好自己的健康比管理好企业更为重要。

（二）优秀管理者应该具备的能力

1. 决策能力

决策能力是中高层管理者的最重要能力，美国管理学家西蒙有句名言："管理就是决策。"正确的决策会使组织发展朝气蓬勃，欣欣向荣；反之，关键时候错误的决策会导致组织陷入被动甚至破产的窘境。管理者的正确决策建立在大量可靠信息的基础上，明确决策目标，尊重科学化、民主化决策原则，提出各种可行方案，按照决策标准，运用科学方法选择切实可行的决策方案，将其付诸实施，并且动态地对决策方案进行反馈控制。管理者要提高决策能力，必须注意：决策思想正确、决策程序科学、决策方法定量、决策标准恰当。

2. 执行能力

执行能力是管理中最大的黑洞，执行是否到位既反映了企业的整体素质，也反映出管理者的角色定位。因为管理者有层级之分，不同层级的任务和职责不同。对于绝大多数中层和基层管理者而言，他们所扮演的角色不仅仅是制定决策和下达命令，更重要的是必须具备执行力。执行力的关键在于通过组织文化影响员工的行为，因此管理者很重要的角色定位就是营造组织执行力文化。管理者如何培养部属的执行力，是组织总体执行力提升的关键。如果员工每天能多花十分钟替企业想想如何改善工作流程,如何将工作做得更好,管理者的策略自然能够彻底地执行。

3. 发掘人才能力

(1)识人能力。

科学技术突飞猛进,知识经济迅速发展,人才在经济社会发展中的地位和作用日益突出。"人才资源是第一资源"的科学论断日益深入人心。管理者要想在激烈的竞争中占据优势,就必须是一个善于识才、长于求才的赢家,就必须本着求贤若渴、诚心诚意、唯才是举的态度,千方百计为组织发现和寻求急需的人才。因此,管理者需具备伯乐的慧眼,善于在群马中识别千里马。管理者在识别人才时,需要依据两大准则:品德和独特优势,不能墨守成规,错失良将。

(2)用人能力。

管理者使用人才自然是要"量体裁衣",把适合某种工作的人安排在合适的工作岗位上,扬其长,避其短,使有限的人才资源发挥无限大的作用。用人必须注重打破陈规陋俗,提倡全新的用人理念。主要是做好以下六个方面:①要按德才兼备原则选人,有德无才不能用,有才缺德更不能用;②要用人所长,不求全责备,使人尽其才,才尽其用;③不搞五湖四海,不拉帮结派,要任人唯贤,不要任人唯亲;④要引入竞争机制,使企业各种职务,各个岗位都实行公开竞争,择优选用,做到能者上,庸者下;⑤要动态调整,建立合理的能级序列,使每个人的能量和相应的能级对应,能量增大者适时提拔到相应能级,使人的潜能得到最大发掘;⑥要进行人才组合,把不同专长、不同风格、不同性格的人才恰当地组合在一起,发挥人才的群体优势。

【小资料:某老板的经营心得】

有两个管理者在一次聚会聊起经营理念,一位姓李的管理者说:"我有两个员工:"一个总是杞人忧天,总是害怕公司出事,做事犹犹豫豫;一个整日浑水摸鱼,闲荡鬼混。"这两个人太令人头疼,准备找个合适机会炒掉这两个家伙。"另一位姓周的管理者马上表态:"你要是不愿意用,正好给我吧。"过了一段时间,两个人又会面了,谈起了这两个员工的近况,周管理者说:"这两个人干得非常好,我正准备重用他们呢,并且给他们两个加薪!"到底是什么原因呢?

原来,周管理者将这两个人要过去之后,安排喜欢"杞人忧天"的人负责安保系统的管理;喜欢"闲荡"的人负责产品的推广。结果几个月下来,两个人都取得了令人满意的成绩。

由此不难看出,人无完人,管理者要有一双善于发现的眼睛,结合员工的自身优势,使人能尽其才,才能尽其用。

4. 激励能力

管理的本质就是通过影响他人的能力,激发他们为组织提供有益贡献的工作热情,去实现自己为组织制定的目标,由此不难看出,激励能力的大小是检验一名管理者管理水平高低的标准。一名优秀的管理者必定是一个激励高手,他应该通过不断反思,了解影响激励的因素,学会运用各种物质和精神激励方法让员工相信组织的美好前景,选择成为组织的忠实员工。

5. 协调能力

协调的功能是通过正确地处理组织内外各种关系，为组织发展创造良好的内部条件和外部环境，从而去促进组织目标实现。组织内外经常因目标不一致而出现矛盾、冲突，这就是需要管理者通过协调加以解决。在进行协调时，管理者应沉着冷静，思维敏捷。在不同情境下，管理者可以运用回避、强制解决、妥协、合作等方法去协调尤其是组织内出现的矛盾和冲突。

6. 表达能力

一个善于表达的管理者能把氛围和情绪带动起来。机智幽默、生动风趣的谈吐能使管理者的魅力大增。要提高语言表达能力：①要博学多才、博闻强记，能在恰当的时候说出最精彩的语言，这需要长年累月的学习和积累；②要有幽默感，幽默能给人愉悦，特别是在比较紧张的情况下，幽默可使人摆脱窘境，缓和气氛；③要注意表达的语气、语速、语音、场合和韵律，不能平铺直叙，索然无味，让人感觉在说教，易引起反感；④要做到抑扬顿挫，跌宕起伏，字字珠玑，体现出高度的艺术性，让人欣然接受你的观点。

7. 学习能力

现代社会知识更新速度异常迅速，这给管理者提出了严峻的考验。很多管理者走上管理岗位的时候，大多已经离开学校生活比较长时间了。原来学校学习的知识已经跟不上当下的工作要求，这就对管理者的学习能力提出了很高的要求。管理者在面对自身知识老化、脱离社会形势时，一定要在思想和行动上重视起来。要坚持学习，不断学习，坚定终身学习的信念，提高自己的学习能力，并带动整个组织进行全员学习，为其成为学习型组织创造良好的氛围。

8. 创新能力

创新是一个民族进步的灵魂，是一个国家兴旺发达的不竭动力，是影响一个组织生死存亡的关键因素。现代竞争如此激烈，只有坚持创新的组织才能生存，才能获得明显的竞争优势，在竞争中脱颖而出，获得发展。但创新是有风险和成本的，如果没能把握好创新的方向，盲目创新可能得不偿失。作为管理者而言，不能因为创新有风险就畏惧不前，墨守成规。因为风险总是与收益相伴，成功的创新所带来的收益将是无法估量的。所以管理者应该身先士卒，率先开始探索新的管理理念和方法，鼓励员工进行技术和方法的创新，为组织发展开辟道路。创新是一项艰苦卓绝的工作，为此，要坚持创新，必须要求管理者以知识为基础，以信心作后盾，具备坚定的意志，坚强的决心，顽强的毅力，扎实勤奋的努力和勇往直前的魄力和勇气。

【案例分析 1－2：赖斯成功的秘诀】

（1）我认为赖斯成功的秘诀在于她拥有成为管理者必须具备的素质和能力。她有坚强的意志，用超过白人“八倍的努力”，汲取各种知识：精通五门语言、获得名校博士学位；努力成为斯坦福历史上最年轻的教务长，不断积累自己的管理经验；具有超强的学习能力：学习网球、花样滑冰、芭蕾舞、钢琴和礼仪等，均成绩斐然；同时还具有刻苦的钻研精神，成为俄罗斯武器问题的专家。

她有强烈的成功欲、坚强的意志，广泛的兴趣和丰富的知识，这些铸就了她的成功。

（2）要成为一名优秀的管理者应该从素质和能力两方面进行修炼，参见正文知识（略）。

小 结

本节以某咨询公司总经理何总的管理手段引入管理的定义,并就管理工作包括的内容和管理者的资格展开论述,给大家呈现了管理的全景。

作为管理的主体——管理者,是赋予管理活动生命和灵魂的人。他们的思想和行为决定管理活动的成败得失。一名优秀的管理者应该具备高尚的品德、丰富的知识、健全的心理、强健的体魄,拥有优秀的决策能力、执行能力、人才发掘能力、激励能力、协调能力、表达能力、学习能力和创新能力。

评价一名管理人员管理工作的优劣应该从管理者的素质和能力两大方面 14 个具体的小方面综合评价,才能客观公允,不会有失偏颇。

课外实训项目

(1)试用一句话概括什么是优秀的管理者。

(2)从管理的角度来判断“两点之间,直线最短”这句话的正误,并说明为什么。

第三节 企业管理基础知识

知识目标

※了解企业管理的含义、任务

※了解企业管理发展的趋势

※掌握影响企业管理的环境

※掌握企业组织结构的类型

能力目标

※能够熟练分析出具体某个企业所面临的环境

※学会为不同企业选择适合的组织结构

案例引入

创业之惑

小王是北京某大学的学生,父母在老家经营餐饮业。大学毕业后他没有像其他大学生一样去找工作,而是和舍友小张一起积极张罗着,准备合伙在大学附近开一家饭馆。小王不喜欢朝九晚五的上班生活,向往自由,喜欢风险和挑战;烧得一手好菜,有三级厨师证,大学前一有时间就帮父母管店,有一定的餐饮经验。小王性格外向,组织协调能力较强,在学校期间一直担任院学生会主席,且人缘好,与比自己年级高的师兄师姐、比自己低的师弟师妹都有不错的交情。加上一直成绩优异,表现突出,深得学校老师的喜爱。舍友小张是小王大学期间最好的朋友,两人志同道合,在爱好、性格和价值观等方面都有惊人的相似之处。小张来自农村，能吃苦，肯打拼，而且头脑灵活，点子多，在校期间开了一家网店，生意经营得比较红火，有一定积蓄。学校地段不错，位于城市的繁华地段，周围有很多写字楼。但是竞争很激烈，学校附近已经开了川菜馆、湘菜馆、东北菜馆和混合各地菜系的家常菜馆。小王和小张想详细分析考虑后再作决定是否开饭馆，可是他们又不知道应该从哪儿开始分析，具体分析哪些内容。

阅读上述材料后，请完成下列任务：

(1)小王他们应该在开饭馆之前作哪些分析？

(2)他们如果开饭馆，应该选择什么样的管理结构？

案例分析

这个案例讲的是小王他们两个大学生创业的事。既然是大学生开饭馆，那自然要运用现代企业管理理念。要明确小王他们在开饭馆前要做的工作和适合饭馆的管理结构，就必须掌握以下知识：

(1) 什么是企业管理？

(2) 企业管理必须考虑哪些环境？

(3) 企业适合什么样的组织结构？

相关知识

一、什么是企业管理

(一)企业管理的含义

企业管理是指企业的管理人员及机构对企业的经济活动过程进行计划、组织、指挥、协调和控制，以提高企业经济效益、实现盈利这一目的的活动的总称。

(二)企业管理的任务

企业管理的任务就是企业通过各种管理手段和方法，利用内外部资源来实现自身盈利目标和社会责任目标。要实现企业的盈利目标和社会责任目标，企业需要通过五种管理活动来实现：

1. 经营管理活动

企业的经营活动是企业实现利润和社会责任的直接途径。企业通过制定正确的战略，合理配置人力资源和财务资源，进行产品和服务的市场营销的过程需要依靠战略管理、市场营销管理、人力资源管理和财务管理来实现。

2. 生产管理活动

企业的生产活动是企业运用现代生产技术和全面质量管理的理念进行产品的生产运作设计、组织，将生产出来的产品配送到市场中的过程。这个过程需要依靠企业生产过程管理、物流管理和质量管理来实现。

3. 资产管理活动

企业的资产管理是企业对流动资产、固定资产和无形资产进行管理的过程。流动资产包括对货币资金、应收账款、预付账款、短期投资和存货等的管理;固定资产包括房产、机器、设备等的盘点、评估和折旧;无形资产主要包括品牌和技术的管理。

4. 信息管理活动

现代社会是信息社会,信息无处不在。俗话说“得信息者得天下”,信息管理需要建立完善的信息系统,包括企业资源计划、供应链管理、客户关系管理和企业电子商务管理等。

二、企业管理必须考虑和分析哪些环境

企业是社会经济的一个基本单位,它不可能脱离社会环境而独立存在。在企业管理中,管理者在制定决策时,一定要考虑到企业所面临的宏观和微观环境,分析出企业究竟面临什么样的宏微观环境,才能使企业的决策有理有据,符合客观现实。

【小组讨论】

在伊梅资源有限公司最新出版的《2010 年外商企业名录》中记载了 25.2 万家在中国内地的外商投资(三资)企业。且趋势证明,有越来越多的境外资金看好中国内地市场,准备入境进行投资,而且目前在中国境内的外资企业大多集聚在北京、长三角和珠三角等地。

根据你的理解,与小组成员讨论回答:

(1)为什么越来越多的境外企业资金会选择在中国投资或者进行生产?

(2)为什么外资企业会大多集聚在北京、长三角和珠三角等地而很少选择在西北、西南等地区投资设厂?

(一)分析企业的宏观环境

企业面临的宏观环境因素包括六个方面:人口、经济、技术、政治、法律和社会文化等因素。与微观环境相比较而言,宏观环境对企业的作用是间接的,影响范围也更广泛。企业和它们的供应商、竞争者、客户或其他相关利益群体,都处在一个相同的宏观环境中运作,争取机会,应对挑战。

1. 人口环境

人口环境是构成市场的第一要素,企业的最终利润要靠市场来实现。人口环境影响企业管理主要是影响企业的营销管理。所以任何一个企业在管理过程中都需要异常关注人口尤其是消费者人口的特点。人口的多寡、性别、出生率、死亡率、年龄结构、家庭人数和特征,人口的地理分布等都将影响企业的管理决定。

(1)人口规模。

人口规模是指一个国家或地区的总人口数量。人口规模是衡量市场潜在容量的重要因素。如果收入水平不变,人口越多的话,则人们对食物、衣着、生活日用品的需要量也就越多,那么市场就越大,企业的潜在利润就可能越多。因此,人口规模是一个企业决定是否进入某个地区的重要依据。

(2)人口结构。

人口结构主要包括人口的年龄结构、性别结构、家庭结构、社会结构和民族结构。

①年龄结构。年龄结构指的是年龄的分布情况。不同年龄结构的地区,对企业所生产的商品和服务有不同的要求。人口年龄结构变化的趋势是,许多国家人口老龄化加速、出生率下降引起产品的市场需求急剧变化。目前全球很多国家和地区已进入或即将进入老龄化社会。老龄化社会对保健用品、营养品等养老产品需求旺盛,为很多企业提供了商机。

【小资料:老龄化社会】

现在国际上通用的标准是以65岁以上老年人口占总人口的比重7%或60岁以上人口占总人口比重10%,作为进入老龄化社会的标准。如果65岁以上人口所占比重达到15%以上,则为“超老龄型”社会。

截至2009年10月,中国60岁以上的老年人已经达到1.69亿,已占总人口的12%,可见我国已经属于老龄化社会。这么庞大的老年人群体足以撬动1万亿元规模的养老产业,但我国养老产业尚处于“沉睡”阶段。

②性别结构。性别结构会影响企业的市场营销。因为性别的差异会带来消费的差异,不同性别的消费者在购买习惯和购买行为上截然不同,反映到企业产品上就会出现男士用品和女士用品。

③家庭结构。家庭是企业提供产品和服务除个人之外的最基本的单位。很多消费者在进行购买时,会受到家庭成员数量、组成结构以及购买习惯的影响。例如随着老龄化社会的到来,传统的家庭结构逐步过渡到“4－2－1”型(一对夫妇需要赡养4个老人和抚养1个小孩),会增加对儿童用品、教育用品和养老用品的需求,企业应该注意到这个趋势。

④社会结构。人是社会中的群居动物,表现出共同的社会性。例如利他性、服从性、依赖性,以及更加高级的自觉性等。作为企业来讲,应该关注消费者所在的社会阶级和阶层。不同社会阶级和阶层的消费者会表现出不同的购买行为。

⑤民族结构。民族不同,其生活习性、文化传统也不相同。因此,企业的管理者在进行企业环境分析时,切不可忽视对民族结构的分析。

(3)人口的地理分布。

地理分布是指人口在不同地区的密集程度。我国人口地理分布呈现不均匀现象,主要表现在:东部多,西部少;平原、盆地多,山地、高原少;工农业集中地区多,林牧业地区少;温湿地区多,干旱地区少;开发成熟的地区多,开发晚的地区少等。

(4)人口的流动。

人口的流动呈现出国际流动、地区流动以及城市间流动以外,近年来发达国家呈现出城市人口向农村流动,而发展中国家农村人口向城市流动。我国近年的人口流动总趋势是农村人口向城市流动,而大城市人口流动的趋势是中心向郊区流动。以北京为例,中心城区人口逐渐向郊区县流动,郊区新城逐渐发展起来,开始成为副都心。这对于地处郊区的企业来讲,无疑是一个好消息。随着人流逐渐聚集郊区,郊区企业在地理位置上的优势会更容易发挥出来,这对吸引优秀人才和开拓市场是非常有利的。

【小资料:副都心】

副都心,是一个城市建筑规划学上的概念,就是指现代特大城市为了疏散城市中心区的功能和巨大的人流、物流的压力,在城市边缘地区建设的另外的中心区。

2. 经济环境

企业所面临的经济环境,是指企业在生产经营管理的过程中所面临的各种经济条件、经济特征和经济联系等。主要包括经济增长及其周期性、通货膨胀与就业、资本市场和货币市场、税收环境等方面。

(1)经济增长及其周期性。

经济增长是指一定时期内经济社会所生产的人均产量和人均收入的持续增长。通常用一定时期内实际国内生产总值(GDP)平均增长率来衡量。当一个国家处于经济起飞或高速增长阶段时,都会不同程度地刺激市场需求,给企业发展带来机遇。经济增长方式反映了经济增长的特征和质量,最主要的分为粗放型和集约型。我国目前的经济增长方式开始由粗放型转为集约型,从"数量"向"质量"转变,来提高企业运营的效率,也给企业发展带来了挑战。经济增长受多种因素的影响和制约,任何国家的经济增长都呈现不同程度的周期性。企业应该研究并把握经济周期波动的规律,制定反周期战略,避免由于宏观经济周期所带来的损失。

(2)通货膨胀与就业。

当某个国家或地区在经济高速增长或大的结构性变动时,会伴随着高通货膨胀的出现。通货膨胀是指在纸币流通制度下,物价水平在整个社会普遍而持续的上升,简单点说就是物价总水平上涨或者是货币贬值。通货膨胀会给企业带来严重不利影响,表现在:首先,由于物价上涨,导致企业在生产产品的过程中外购原材料价格上涨,产品生产成本中的原材料费也就上升;生产工人增加工资、加发奖金、消费基金过快增长,导致产品成本中的人工费增加;由于燃料、电力价格上涨,导致燃料动力费迅速增加;物价上涨也引起了包括生产车间发生的制造费用在内的各项管理费的增加。所有这些费用的增加,就会导致产品成本的全面提高。其次,由于物价上涨,需求过旺,政府一般会通过紧缩银根来缩小信贷规模,削弱社会总需求,这对企业尤其是中小企业的融资来讲是一个沉重打击,会加重企业的融资成本。

对企业来说,成本增加应该依靠提高产品或服务价格来实现,但是现实中同行业的竞争激烈又不允许企业提价,就会导致企业经济性裁员,整个社会失业率增加。而社会就业率的降低会影响社会局面的稳定和消费者的消费信心,进而影响企业产品和服务的销路。

(3)资本市场和货币市场。

企业在日常运营或发展壮大的过程中,单独依靠自有资金进行资金周转既是不现实的,也是不科学的。所以,企业要科学地进行资本运营,必须借助资本市场和货币市场的力量。当企业在运营过程中需要资金时,可以根据当下对资金的需求量、需求时间以及筹措成本的不同,借助货币市场或资本市场的力量来完成融资目标。当企业有充裕的资金而不需要扩大规模时,也可以选择资本市场或货币市场进行投资,提高资金利用率。资本和货币市场的建立和发展,对优化资源配置、搞活企业资金融通、提高资金使用效率、筹措建设资金和建立现代企业制度具有重要的意义。但是企业要利用资本市场和货币市场,必须熟悉相应的法律法规。

【小知识:货币市场与资本市场】

货币市场是经营一年以内短期资金融通的金融市场,包括同业拆借市场、票据贴现市场、回购市场和短期信贷市场等。资本市场是指证券融资和经营一年以上中长期资金借贷的金融市场,包括股票市场、债券市场、基金市场和中长期信贷市场等。

(4)税收环境。

税收是国家依照法律规定的标准,强制性、无偿性地向经济单位和个人征收实物或货币而取得财政收入的一种经济活动。目前我国实行的是货币税额。对企业而言,依法纳税是企业应尽的义务和职责,企业应该根据国家规定足额纳税,切不可偷税漏税。根据企业性质的不同,企业缴纳的税收种类也会有所不同,对于绝大多数企业来讲,主要需要缴纳的税种是增值税和企业所得税。

【小知识:企业主要缴纳的两种税】

1. 增值税:以商品和劳务在流转过程中产生的增值额为征税对象的一种税。

(1)纳税主体是在中华人民共和国境内发生应税销售行为以及进口货物的单位和个人。

(2)征税对象是销售货物、劳务、服务、无形资产、不动产的增值额和货物进口的金额。

(3)税率:基本税率13%;低税率9%、6%;零税率;征收率——小规模纳税人适用3%的征收率,但"'营改增'通知"规定的部分特殊项目适用5%的征收率。

2. 企业所得税:对中华人民共和国境内的企业和其他取得收入的组织的生产经营所得和其他所得征收的一种税。

(1)纳税主体:居民企业、非居民企业和其他取得收入的组织。个人独资企业、合伙企业不属于企业所得税的纳税主体范围。

(2)征税对象:企业的生产经营所得、其他所得和清算所得。

(3)税率:基本税率25%;低税率20%;优惠税率20%、15%、10%。

3. 技术环境

技术是指管理者设计、制造、销售产品和服务时,所使用的知识、技能和设备的总和。技术环境是指一个企业所在国家或地区的技术水平、技术政策、新产品的开发能力以及技术的发展动向,等等。科技发展水平通常反映在科技发展现状、科技发展结构、科技人员的素质和数量、科学技术的普及程度,现有工业技术基础的水平,产业结构的现代化水平,以及与企业经营相关的原材料、制造工艺、能源、技术装备等科学技术发展动向等多方面。技术政策为技术革新和传播提供了政策保障,指引着技术发展的方向。技术密集型企业对技术政策的依赖程度尤其高,所以必须得关注技术政策。

科学技术是第一生产力,一个国家或地区经济的发展,与新技术的发明和应用的数量与质量密切相关。所有的企业尤其是技术密集型企业,必须高度重视科学技术对企业的影响力,鼓励技术创新,以保持竞争优势。

衡量企业所面临的技术环境主要可以依靠以下几个指标：整个国家或地区的研发费用、企业所在行业的研究开发支出、技术力量的集中程度、专利产权数量及质量和新产品开发的情况等。

对于高新技术企业来讲，必须以良好的技术环境为依托，不断提高自身的技术创新能力，适当地增强产品的科技含量，保持产品在市场中的竞争力。

4. 政治环境

企业经营的政治环境主要是指一国的政治体制和政治格局，具体表现为政治体制、政治稳定性和政治风险。

（1）政治体制。

政治体制是指企业所在国家的国体和证券的组织形式以及相关制度，如国家的政治和行政管理体制、经济管理体制、政府部门结构以及选举制度、公民行使政治权利的制度等。不同国家的政治体制常常导致政府政策、法规、行政效率等方面的差异，从而对直接投资形成有利或不利的影响。

（2）政局稳定性和政治风险。

政局稳定性是指国家政局的稳定性以及社会的安定状况。如国家领导人的更换、政府的更迭可能导致国家政体的变化以及政治主张的改变；再如战争、政变、社会内乱以及某些国家的种族、宗教冲突等，都将导致政局动荡不安，这将会对企业的经营带来灾难性的影响。

从企业的角度来看，国家政局的变动和领导人的更迭对企业的投资与经营如果没有产生直接的影响，那么这种政局变动并不能视为政治风险；如果政局变动致使政府的经济政策发生了一定程度的变化，那么，这种政局变动就是政治风险。企业尤其是跨国企业在准备进入海外市场时，一定要慎重考虑东道国的政治环境。

【小组讨论】

请简要分析为什么全球500强企业没有大批在朝鲜投资设厂。

5. 法律环境

现代社会是法治社会，企业必须了解自身所处的法律环境。对于从事跨国经营的企业来讲，必须对东道国的法律制度和有关的国际法规、国际惯例和准则，进行深入了解。因为研究并熟悉法律环境，既保证自身严格依法进行经营和管理，也可以运用法律手段维护自身的权益。企业及其管理人员应该熟悉产品质量法、劳动法、工业产权法、消费者权益保护法、反不正当竞争法、反垄断法、破产法、价格法和合同法等各种与企业经营管理息息相关的法律法规。

【案例思考1－3：色彩中的风土人情】

20世纪90年代，我国南方的一些电视机厂纷纷向泰国出口家用电视机，但是并没有出现预期的购买热潮，电视机摆在那里无人问津。很多厂商纷纷撤回国内市场，但于利勤和他的公司不甘心，决定坚持在泰国市场找发展机会。

当时我国生产的电视机都是根据我国人民的喜好，即使是专供出口的家用电视机也喜欢用红色，以增加喜庆气氛。在当地一番调查后于利勤发现，原来当地居民认为：

只有消防车才用红色，给人以警惕感。而且泰国人认为，红色象征着血，红色电视机给人血淋淋的感觉，令人望而生畏。再加上在烈日炎炎的夏天，电视机摆在家里就像一团熊熊火焰，使人更觉得酷热而烦躁。电视机的销售额当然上不去。

于是，于利勤马上把电视机改用银灰色，可还是打不开市场。这时，有人劝于利勤不要再固执了，在损失更多以前，还是赶快离开泰国市场吧。但是于利勤依然相信电视机在泰国还是有市场的，于是坚持再尝试一下。于利勤继续寻找原因，发现泰国人崇尚佛教，死人时常焚烧锡箔纸以超度亡灵。他们认为银灰色像锡箔纸，这种颜色的电视机放在家中会招来灾难和鬼魂，不吉利。

那么，究竟什么颜色适合泰国人的口味呢？为此，于利勤一方面组织美术设计人员去泰国逛公园，想从大自然中寻找答案；另一方面派人与泰国的一家咨询公司联系，组织人员搞民俗调查，发现泰国人喜爱蓝色。于是，于利勤投其所好，将电视机颜色从深蓝色改为孔雀蓝，最终赢得泰国人的喜爱，这种电视机在泰国畅销开来。

问题：请结合上述案例说明企业在经营管理中一定要考虑什么因素？为什么？

6. 社会文化环境

社会文化环境是指一个国家或地区的社会结构、民族特征、文化传统、价值观念、宗教信仰、教育水平、风俗习惯、伦理道德、语言文字等的总和。不同的国家和地区在社会文化有着显著的差异，社会文化对企业管理的影响是多方面的。

(1)社会结构。

社会结构是指一个国家或地区社会整体的构成要素以及它们之间相对稳定的关系。不同的社会结构有不同的社会阶层。越是传统的社会，社会阶层分化就越为复杂。社会阶层划分的参考因素包括收入水平、职业、接受教育的程度、居住的区位或社区、家庭背景及其传统、年龄与籍贯等。如西方社会普遍根据职业的特点将从业人员划分为“白领工人”和“蓝领工人”。在现代中国社会，“中高收入阶层”和“工薪阶层”越来越为企业界所接受，并具体应用于产品的开发、市场定位与营销。

(2)民族特征。

民族特征是指特定的民族所具有的一系列价值观和行为方式。

(3)文化传统。

广义的文化是指人类所创造的物质财富和精神财富的总和。它包括语言文字、心理状态、思维方式、审美情趣、道德情操、宗教情绪、民族精神等。

(4)价值观念。

价值观念就是人们对社会生活中各种事物和态度的看法。在不同的文化背景下，人们的价值观念相差很大，人们对事物的看法受价值观念的影响。

(5)宗教信仰。

人们日常生活和经营活动的许多传统和习惯源于宗教的节日、戒律，宗教对人们的生活和经济活动具有很大的影响。在各类宗教中，佛教和印度教主张禁欲和对物质财富的追求，宣扬克制欲望以换取灵魂的安宁；西方新教(基督教)则认为财富的集聚是上帝的恩赐，同时又提倡勤俭节约的清教徒的生活。在中国,由于儒家文化思想和佛教的影响,人们对"名分""积蓄""洁身自好"等看得高于"利益""消费""适者生存"等。尽管我们没有形成真正意义上的宗教,但是固有的儒家传统对中华民族的影响却是根深蒂固的。

(6)教育水平。

教育不仅仅是传授知识,而且对技术创新、社会发展和全民族素质的提高具有至关重要的作用。在一个社会里,教育的发达程度通常体现在高等教育水平和全社会接受教育水平方面。教育越是发达,其民族的创新能力就越强,对新观念、新事物就越敏感。教育不仅是经济发展和社会进步的基础,而且其本身也是一个巨大的经济产业,具有巨大的经济潜力。

(7)风俗习惯。

风俗习惯是人们在长期的经济生活和社会活动中所形成的一种习俗,包括饮食、服饰、居住、婚丧、节日、人情往来等方面所表现出来的独特的心理特征和行为方式。

【案例分析1-3:色彩中的风土人情】

该案例中介绍了南方一些电视机出口到泰国所遭遇的尴尬,这都是由于电视机厂没有考虑到泰国的社会文化环境所导致的。

这些电视机厂的观念比较陈旧,是传统的生产导向型企业。直接把在中国的产品原封不动地搬到泰国,但是没有考虑到泰国的天气、泰国消费者的价值观和爱好以及泰国的传统文化和习俗。

中国人所钟爱的红色,被当地消费者认为和火灾、鲜血一样会带来厄运,或者是会让人心烦意乱的摆设。走民族特色不受欢迎,改成国际流行色银灰色没想到也没捞着好处,因为泰国是一个佛教大国,几乎全民信佛,他们相信生死轮回,尊重亡灵,经常烧锡箔纸祭奠去世的亡灵。所以他们认为银灰色不吉利。

最后考虑到泰国的文化习俗,经过调查分析和研究后,才发现泰国人喜欢孔雀蓝,投其所好后产品畅销泰国。

此案例说明企业在进入一个陌生的经营环境时,一定要考虑当地的社会文化环境,把握其社会结构特征和规律,尊重当地的风俗习惯、民风民俗、宗教信仰、文化传统和价值观,融入当地的文化,获得当地人的认可和信赖,才能顺利开展生产经营活动。作为管理者,不能想当然地认为地球人都一样,生搬硬套别处的产品和经验。必须具体问题具体分析,全面考虑企业所面临的宏微观环境,有针对性地进行管理,才能使企业少走弯路,更加平稳迅速地实现目标。

(二)分析企业的微观环境

除了宏观环境对企业的管理活动产生影响外,微观环境同样对企业的管理活动产生极其重要的影响,它是直接制约和影响企业管理活动的因素。主要包括企业内部环境、企业渠道环境、企业顾客环境、竞争环境和公众环境。企业必须对微观环境进行分析。

1. 企业内部环境

企业开展管理活动必须充分考虑企业内部的环境力量,结合企业的目标,合理配置企业的资源。企业的内部环境力量包括企业股东会、董事会、监事会、财务部门、研发部门、采购部门、生产部门、营销部门、人力部门、行政部门等。企业的管理者在制定决策和计划时，必须考虑到协调各部门之间的关系，因为各部门之间既有多方面的合作和联系，又存在争取资源方面的矛盾。而企业的目标要靠各部门相互协作，最大程度发挥各自的职能，才能实现既定目标。现代企业管理没有协调就难以避免内部之间的摩擦与消耗，因此，管理者加强部门间的管理，协调好相互之间的利益关系，营造和谐的工作氛围，使之形成有凝聚力的组织，是保证企业目标实现的关键。

2. 企业渠道环境

企业的渠道环境主要包括企业的供应商、中间商和辅助商。

(1)供应商。

企业的供应商是指为企业生产产品和服务提供所需资源的企业和个人。供应商提供的资源主要包括原材料、设备、能源、劳务、资金等。原材料、零部件、能源及机器设备等货源的保障，是企业运营活动顺利进行的前提。

供应商对企业的影响主要表现在原材料或零部件供应的及时性、稳定性，供货质量、供货价格的合理性等方面。及时、稳定的原材料供应可以保证企业生产正常运行，供货质量和价格的合理性能够保证产品质量的稳定性和成本的可控性，最终才能够保证利润的可预期性。企业必须和供应商保持良好的合作关系，密切注意原材料与零部件市场上的状况和价格变化趋势，分析供应商的状况和可能发生的变化，做好积极应对措施。

(2)中间商。

中间商是把产品和服务从生产领域流向顾客的中间环节和渠道。主要包括批发商和零售商。企业要选择合格的中间商，在共赢的基础上建立良好的合作关系，随时掌握其经营活动，并采取相应的激励措施来调动中间商的积极性。一旦中间商不能履行职责或环境有变时，企业可以中止与他们之间的合作关系。

(3)辅助商。

企业的辅助商是指帮助企业完成运营活动的其他服务机构、物质分销机构和金融机构等。这些机构在广告宣传、市场调研、咨询、运输、物质存储、融资和保险等方面为企业提供服务。当企业在某一方面实力比较薄弱或者是无暇顾及时，可以选择辅助商。辅助商是企业剥离弱势业务，打造核心竞争力的有力保障。

3. 企业顾客环境

企业产品和服务是否符合市场的需求，最后都要通过顾客来检验。因此，顾客是影响企业盈利的直接因素。只有企业的产品和服务满足顾客的需求，获得顾客的认可，企业的利润目标才能实现，因此现代管理都把满足顾客目标作为企业管理的核心。这要求企业熟悉自己的目标顾客，透彻分析他们的职业、年龄、收入、家庭及文化教育背景以及购买习惯和特点，提供符合顾客需求的产品和服务，提高顾客满意度，培养更多的忠实顾客，促进企业的长远发展。

【小组讨论】

请问自行车生产厂、摩托车生产厂、电动车生产厂和汽车生产厂之间构成竞争关系吗？为什么？

4. 竞争环境

现代社会是一个竞争的社会,绝大多数的企业都处在激烈的竞争环境中。企业的竞争环境是由同企业生产或出售相同或相似产品和服务的竞争者构成的。企业绝不能把竞争者狭义化,即使在某个市场上只有一个企业在提供某种产品和服务,也不能说明该企业在这个市场上没有竞争者了。因为企业的竞争者有多种类型的,具体包括以下四种:

(1)愿望竞争者。

愿望竞争者是指提供不同产品以满足不同需要的竞争者。例如某位消费者在过年时想花一万元犒劳自己一年的辛苦工作。他所面临选择的商品可能有:一台心仪已久的摄像机、一辆中意许久的赛车、一次梦寐以求的出国游,等等。这时,摄像机经营企业、赛车经营企业、旅行社之间就存在着竞争关系,就成为愿望竞争者。

(2)属类普通竞争者。

属类竞争者又被称为普通竞争者,是指提供不同产品以满足同一需要的竞争者。例如冬天到了,某位消费者想选择一种适合自己的锻炼方式,增强免疫力。他选择的锻炼方式是瑜伽、网球和游泳。这时,瑜伽中心、网球俱乐部和游泳馆就成了属类竞争者。

(3)形式竞争者。

形式竞争者是为满足同一需要提供同类别但不同形式产品的竞争者。不同形式主要指产品的规格、型号、款式等方面存在差异。例如,两家汽车生产企业,一家是生产大客车的,一家是生产微型家用汽车的。这时,这两家企业就构成了形式竞争者。

(4)品牌竞争者。

品牌竞争者是指满足同一需要的同种形式产品不同品牌之间的竞争。例如,消费者想买一台32英寸国产液晶电视机,这时候他可以选择海尔、长虹、TCL等品牌。这时,海尔、长虹、TCL这三家企业就构成了品牌竞争者。

对企业来讲,必须熟悉自己所处的竞争环境,分析竞争企业的范围、企业的主要竞争对手、主要竞争对手的产品特征、主要竞争对手的营销策略等,有针对性地制定营销战略,知己知彼,方能百战百胜。

5. 公众环境

公众环境是指对企业完成其目标能力有着实际或潜在兴趣或影响的群体环境。企业是一个社会组织,要想获得长远发展,必须树立良好的企业形象,与社会公众之间保持良好的关系。企业的公众一般包括政府公众、金融公众、媒体公众、群众团体、社区公众、企业内部公众,等等。不同类别的公众分别在企业经营过程中不同方面产生影响。例如,包括报纸、杂志、电台、电视台、网络等在内的媒体公众是舆论的导向。如果企业不重视与他们之间保持良好的关系,在经营过程中发生的过失就有可能被渲染成故意,会严重影响企业的声誉。只要企业在公众心目当中留下不好的印象,短期内是很难消除的,必将给企业的经营活动带来沉重打击,导致企业遭受巨大损失。所以任何一个企业都不能忽视公众环境,必须正确地处理好与不同公众之间的关系。

三、企业适合什么样的组织结构

【案例思考 1-4:某民营企业的变化】

某民营企业是一个由几十名员工的小作坊式机电企业发展起来的,目前已拥有3000多名员工,年销售额达几千万元,其组织结构属于比较典型的直线制形式。随着技术更新和竞争的加剧,高层领导者开始意识到,企业必须向产品多元化方向发展。其中一个重要的决策是转产,生产工艺较为接近、市场前景较好的电信产品。恰逢某国有电子设备厂濒临倒闭,并购了该厂,在对其进行技术和设备改造的基础上,组建了电信产品事业部。

问题:

(1)什么是直线制和事业部制?

(2)新的事业部制是否符合该企业发展的形势所需?

(一)组织结构的含义及构成要素

1. 组织结构的含义

组织结构是管理者有效实现计划、组织、指挥、协调和控制职能所建立的一种组织体系。通过这个体系,管理者对组织的资源进行合理配置,顺利完成企业目标。

2. 管理组织的结构要素

(1)管理人员。

管理人员是管理组织中的主体,其数量、素质以及职、责、权的相结合方式决定着整个组织的效率和其他各个方面。

(2)规章制度。

规章制度是企业组织系统运行的约束和协调保障,是组织群体效应的基本体现。

(3)企业信息。

信息是管理组织的神经系统,企业内外部生产经营活动的调度。反馈是通过信息交流进行的,其完整、灵敏与否影响和决定管理组织的功效。

(二)组织结构的类型

1. 直线制

直线制是组织发展初期的一种结构形式。这种组织结构至今仍被广泛采用,以生产企业为例,我们来看直线制的构成,如图 1-1 所示。

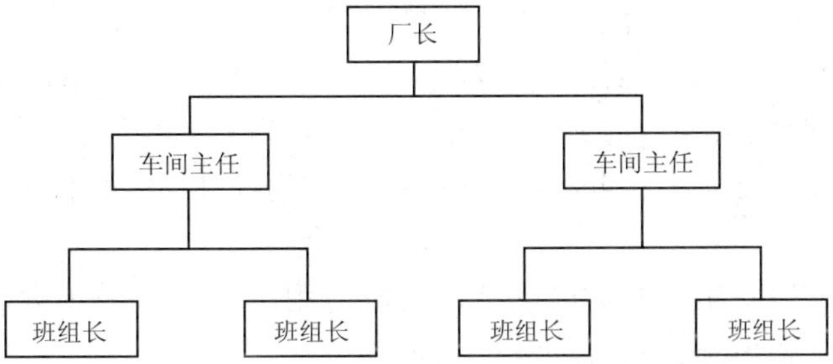

图 1-1 直线制组织结构

这种组织结构的基本特点是:组织中各种职位均按垂直系统直线排列,下级从上级那里直接接受命令,上级对下级进行综合管理,因而机构简单、权力集中、命令统一、决策迅速。在组织中,上下级和同级之相互关系很明确,职权从下到上逐级提高,各级组织的数目由下到上逐渐减少。这种组织结构实行的是没有职能机构的个人(或自我)管理,它要求各级主管人员必须具有多方面的管理知识和技能。由于各项业务工作都由主管人员亲自处理,因此也容易使他们陷入烦琐的日常行政事务中,而无暇思考企业发展等战略性问题。

由于这种组织结构具有指挥灵、职责明、效率高等优点,因此在这种组织形式适合规模较小、职工人数不多、产品比较单一、生产比较简单的企业。

2. 直线职能制

直线职能制又称直线参谋制,是在直线制基础上,为适应现代化工业生产的要求而发展起来的,是当前企业最常用的一种组织结构。在这种组织结构里,企业的职能被划分为两个层面,即直线职能和参谋职能。直线职能是指对企业经营任务完成和目标实现负有直接责任的各项职能,如子公司、生产车间、业务部门等。参谋职能是指为了保证作业职能的良性运转所提供的各项支持、咨询和服务等,它们一般不直接从事生产经营活动,如企业的人力资源部门、财务和后勤部门等。直线职能制如图 1-2 所示。

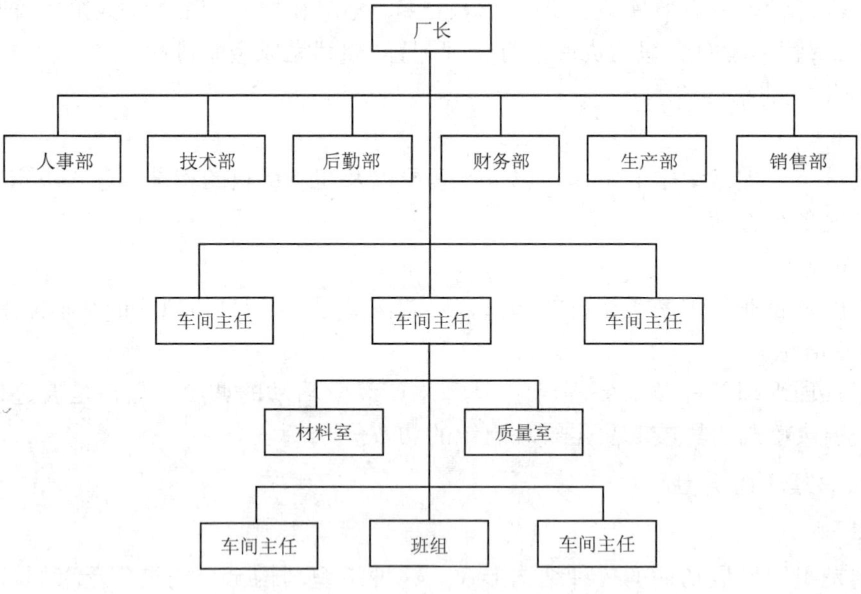

图 1-2　直线职能制组织结构

由上不难看出直线职能制的优点:集中领导,保证了统一的指挥;各部门和分支机构在部门负责人的领导下,发挥各职能的作用,有利于效率的提高。直线职能制的缺点也很明显:各职能部门之间缺乏横向联系和沟通,容易产生割裂和矛盾;由于管理权集中在企业高层,下级部门的积极性、主动性很难发挥;同时由于这种机构较为僵化,因此不利于培养全面的业务和管理人才。

鉴于上述情况,可以看出直线职能制结构比较适用于企业规模不太大、产品种类较少、生产工艺较单一、市场销售情况比较容易掌握的企业。

3. 事业部制

事业部制是在多个领域或从事多元化经营的大型企业普遍采用的一种组织形式，由美国通用汽车公司创立。它是一种高度集权下的分权管理体制，遵循"集中决策，分散经营"的原则，以产品、地区、顾客等为标志将企业划分为相对独立的经营单位，分别组成事业部。各部门都是一个独立的利润中心，独立核算、自负盈亏，专门负责企业某个产品、产品系列或某个地区的产品设计、生产制造、研制开发、产品推广、营销与售后服务等全部经营活动。

事业部制组织结构形式比较多，尤其在跨国企业中出现了许多变型。这里只介绍产品事业部制结构和地区事业部制结构。

(1)产品事业部制结构。

产品事业部适合于产品种类繁多的企业。不同产品需要不同的生产技术；不同产品的最终用户市场有很大差异，营销手段和分销渠道不能共用；将产品的生产、营销和研究结合起来十分必要。

产品事业部组织结构如图 1－3 所示。

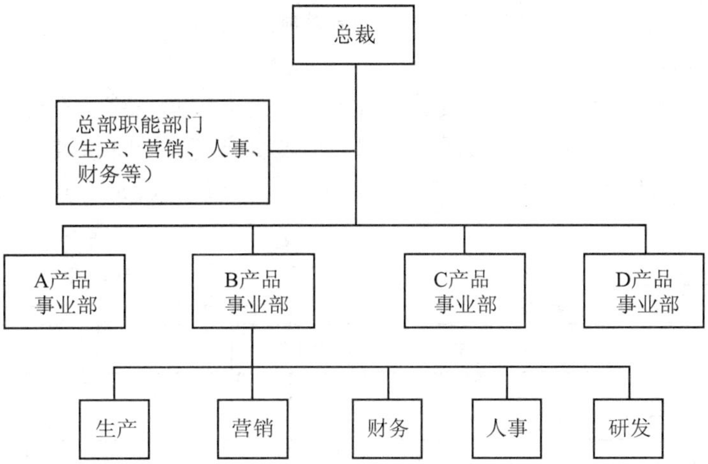

图 1－3　产品事业部制组织结构

(2)地区事业部制结构。

地区事业部制结构适合于产品种类相对较少、业务地理分布较广的公司。这种组织形式是以地区为中心的。地区的划分视企业经营情况的不同而不同，有的是按公司的生产机构的所在地来划分，有的是以顾客的地理分布来划分。地区事业部的管理者负责企业某一特定地区的经营活动，总部负责所有地区经营的计划与控制。地区事业部制组织结构如图 1－4 所示。

事业部制有利于公司最高领导层集中力量搞好经营决策，集中力量思考全局问题；各事业部实行独立核算，更有利于发挥经营管理的积极性，更便于组织专业化生产。但是事业部制也不是十全十美的，各事业部职能机构重叠，造成机构臃肿；各事业部实行独立核算，如果只是考虑自身利益，容易造成沟通和协作困难，不利于企业整体目标的实现。

4. 矩阵结构

矩阵结构是在专门服务于某项工作的项目小组基础上发展而来的一种组织结构。项目小组所从事的工作一般受到许多不确定因素的影响，因此需要具有不同专业背景的技术人员、专业人

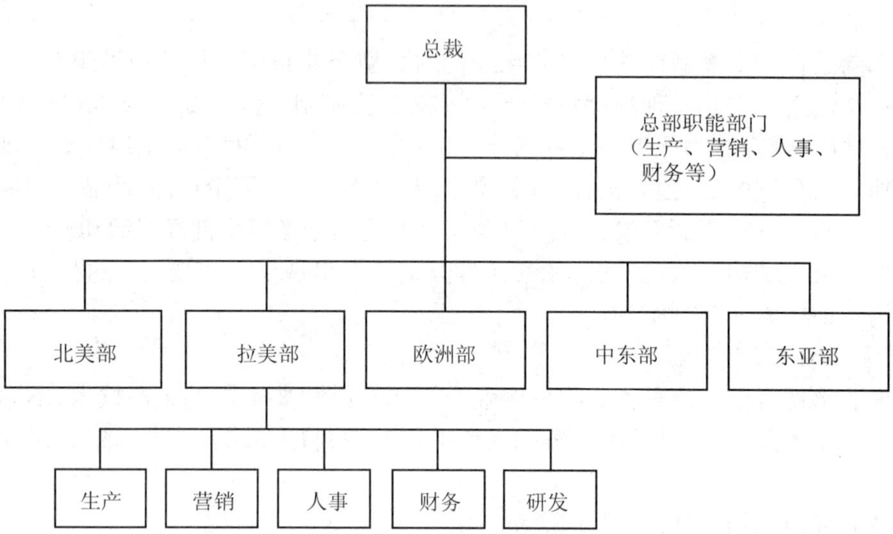

图 1-4 地区事业部制组织结构

员以及后勤保障人员共同努力才能完成。这些专业技术人员和服务人员往往来自企业的不同部门和机构。在实际工作中,他们不仅要接受项目小组的技术与业务领导,而且还受其所在部门和机构的领导指挥。当项目完成后,项目成员又回到原职能部门。如果企业内部同时组织若干项目小组,而且这种项目小组长期存在,这就形成了矩阵式组织结构,如图 1-5 所示。

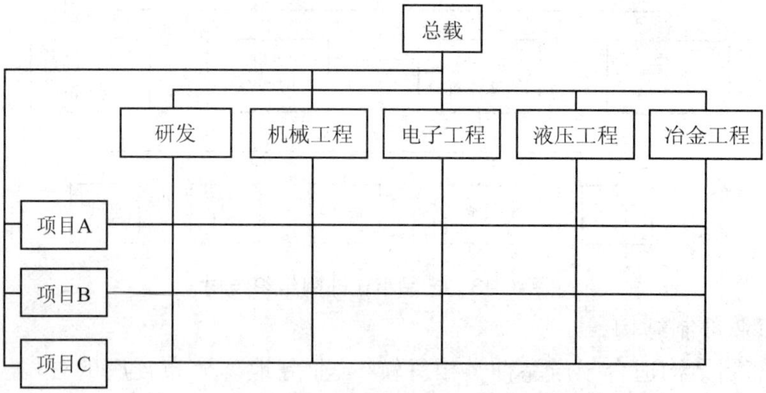

图 1-5 矩阵式组织结构

矩阵结构的主要优点是:灵活性好,适应性强,集思广益,通过加强企业在纵向与横向方面的联系,有利于各职能部门间的协调配合和信息交流,将集权与分权很好地结合起来;可以有效地保证企业专业人员之间在技术与业务等方面的合作支持与优势互补,有利于为企业培养更高水平的技术和管理人才;通过项目开发与研究,可以加快企业新产品开发的步伐,提高其整体素质和水平。

矩阵结构的主要缺点是:成员不固定,有临时性,责任性不够强,对项目主管提出的要求比较高,造成的难度比较大。同时由于接受多头指挥领导,项目成员容易产生角色冲突,从而产生很大的心理压力,影响工作的正常开展和项目的进程。

5. 委员会结构

委员会也是一种常见的组织形式,通常由各部门各层次代表组成。委员们在委员会中权力地位是平等的，最后以少数服从多数原则通过决策并采取集体行动。这种结构形式的优点是：集思广益、集体决策，避免了个人专断和滥用职权；鼓励参与，便于沟通协调，民主气氛较浓，有利于充分发挥各部门和各级管理者的积极性。其缺点是：决策比较缓慢，尤其在委员素质不太高、缺乏全局观念的情况下往往会陷入久议不决的局面或导致决策水平低下的结果。

6. 虚拟结构

当今，有些企业被称作虚拟企业。这种结构是指企业总部仅保留最关键的职能，如研发和营销等，其他职能通过外包或协作方式借助外部力量完成。虚拟企业能够自由地选择合作伙伴。这种组织弹性对企业的生存与发展很重要，因为它是企业适应变化环境的能力的体现。特别值得指出的是，虚拟企业能够在全球范围内吸纳最优秀的人才、资源和知识，从而获得强大的可持续发展潜力。任何一个企业都不可能在任何知识技术方面有绝对优势，虚拟企业的运作模式在当今快速多变的市场与技术环境中是获取竞争优势以提高竞争力的一种很有前途的合作方式，它正在被越来越多的企业所认识和采纳。一个极端的虚拟组织结构如图 1－6 所示。

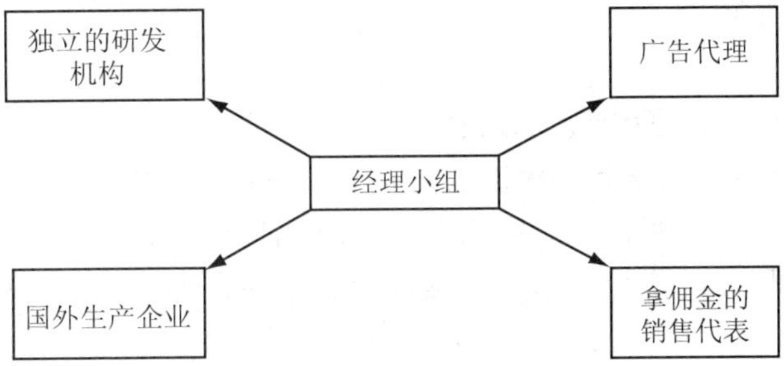

图 1－6 虚拟组织结构

因此，对一个企业管理者来讲，选择适合企业的组织结构非常重要。管理者应根据企业的规模、产品复杂程度、各部门之间的相关度、企业所处不同发展阶段等因素来选择适合企业的组织结构。

【案例分析 1－4：某民营企业的变化】

(1) 该案例涉及的知识是企业的组织结构类型，直线制和事业部制都属于企业不同的组织结构类型。直线制指的是组织中各种职位均按垂直系统直线排列，下级从上级那里直接接受命令，上级对下级进行综合管理的组织结构。事业部制指的是一种高度集权下的分权管理体制，遵循“集中决策，分散经营”的原则，以产品、地区、顾客等为标志将企业划分为相对独立的经营单位，分别组成事业部的组织结构。

(2) 新的事业部制符合该企业发展形势的需要。因为直线制组织形式适合规模较小、职工人数不多、产品比较单一、生产比较简单的企业。而该企业目前已经拥有 3000 多名员工，人数众多；而且又并购了一个电子设备厂，准备向产品多元化方向发展。显然直线制已经不再符合该企业发展的需要，应该适合事业部制的组织结构，尤其适合产品事业部制。所以，新的事业部制符合该企业发展形势的需要，是正确的选择。

小　结

本节是以小王和小张两个大学毕业生创业开饭馆的案例引入企业管理的概念,并结合企业管理的任务介绍什么是企业管理。

企业管理人员在进行决策前,需要分析企业所面临的宏观和微观环境。

全面了解企业的宏观环境需要对企业所面临的人口环境、经济环境、技术环境、政治环境、法律环境和社会文化环境六个方面进行考量;分析企业的微观环境需要从企业内部环境、渠道环境、顾客环境、竞争环境和公众环境五个方面来进行。

合理的企业结构可以更有效地帮助管理者实现管理目标,提高管理效率。常用的企业组织结构包括直线制、直线职能制、事业部制、矩阵结构、委员会结构和虚拟结构六种结构。

对一名企业管理者来讲,应根据企业的规模、产品复杂程度、各部门之间的相关度、企业所处不同发展阶段等因素来选择适合企业的组织结构。

课外实训项目

(1)选择学校附近的一家企业,试分析它所处的环境。

(2)A 公司是一家多元化发展的跨国公司,公司业务范围很广,涉及 IT、地产、酒店、旅游、文化传播等多个领域。公司旗下员工共有两万人,分别分布在美国、英国、日本以及中国的多个省、市、地区。请你根据 A 公司的情况为它设计和选择合理的组织结构形式。

第二章　企业经营管理

第一节　企业战略管理

知识目标

※了解战略的含义、战略与战术的关系

※掌握战略的层次与环境

※掌握企业总体战略和企业业务战略的类型

能力目标

※能够熟练使用 SWOT 分析法对企业进行战略环境分析

※尝试学会为一个企业制定战略

相关知识

一、企业战略概述

(一)战略与战术

1. 战略与战术的含义

“战略”一词源于希腊语,意为“将军的艺术”,原为军事用语。其本意是基于对战争全局的分析、判断而做出的筹划和指导,后来演变成为泛指重大的、全局性的、左右成败的谋划。

战术是指为了达到战略目的所采取的具体行动和手段。

2. 战略与战术的关系

由战略和战术的含义我们不难看出战略与战术的关系:战略是如何赢得一场战争的概念,战术是如何赢得一场战役的概念;战略是一个全局的整体的概念,战术是一个局部的具体的概念;战术应当支配战略,战略推动战术。

(二)企业战略基础知识

第二次世界大战后,“战略”这一术语被引入经济学范畴,并逐步出现了“企业战略”一类新的概念和新的用语。

1. 企业战略的含义

企业战略指的是企业在激烈的市场竞争环境中,在总结历史经验、调查现状、预测未来的基础上，为谋求企业的生存发展所做出的长远的、全局性的谋划或方案。

2. 企业战略的特征

企业战略是设立企业远景目标并对实现目标的轨迹进行的长远性、全局性的谋划，因此具有指导性、全局性、长远性、灵活性、稳定性、竞争性、系统性和风险性八大主要特征。

（1）指导性。

企业战略界定了企业的经营方向、远景目标，明确了企业的经营方针和行动指南，并筹划了实现目标的发展轨迹及指导性的措施、对策，在企业经营管理活动中起着导向的作用。

（2）全局性。

全局性是企业战略最根本的特征。企业战略立足于未来，通过对国际、国家的政治、经济、文化及行业等经营环境的深入分析，并结合自身资源，站在系统管理高度，对企业的远景发展轨迹进行了全面的规划，因而是一种总体决策。全局是由若干局部组成的，局部利益必须服从全局利益。从局部出发，只关注局部利益的谋划是不能列入企业战略的。

（3）长远性。

长远性是指战略制定的着眼点应该放在未来而不是现在，应该考虑长期利益而不是只看重短期利益。企业战略着眼于长期生存和长远发展的思考，确立远景目标，并谋划实现远景目标的发展轨迹及宏观管理的措施、对策。

（4）灵活性。

企业战略是在总结历史经验、调查现状、预测未来的基础上制定和实施的。但不管是企业面临的宏观环境、行业环境还是自身环境都受诸多因素的影响，是不断变化的。而且预测是对未来发生的事进行估计分析，未来存在着很多的不确定性，很难预测准确。因此，战略应当具有较强的灵活性，能够随机应变地指导企业的总体行为。

（5）稳定性。

虽说企业战略应该具备必要的灵活性，但是企业战略的制定是对企业长远目标的谋划，涉及企业全局的利益。所以除根据市场变化进行必要的调整外，制定的战略通常不能朝令夕改，应该具有长效的稳定性。

（6）竞争性。

企业战略具有竞争性。战略是适应市场的需要而产生的，是为了增强企业的活力和优势而制定的。战略的作用在于通过密切注视市场竞争态势和企业自身的相对竞争地位，抓住机遇，迎接挑战，发挥优势，克服弱点，以求在“商战”中克敌制胜，保障企业的生存和发展。

（7）系统性。

企业战略是要围绕长远目标设立阶段目标及各阶段目标实现的经营策略，以构成一个环环相扣的战略目标体系。而战略是有层次性的，由企业总体战略、企业业务战略和企业职能战略所构成。一方面，总体战略应根据各个业务单位和职能部门的实际情况来制定，兼顾各方利益；另一方面，业务战略和职能战略又应该服从总体战略的要求，为企业全局利益考虑。所有的战略都是为了实现企业长远目标这一共同利益，所以要建立牢固的系统观。

（8）风险性。

企业做出任何一项决策都存在风险，战略决策也不例外。市场研究深入，行业发展趋势预测准确，设立的远景目标客观，各战略阶段人、财、物等资源调配得当，战略形态选择科学，这样制定的战略才能引导企业健康、快速地发展。反之,仅凭个人主观判断市场,没有客观深入的分析,设立目标过于理想或对行业的发展趋势预测有偏差,制定的战略就会产生管理误导,甚至给企业带来破产的风险。

3. 企业战略的层次

企业战略不是单一的,而是分为多个层次的。企业规模不同,企业战略的层次也相应不同。一般来讲,在大中型企业中,企业的战略可以划分为三个重要的层次:企业总体战略、企业业务战略和企业职能战略。

(1)企业总体战略。

企业总体战略,指为实现企业总体目标,对企业未来发展方向作出的长期性和总体性战略。它是企业战略中最高层次的战略,是整个企业发展的最高行动纲领,它需要根据企业的目标,选择企业可以竞争的经营领域,合理配置企业经营所必需的资源,使各项经营业务相互支持、相互协调。从企业的经营发展方向到企业各部门之间的协调,从有形资源的充分利用到整个企业的价值观念、文化环境的建立,都是总体战略的重要内容。企业总体战略是有关企业全局发展的、整体性的、长期的战略行为,其制定与推行的人员主要是企业的高层管理人员。

(2)企业业务战略。

企业业务战略也被称为企业的竞争战略或者是事业部战略。企业业务战略是企业内部各部门和所属单位在企业总体战略的指导下,经营管理某一个特定的经营单位的战略计划。企业业务战略是经营一级的战略,它的重点是要改进一个业务单位在它所从事的行业中,或某一特定的细分市场中所提供的产品和服务的竞争地位。它是在总体性的公司战略指导下,经营某一特定经营单位所指定的战略计划,是企业总体战略之下的子战略。

(3)企业职能战略。

企业职能战略是为了实现总体战略和业务战略,企业的各职能部门在自己特定的职能领域内制定的实施战略。包括生产战略、市场营销战略、人力资源战略、财务战略和研发战略,等等。

【小知识:蓝海战略与红海战略】

最近几年,红海战略和蓝海战略被广泛提及。"红海"就是充满血腥竞争的已知市场空间,"蓝海"就是尚未开发的新的市场空间。蓝海战略就是要摆脱"红海"竞争,开创"蓝海"市场,把视线从市场的供给一方移向需求一方,实现从与对手的竞争转向为买方提供价值的飞跃,并通过跨越现有竞争边界看市场,以及将不同市场的买方价值元素筛选与重新排序,重建市场和产业边界,开启巨大的潜在需求。蓝海战略的本质就是要同时追求"差异化"和"成本领先"。红海战略则是用普遍接受的业务分类方法,提供类似的产品或服务,专注于同样的客户群,用行业类似的方法定位自身。

(三)企业战略制定

企业战略管理是一个动态、系统的过程,它包括了企业战略制定、企业战略实施和企业战略控制三方面的内容。这三部分内容相互联系、共同作用,为企业战略活动提供有机的保障。

对于初涉企业战略管理的人来讲，了解企业战略制定是最起码的要求，因为企业战略制定是战略管理中最核心的部分。以下我们给大家介绍战略制定，至于企业战略实施和企业战略控制等内容，会在专门的企业战略管理教材中详细介绍。

战略制定的步骤一般包括以下流程：

1. 识别鉴定现有战略

影响企业制定战略的原因主要有两个：有可能企业原来根本没有战略或者是即便有战略但是原有战略已经不符合新环境下企业发展的需要了。此时，企业需要制定新的战略。如果企业原来有战略，那企业在制定新战略前一定要认真识别和鉴定现有战略。分析现有战略与企业长远目标是否相符，是否与现有环境相适应，是否存在缺陷以及存在哪些缺陷。只有认真分析清楚现有战略的状况，才能辨别清楚是否有必要进行新战略制定，才能为如何制定新战略提供正确的依据。

2. 分析企业战略环境

现代企业处在复杂多变的环境当中，要制定出正确的战略，必须对企业所处的战略环境有清晰的认识，因此分析企业环境十分必要。分析企业环境要注意了解企业所处的外部环境和结合企业自身的内部条件，以便合理利用企业自身的各种资源来适应环境要求。

3. 确定企业使命与目标

企业的战略目标是通过执行战略，要达到预期的成果。企业战略目标因企业类型和使命不同而存在差异。企业使命一般可分为盈利、服务、员工和社会责任四个方面。企业战略目标应该符合企业内外部环境，应该是切实可行的，切忌好高骛远。企业的战略目标应该是积极的，能够对企业发展起引导和激励作用，能够促使企业健康成长与发展。

【小知识：企业使命】

企业使命是企业存在的目的和理由，企业使命应该至少具备五个要素：

(1)反映企业定位，包括盈利方式、企业的社会责任以及市场定位的企业价值。

(2)有导向作用。明确的企业使命能够指明企业未来的发展方向，能为有效分配和使用资源提供一个基本的行为框架。

(3)说明业务范围。即生产什么产品、在哪个领域经营。

(4)有利于界定自身的企业形象，加深客户对企业的认知。

(5)企业使命取决于影响战略决策的利益相关者的相对能力。

例如微软公司使命：致力于提供使工作、学习、生活更加方便、丰富的个人电脑软件。

4. 选择确定战略方案

在分析企业的内外部环境和明确企业的战略目标后，接下来企业管理者将与企业战略专家及其他相关人员一起参与企业战略方案的规划，选择适合企业发展的总体战略、业务战略和职能战略。

在以上四个步骤中，分析企业环境和选择确定战略是比较复杂的，接下来我们就重点介绍企业战略环境分析和企业战略选择这两大部分内容。

二、企业战略环境分析

企业管理人员在进行战略制定和选择之前,必须先分析企业所面临的战略环境。战略环境分析是企业战略管理的基础,其任务是根据企业目前所处的市场环境和发展机会来确定未来发展的方向和目标。企业的战略环境分析包括企业外部环境分析和企业内部条件分析。

(一) 企业外部环境分析

企业外部环境分析包括企业的宏观环境分析和行业环境分析。

1. 宏观环境分析

企业的宏观环境分析主要包括对企业所处的人口环境、经济环境、技术环境、政治环境、法律环境和社会文化环境等进行分析,在此我们就不赘述了。

2. 行业环境分析

行业是生产满足同一类需求的产品的企业的总和。一个企业是否有长期发展的前景,同它所处的行业的性质休戚相关。处于快速发展的行业,对任何企业都有吸引力;反之,处于衰退期的行业,企业发展就会步履维艰。因此进行行业环境分析,预测行业发展的前景,把握企业未来发展的趋势,是进行企业战略的制定和选择的基础。

(1)行业周期分析。

企业都是处于一个具体的行业环境中,每个行业都有自己的生命周期,都有自己产生、发展和衰退的过程。行业的生命周期一般分为四个阶段:

①形成期。形成期是指某一个行业刚刚出现在市场上,公众对其技术和产品还处于非常陌生的阶段。这时的行业被称为“朝阳行业”。在此阶段,有较多的小企业出现,颇具规模的大企业很少,企业之间的争夺顾客的压力比较小。因为此时,消费者对该行业和产品都不熟悉,普遍对产品的接受度比较低,各企业更看重的是以后的发展,都热衷于开发新产品和提高生产技术,积极为下一个阶段竞争做准备。此时整个行业呈现的特征是:产品尚未成型、消费者知晓和认可度低、竞争较少、生产能力过剩、利润少、风险大,行业发展略显失衡。

②成长期。行业进入成长期,表现在产品已经比较完善,消费者对产品的认知度提高,市场迅速扩大,企业的销售额和利润迅速增长,企业对风险的抵抗力增强。由于利润的增长,不少新企业加入进来,行业规模开始扩大,竞争日益激烈。

③成熟期。在这一阶段,产品为绝大多数消费者所熟知,重复购买成为重要特征,市场需求趋向饱和,潜在顾客几乎被挖掘殆尽。销售额增长速度变缓甚至转而下降,产品设计缺乏变化,生产能力开始过剩,利润不再增长,甚至开始回落。行业内部竞争异常激烈,合并、兼并大量出现,许多小企业开始退出,行业开始由分散走向集中,往往只能留下少量大企业。

④衰退期。消费者对产品已经没有兴趣,随着科学技术的发展,市场上出现新产品和性价比更好的替代产品,这时行业进入衰退期。此时销售额明显下降,生产能力严重过剩,竞争激烈程度由于某些企业的退出而趋缓,行业规模缩小,利润大幅度下降。这一行业被人们称为“夕阳行业”。当行业进入这一阶段,有可能还会持续一段时间,也有可能因为没有创新留不住消费者而迅速消失。

只有了解行业目前处于哪个阶段,才能决定企业在该行业是进入、维持还是撤退,这对于企业战略的制定特别是多元化竞争战略的制定,具有极其重要的意义。

【小组讨论】

试着分析新能源行业、餐饮业和瓶装液化气业分别处于行业周期的哪个阶段。

(2)行业竞争结构分析。

企业对行业环境的分析不仅包括行业周期分析,还包括对行业内竞争结构进行分析。行业内的竞争结构一般包括五种力量,分别为:供应商的议价能力、购买者的议价能力、潜在进入者的威胁、替代品的威胁和同业竞争者的威胁。一种可行战略的提出首先应该包括确认并评价这五种力量,不同力量的特性和重要性因行业和企业的不同而变化。

①供应商的议价能力。供应商可以通过提价或者降低产品和服务的质量来影响企业。当供应商具有以下特征时,将处于强有力的议价地位:当供应者处于卖方市场,买家很多,而行业中的企业只购买供应商产品的一小部分,对供应商的影响比较小;供应者的行业是垄断行业,只由一家或少数几家企业控制,但是买主很多;供应商提供的产品或者服务没有替代品;供应商具有较强的深加工的能力甚至会与买方企业形成竞争。此时,供应商就会拥有强有力的议价能力,这就是我们俗称的"店大欺客"。

②购买者的议价能力。购买者往往通过压价、要求提高产品或服务的质量来使企业与竞争者相互倾轧,从而来影响行业中现有企业的盈利能力。当购买者具有以下特征时,将处于有利的议价地位:当市场处于买方市场,而同时与企业提供相同或相似产品和服务的卖方竞争企业很多;购买者需要购买的产品或服务的数量很多,占了卖方销售量很大的比例;购买者具有自己生产该产品的能力;购买者转向企业的竞争者的成本很低。这时,购买者就有强有力的议价能力,俗称"客大欺店"。

③潜在进入者的威胁。当一个行业拥有较高的利润水平和较低的进入障碍时,就容易出现潜在进入者,对现有企业构成威胁。潜在进入者在给行业带来新生产能力、新资源的同时,将希望在已被现有企业瓜分完毕的市场中赢得一席之地,这就有可能会与现有企业发生原材料与市场份额的竞争,最终导致行业中现有企业盈利水平降低,严重的话还有可能危及现有企业的生存。

潜在进入者威胁的严重程度取决于两方面的因素,这就是进入新领域的障碍大小与预期现有企业对于进入者的反应情况。进入障碍主要包括规模经济、产品差异、资本需要、转换成本、销售渠道开拓、政府行为与政策、自然资源、地理环境等方面。预期现有企业对进入者的反应情况,主要是采取报复行动的可能性大小,则取决于现有企业的财力情况、报复记录、固定资产规模、行业增长速度等。总之,新企业进入一个行业的可能性大小,取决于进入者主观估计进入所能带来的潜在利益、所需花费的代价与所要承担的风险这三者的相对大小情况。

④替代品的威胁。企业向市场上提供的产品和服务都在不同程度上受到替代品的威胁。这种威胁有时是直接的,有时是间接的,替代品的威胁取决于企业替代品的多少和在功能上的相似程度。替代品的威胁对企业来讲主要表现在价格上。替代品越多,与企业产品或服务相似度越高,对企业产品的价格或服务的影响就越大。

⑤同业竞争者的威胁。大部分行业中的企业,相互之间的利益都是紧密联系在一起的,作

为企业整体战略一部分的各企业竞争战略，其目标都在于使得自己的企业获得相对于竞争对手的优势。所以，在实施中就必然会产生冲突与对抗现象，这些冲突与对抗就构成了现有企业之间的竞争，这类竞争者称为同业竞争者。

同业竞争者对企业的威胁常常表现在产品种类、产品质量、价格、营销手段、售后服务等方面，其对企业的威胁程度与竞争者的数量、资金实力对比、规模、知名度、美誉度、产品线的多寡等密切相关。如果，某企业的行业竞争者数量众多，资金实力雄厚，知名度美誉度高，产品种类多质量好，销售渠道通畅，营销手段不断推陈出新，售后服务广受好评，那该企业同业竞争者的威胁很大，反之就很小。

行业中的每一个企业或多或少都必须应付以上五种力量构成的威胁。企业可以采取尽可能地将自身的经营与竞争力量隔绝开来，努力从自身利益需要出发影响行业竞争规则，先占领有利的市场地位再发起进攻性竞争行动等手段来对付这五种竞争力量，以增强自己的市场地位与竞争实力。

（二）企业内部条件分析

分析企业内部条件，目的在于了解企业本身的情况，了解企业实现战略目标和克服外部环境中不利因素对企业所造成威胁的能力。一般来说，对企业内部条件的分析需要熟悉内部条件所包括的内容。

与企业的外部环境相比较，内部条件更容易控制的。企业的内部条件是企业经营的基础，是制定战略的依据和出发点，是获取竞争的根本要素。企业的内部条件一般包括三个方面：企业结构、企业文化和企业资源。

1. 企业结构

企业结构是指企业的组织结构，它决定了企业内部的相互关系、信息沟通的形式和权力结构分配以及企业运行的工作流程。不同的企业适合不同的结构形式，结构形式主要包括直线制、直线职能制、事业部制、矩阵结构、委员会结构和虚拟结构等类型。企业结构应该适合企业战略，合适的企业结构可以促进企业战略的实施。反之，如果企业结构与战略不相适应，它将会成为企业战略实施过程中的绊脚石，不利于企业战略目标的实现。

2. 企业文化

企业文化是企业在长期的发展中逐渐形成的，是企业成员共同接受的理想、信念、价值观和行为准则，外显于各种规章制度、行为准则，内隐于员工潜意识中。企业文化对企业的战略形成及实施具有重要的作用，世界上经营成功的企业都具有其独特的企业文化，这种独特的文化是这些企业具有创造力和保持其领先地位的源泉。创造和保持一种支持战略的企业文化对于成功实施战略是非常重要的，优良的企业文化可以形成一种努力达到业绩目标、积极参与战略行动的工作氛围，有利于战略目标的顺利达成。

3. 企业资源

企业资源包括企业的人力资源、财力资源、物质资源、技术资源、信息资源等多种因素，是企业战略要素的总和，是企业战略实力的综合体现。企业应该根据自身的资源来选择适合的战略类型。例如，企业资源丰富，就可以选择积极的发展型战略；反之，资源匮乏不足，则应该选择稳定型战略。

【案例思考2-1:战略环境分析】

请在网上收集内蒙古小肥羊餐饮连锁有限公司(简称小肥羊)的相关资料,对其进行战略环境分析。

(三)企业战略环境分析方法

对企业战略环境进行分析最常用的方法是SWOT分析法。SWOT分析法就是将企业的各种主要内部优势(strengths)、劣势(weaknesses)以及外部环境中的机会(opportunities)、威胁(threats)通过调查罗列出来,并按照一定的次序按矩阵形式排列起来,然后运用系统分析的思想,把各种因素相互匹配起来加以分析,从中得出一系列相应的结论。SWOT分析法的步骤依次是:分析环境因素、构造SWOT矩阵和进行战略选择。

1. 分析环境因素

通过各种调查研究方法,分析出企业主要的优势、劣势、机会和威胁。

企业的优势是企业所擅长的,比竞争对手强的内部条件。例如企业的资金实力雄厚、规模大,产品种类比竞争对手多、知名度高、拥有一大批忠实的客户等。

企业的劣势是企业缺少的或者不擅长的,比竞争对手弱的内部条件。例如企业没有明确的战略方向,企业的产品质量不够好、售后服务水平较低等。

企业的机会是指对企业比较有利的外部环境。例如政府的支持、市场需求增长趋势强劲等。

企业的威胁是指对企业不利的外部环境因素。例如政局不稳、自然灾害发生、新竞争对手的增加、供应商和购买者的议价能力增强等。

2. 构造SWOT矩阵

将调查得出的各种因素按照重要性和影响力大小等排序方式,构造出SWOT矩阵。在这个过程中,将那些对企业发展产生长远的、直接的、重要的、迫切的因素优先排列出来,而将那些短暂的、间接的、次要的影响因素排在后面。

3. 进行战略选择

在完成环境因素分析和SWOT矩阵的构造后,便可以制订相应的行动计划。发挥优势、克服劣势、利用机会、化解威胁,利用系统分析法,将排列的各种环境因素互相匹配起来加以组合,得出一系列企业未来发展可以选择的对策,构成SWOT战略选择表,如表2-1所示。

表2-1 **SWOT战略选择**

外部条件	内部环境	
	优势(S)	劣势(W)
机会(O)	SO战略	WO战略
威胁(W)	ST战略	WT战略

结合企业的外部机会、威胁和内部优势、劣势,企业可以得出以下四种不同的战略:

(1)SO战略:SO战略是企业优势与机会的组合,是利用企业内部的长处去抓住外部机会的战略。这时企业拥有强大的内部优势和众多的增长机会,可以采取增长型战略。

(2)WO 战略:WO 战略是企业劣势与机会的组合。此时企业虽然拥有外部机会,但是缺少有利的内部条件。在这种情况下,企业可以采取扭转型战略,有效地利用企业的外部机会,尽快改善企业内部的不利条件。

(3)ST 战略:ST 战略是企业威胁与优势的组合。此时企业的外部环境不太理想,面临诸多威胁,但是拥有不错的内部条件。在此情况下,企业应该考虑多元化战略,利用自身优势在其他产品或市场上寻找发展机会;或者在自身优势非常明显,实力异常强大的情况下,也可以考虑采用一体化战略,前向或后向并购,利用规模优势克服环境带来的不利影响。

(4)WT 战略:WT 战略是企业威胁与劣势的组合,是一种最不利的情况。此时外部面临威胁,内部又存在缺陷,内外部都缺少有力的支持。在这种情况下,企业可以采取减少产品的紧缩战略,或是改变产品的放弃战略。

从战略制定的角度来看,一家企业的内部优势意义非凡,因为它们是企业战略的奠基石,是建立竞争优势的基础。如果一家企业没有明显的竞争优势来制定企业的战略,企业的管理人员必须采取积极的应对措施纠正企业的不足和劣势,增强其竞争优势,为战略制定创造良好的条件。

【案例分析 2-1:战略环境分析】

我们用 SWOT 分析法对内蒙古小肥羊餐饮连锁有限公司(以下简称小肥羊)进行战略环境分析。

1. 优势(strengths)

(1)产品差异性。

小肥羊的羊肉采用纯天然、无污染的内蒙古锡林浩特大草原的高纤维、低脂肪的六月龄乌珠穆沁的羔羊肉。这种羊肉入口滑嫩爽口,无羊膘味。另外,从加工环节、屠宰环节有排酸工艺,羊肉排酸后,膻味就降低了。小肥羊的汤料锅底采用当归、枸杞、党参、草果、桂圆、白蔻等 60 多种滋补调味品精心配制,对身体有极好的滋补作用。

(2)产品质量标准化。

小肥羊率先采用标准化原料统一加工,统一配料。小肥羊各地店铺除了蔬菜在当地采购,以达到保鲜要求外,原材料包括锅底料、羊肉,皆由包头总部统一配送,质量容易控制。

(3)服务标准化。

小肥羊的服务标准化是依靠《运营手册》《服务手册》《操作手册》来规范的。服务上体现在以下两个方面:

①餐饮服务标准化。即服务规范化和标准化,从设备、设施、用品到服务程序和操作规程都要按照统一的要求和标准执行;

②餐饮服务超值化。例如,在饭店门口开辟顾客“等候区”,有报纸、沙发、茶水。让消费者感受到超出期望值、超越常规的全方位服务。以顾客为导向,提供最满意的产品和最满意的服务。

(4)品牌优势。

成立11年的小肥羊,已经形成了良好的品牌优势。作为经营涮羊肉火锅的企业,消费者注重的是绿色标志和健康卫生。小肥羊从成立至今,获得“中国企业500强”等三十多项荣誉。

2. 劣势(weaknesses)

(1)营销观念不足。

小肥羊进行广告传播相对较少,它主要依靠的是通过遍布全国各地的加盟店,赢得消费者认可后吸引更多顾客。在广告宣传力度、社会公益事业等方面远远不够,尤其是缺乏电视媒体的广告宣传。

(2)加盟连锁管理尚待完善。

小肥羊在2001年正式特许经营加盟以来,加盟店扩张速度过快,引起管理上的消化不良。当时的加盟条件也非常简单,完全依靠董事长的本人直觉。且总部对特许加盟店控制力不足,装修风格、综合服务、出品速度、环境舒适度、灯光照明度、店内使用的餐具等方面都没有完全统一,造成其各地形象不统一,财务预算监控不善,而在人员配备上容易出现成本过高的现象,同时原料的配送也产生了问题。

(3)人力资源管理缺乏。

“人才缺乏和浪费”是小肥羊内部资料在谈到企业不足之处出现的频率最高的字眼,但是由于中国餐饮服务人才尤其是高端人才的匮乏是整个行业面临的普遍问题,人才供应不足一直都是影响小肥羊快速发展的关键因素。

3. 机会(opportunities)

(1)火锅行业发展潜力巨大。

火锅餐饮在中国有着良好的群众基础,也是一种容易被“众口难调”的中国人所接受的餐饮形式。所以无论是百年的东来顺,还是新军小肥羊都因为自己独特的产品创新,而被消费者接受并追捧。

(2)上市融资渠道畅通。

2006年小肥羊选择英国创业及私募投资机构和西班牙普凯基金进行合作,拿到2500万美元的资金。引入国际投行,是为了加强国际化,引进先进管理经验和管理理念,同时收复直营店和实现全球化发展。

2008年6月,小肥羊正式登陆香港联交所主板,上市融资将会为小肥羊提供更高更广的平台,筹集更多资金,更有利于建立火锅王国。

(3)引进高级管理人员。

小肥羊以原始股价格购买股票或者赠送股份的方式吸引了一批高层管理人才,为小肥羊的发展积攒了丰富的人力资源。

4. 威胁(threats)

(1)西式快餐具备竞争优势。

随着中国投资环境的日益宽松,国外大型餐饮公司以丰富的菜品和独特的文化进入中国,肯德基、麦当劳等快餐企业在中国迅速扩张,其他知名品牌企业如汉堡王、必胜客、吉野家、德克士、罗杰斯等世界快餐企业都已进入了中国市场。

(2)国内竞争日益激烈。

众多老牌餐饮企业和新兴餐饮企业的发展壮大,也在逐渐加剧国内餐饮业的竞争。而火锅餐饮业已成为中国餐饮业最主要的组成部分,约占餐饮业营业额的1/3,品种繁多的火锅成为最活跃的餐饮业态。目前,草原兴发、小尾羊、谭鱼头、海底捞、奇火锅、三只耳、陶然居、重庆秦妈等火锅连锁店发展速度迅猛,加盟店和直营店数量不断增多。这些都是小肥羊要面对的严峻挑战。

(3)品牌危机。

随着小肥羊的名气越来越大,假冒者也开始盯上了这块肥肉。国内外模仿小肥羊商标的餐饮企业层出不穷。作为"中国驰名商标"的小肥羊曾经与多家侵犯商标权的企业对簿公堂,但是利益为先的市场中,并没有出现杀一儆百的效果。

由此可见,小肥羊要将标准化和品牌优势继续完善和发挥,改善加盟店和人才管理,充分利用与国际投行合作和上市融资的机会,提升自身核心竞争力,最终战胜众多国内外竞争者,保持中餐霸主的地位。

三、企业战略选择

前面已经介绍过企业战略可以按层次分为企业总体战略、企业业务战略和企业的职能战略。因为本项目是以企业的整体经营活动作为研究对象的,所以在此给大家详细介绍企业总体战略选择和企业业务战略选择。

【案例思考2-2:沃尔玛的战略扩张】

沃尔玛公司由美国零售业的传奇人物山姆·沃尔顿先生于1962年在阿肯色州成立。经过40多年的发展,沃尔玛公司已经成为美国最大的私人雇主和世界上最大的连锁零售商。截至2009年5月,沃尔玛在全球开设了超过7800家商场,员工总数200多万人,分布在全球16个国家。每周光临沃尔玛的顾客1.76亿人次。

在世界知名的零售业巨头沃尔玛这家实力雄厚的大企业里,打印纸要求双面使用,做广告从来不请明星助阵,而是由员工或员工的孩子自己上阵。光是这两项,每年节省的资金就不下百万美元。省下来的资金用于让利销售,消费者得到了更多的实惠,公司的知名度也进一步提高;沃尔玛公司的名称充分体现了沃尔顿的节俭习性。美国人习惯上用创业者的姓氏为公司命名。沃尔玛本应叫"沃尔顿玛特"(Walton-Mart),但沃尔顿在为公司定名时把制作霓虹灯、广告牌和电气照明的成本等全都计算了一遍,他认为省掉"TON"三个字母可以节约一笔钱,于是只保留了"WALMART"七个字母——它不仅是公司的名称,也是创业者节俭品德的象征。沃尔玛中国总店的管理者们对老沃尔顿的本意心领神会,他们没有把"WALMART"译成"沃尔玛特",而是译成了"沃尔玛"。一字之省,足见精神。如果全世界4000多家沃尔玛连锁店全都节省一个字,那么整个沃尔玛公司在店名、广告、霓虹灯方面就会节约一笔不小的费用。

沃尔玛有一个规定,高级管理人员出差只许乘坐二等舱,住双人间,连沃尔顿本人也不例外。当公司总资产达到100亿美元时,他出差依然住中档饭店,与同行人员合住一个房间,只在廉价的家庭饭馆就餐,他还常常亲自驾驶货车把商品送往连锁店。相反,每当他看见其他公司的高级雇员出入豪华饭店,毫无顾忌地挥霍公司钱财时总是感到不安,他认为奢侈只会导致公司的衰败。正是由于沃尔顿自幼养成了节俭习惯,他才能在经营百货店时千方百计节省开支,降低成本,用一轮接一轮的价格战击败竞争对手,建立起庞大的连锁销售帝国。

请结合案例回答:

(1)沃尔玛在全球的总体战略是什么?为什么?

(2)沃尔玛在全球的主要业务战略是什么?为什么?

(一)企业总体战略选择

根据企业面临的外部环境和内部条件,企业的总体战略包括发展型战略、稳定型战略和收缩型战略。

1. 发展型战略

发展型战略也称扩张型战略,是以发展壮大企业为基本导向,致力于使企业在产销规模、资产和利润或新产品开发等方面获得增长的总体战略。发展型战略主要包括三种基本类型:密集型战略、一体化战略和多元化战略。

(1)密集型战略。

密集型战略也称加强型战略,指企业在原有的生产范围内,充分利用在产品和市场方面的潜力来求得发展的战略。该战略主要包括三种战略态势:市场渗透战略、产品开发战略和市场开发战略,如表2-2所示。

表2-2　产品—市场矩阵

市场	产品	
	现有产品	新产品
现有市场	市场渗透	产品开发
新市场	市场开发	多元化

①市场渗透战略是指利用现有产品在现有市场中销售,它的主要目标是通过各种方法来提高现有市场中的消费者对现有产品的使用频率或者在现有市场上吸引和争取更多顾客。市场渗透主要包括两方面的内容:扩大产品使用人的数量和扩大产品使用人的频率。扩大产品使用人的数量往往是通过刺激现有顾客更多地购买本企业的现有产品,或者把竞争对手的顾客吸引过来以及激发潜在顾客的购买动机等方式来提高现有产品的市场占有率。扩大产品使用人的频率主要是通过劝说消费者增加使用次数和增加每次的使用量或者让消费者相信产品具有其他新功能而促使他们更多地购买本企业的这种产品。

【小资料:把牙膏口径扩大 1mm】

美国有一家生产牙膏的公司,产品优良,包装精美,深受广大消费者的喜爱,营业额蒸蒸日上。

记录显示,前十年每年的营业增长率为 10% ~20%,令董事部雀跃万分。不过,业绩进入第十一年、第十二年及第十三年时,则停滞下来,每个月维持同样的数字。

董事部对此三年业绩表现感到不满,便召开全国经理级高层会议,以商讨对策。

会议中,有名年轻经理站起来,对董事部说:“我手中有张纸,纸里有个建议,若您要使用我的建议,必须另付我 5 万美元!”

总裁听了很生气说:“我每个月都支付你薪水,另有分红、奖励,现在叫你来开会讨论,你还要另外要求 5 万美元,是否过分?”

“总裁先生,请别误会。若我的建议行不通,您可以将它丢弃,一毛钱也不必付。”年轻的经理解释说。

“好!”总裁接过那张纸后,阅毕,马上签了一张 5 万美元支票给那名年轻经理。那张纸上只写了一句话:将现有的牙膏开口扩大 1mm。总裁马上下令更换新的包装。

试想,每天早上,每个消费者多用 1mm 的牙膏,每天牙膏的消费量将多出多少倍呢?这个决定,使该公司第十四年的营业额增加了 32%。

②市场开发战略是利用现有产品在新市场中销售的策略。其主要方式是扩大产品的销售区域,甚至是进入国际市场。

③产品开发战略是在现有市场中销售新产品,以满足不同消费者需求的策略。实施这种策略的重点是改进产品设计,同时也要开展以产品特色为主要内容的销售宣传活动。

(2)一体化战略。

一体化战略也称企业整合战略,是指企业充分利用自己在产品、技术、市场等方面的优势,将相互联系密切的经营活动纳入企业体系中,组成一个统一的经济组织进行全盘调控和调配,以谋求共同发展的战略。根据企业扩展经营活动的方向不同,可以将一体化战略分为三种:纵向一体化战略、横向一体化战略和混合一体化战略。

①纵向一体化战略。纵向一体化战略是指企业根据物质流动的方向,利用自身的产品、技术、市场等方面的优势,整合其他企业的资源,不断向深度发展的战略。纵向一体化战略可以分为:前向一体化战略和后向一体化战略。此处的“前”和“后”指的是相对市场距离而言。

前向一体化战略是企业通过一定的形式对下游的产品加工或者销售单位取得控制权或拥有所有权,从而达到拥有和控制其分销系统,实行产销一体化目的的战略。

后向一体化战略是企业依靠自身优势,对上游原材料或零部件供应商取得控制权或拥有权。最终表现为自己生产原材料或零部件或者通过兼并供应商成为自己的一分子,达到扩大经营范围目的的战略。

②横向一体化战略。横向一体化战略又称水平一体化战略,是企业利用自身优势对竞争对手进行收购、兼并和重组,形成统一的经济组织,从而达到降低交易成本、提高经济效益的战略。

③混合一体化战略。混合一体化战略是纵向一体化和横向一体化的综合使用,是指处于不同行业、不同市场且相互之间没有特别的生产技术联系的企业之间的联合。

(3)多元化战略。

多元化战略又称多角化战略和多样化战略,是指一个企业同时在两个或两个以上行业中进行经营。多元化战略是由战略学家安索夫在20世纪50年代提出的,包括相关多元化战略和非相关多元化战略两种方式。

①相关多元化战略。相关多元化战略又称关联多元化战略或同心多元化战略,是指企业进入与现有产品和服务在技术或市场等方面有关联性的经营领域,进而实施企业规模扩张的战略。

企业实现相关多元化的方法是多样的,包括企业转入密切相关产品的经营;建立在企业现有技术基础上相关多元化经营;寻找提高工厂设备使用率的途径实现多元化经营;建立在企业已有商标牌号和信誉基础上的多元化经营等。

②非相关多元化战略。非相关多元化战略又称无关多元化战略或集团多元化战略,是指企业进入与现有产品和服务在技术、市场等方面没有任何关联的新行业或新领域的战略。

2. 稳定型战略

稳定型战略又称维持型战略,是企业在经营方向上没有重大改变,在业务领域、市场地位和产销规模等方面基本保持现有状况,以安全经营为宗旨的战略。稳定型战略有利于降低企业实施新战略的经营风险,减少资源重新配置的成本,为企业创造一个加强内部管理和调整生产经营秩序的休整期,并有助于防止企业发展过快。

根据战略目的和资源配置方式的不同,稳定型战略可以进一步细分为无变化战略、维持利润战略、暂停战略和谨慎实施战略。

(1)无变化战略。

无变化战略是指不实行任何新举动的战略,这种战略适合于外部环境没有重大变化且本身过去经营非常成功,一直以来具有合理盈利和稳定市场地位的企业。

(2)维持利润战略。

维持利润战略是指为了维持企业现有的利润水平而牺牲企业未来成长的战略。这是一种注重短期效果而忽略长期利益的战略,主要目的是为了渡过暂时性的难关,一般在企业面临不利的外部环境时使用。该战略主要采取减少投资、压缩可控费用(例如研发费用、广告费用等)等方式来维持利润。这种战略只适合企业在面对困境时暂时使用,不可长期使用,否则会影响企业长远的发展。

(3)暂停战略。

当企业在一段较长时间的快速发展后,有可能会遇到效率下降,此时可采取暂停战略。暂停战略即休养生息,是指企业在一定时期内降低企业目标和发展速度,重新调整企业内部各要素,实现资源的优化配置的战略方式。

(4)谨慎实施战略。

如果企业外部环境中的某一重要因素变化趋势既不明显,又难以预测,则需要放缓相应的战略方案的实施进度,根据情况的变化实施或调整战略规划和步骤。

3. 收缩型战略

收缩型战略也称撤退型战略，是指企业因经营状况恶化而采取的缩小生产规模或取消某些业务的战略。按照实现收缩的目标，可以将收缩型战略分为三种类型：扭转战略、剥离战略和清算战略。

（1）扭转战略。

扭转战略是企业采取缩小产销规模、削减成本费用、重组等方式来扭转销售和盈利下降趋势的战略。扭转战略对企业整合资源、改进内部工作效率、加强独特竞争力有重要意义。

（2）剥离战略。

剥离战略是指企业停止或出售一个或几个经营部分的战略行为。这个部分可以是一个经营单位、一条生产线或者一个事业部。实施剥离战略的目的是使企业摆脱那些缺乏竞争优势、失去吸引力、不盈利、占有资金过多或与企业其他活动不相应的业务，以此来优化资源配置，使企业集中精力致力于优势领域。

（3）清算战略。

清算战略是指企业将全部资产出售，停止企业经营的战略。清算战略对任何企业而言都不是一个首选的战略，往往是在其他战略失败的情况下才使用。尽管所有的管理者都不愿意使用清算，但是在企业毫无希望、继续经营会导致更大损失的情况下，及时清算是一种相对比较好的战略选择。

成长型战略、稳定型战略和收缩型战略作为企业的总体战略，它们不仅可以单独使用，也可以组合使用。因为对很多大企业来说，它们一般拥有多个业务单位。这些业务单位面临的外部环境和所需要的内部条件都不完全相同，完全可以因地制宜、因时制宜地采用不同的总体战略。

（二）企业业务战略选择

企业的业务战略也称竞争战略，是指在给定的一个业务或行业内，企业如何营造、获得竞争优势的途径或方法。企业的业务战略主要包括成本领先战略、差异化战略和集中化战略。

1. 成本领先战略

成本领先战略又称低成本战略，即企业的全部成本低于竞争对手的成本，甚至是同行业中最低的成本。成本领先战略的核心是企业加强内部成本控制，将成本降到同行业中最低，从而获得竞争优势。

（1）成本领先战略的适用范围。

成本领先战略适用于市场占有率较高、成本和费用控制较好、达到规模经济的企业。

（2）实施成本领先战略的途径。

成本领先战略是使用得最为普遍的战略，许多企业在获取竞争优势上都力图从成本入手，在成本领先方面积累了不少经验，主要有以下获取途径：

①规模效应。在合理的规模经济适用范围内，企业通过扩大活动规模使固定成本能在更多的产品上进行分摊，使单位平均成本降低。

②技术优势。技术优势来自对传统技术的更新和新技术的研发。一旦企业获得技术优势，生产效率提高，生产成本将得以降低。

③企业资源整合。企业可以通过资源整合来提高资源的共享性，减少资源浪费从而获得

协同效应。但需要注意的是,成本领先战略必须建立在保障产品或服务质量的前提下,否则成本降低所带来的产品或服务质量的下降最终会导致消费者强烈不满而致使企业名誉受损,得不偿失。

④与价值链的联系。每个企业的业务都是某一产业价值链条上的一个环节,通过加强与价值链上各成员之间的联系,找到共同的利益解决方案,才能提高自己的业务活动效益。

2. 差异化战略

差异化战略是指通过提供与其他竞争对手不同的产品和服务来满足顾客的特殊需求,从而形成一种独特的竞争优势的战略。差异化战略的核心是创造某种对顾客有价值的独特性。

(1)差异化战略的适用范围。

差异化战略不是每个企业都适用的,只有满足下列条件的企业,使用差异化战略才能促进企业发展。

①企业具有很强的研发能力且研发人员数量众多,对市场把握准确且能及时了解客户需求。

②企业在产品或服务上具有领先的声望,具有较高的知名度和美誉度。

③企业具备较强的市场营销能力,灵活使用并创新营销手段。

④企业的研发部门与市场营销部门等职能部门之间存在很强的协调性。

(2)实现差异化战略的途径。

实现差异化战略主要依靠下列途径:

①通过产品质量的不同实现差异化战略。即企业向市场提供竞争对手无法比拟的高质量产品以吸引目标顾客。由于产品质量上乘,能产生较高的市场价值,进而可以获得较高的市场利润。

②通过产品创新实现产品差异化战略。企业的研发部门根据消费者的需求研发新的产品,使新产品具有竞争产品没有而消费者又特别喜欢的功能,获得竞争优势。

③通过服务不同实现产品差异化战略。服务差异化是市场竞争的重要战略。以质取胜,以服务取胜,是世界优秀企业的一贯战略。企业在实施差异化战略时应该注意:企业在产品、服务上创造的差异化必须是有一定数量的消费者关注和感兴趣的,差异化是以顾客需求为前提条件,不能盲目追求差异;企业实施差异化是需要投入大量成本的,在实施差异化时应该考虑成本和收益之间的关系。

【小资料:海底捞火锅的服务差异化战略】

北京的火锅店众多,竞争相当激烈。来自四川资阳的海底捞火锅独树一帜,以高质量的服务在京城火锅市场中占据了一席之地。海底捞火锅的高质量服务体现在就餐前、就餐中和就餐后的各个环节当中。

1. 就餐前的全面考虑

(1)泊车时的便利性。海底捞店前有专门的泊车服务生,他们主动代客泊车,车辆停放妥当后会将钥匙交给客人;等到客人结账时,泊车服务生会主动询问"是否需要帮忙提车"。如果客人需要,服务生会立即提车到店门前,客人只需要在店前稍作等待。

若顾客选择在周一到周五中午用餐，海底捞还会提供免费擦车服务。按照网友的话说，“泊车小弟的笑容很温暖，完全不以车型来决定笑容的真诚与温暖程度”。

（2）让等待充满快乐。就餐排队是顾客极其厌烦的，传统的等待是在椅子上干坐着，稍微好点的店能够奉上一杯水或者瓜子、西瓜。海底捞却反其道而行之，通过一系列创新性举措，让原本怨声载道的苦闷等待成了一种快乐等待。当顾客在海底捞等候区等候时，大屏幕上不断打出最新的座位信息，服务人员会立即送上西瓜、橙子、苹果、花生、炸虾片等各式小吃，还有豆浆、柠檬水、薄荷水等饮料（均为无限量免费提供）。此外，顾客还可以在等候区打牌、下棋和免费上网冲浪，女士还可以享受免费修剪指甲，男士则可以免费擦皮鞋等。这样，原本枯燥无味的等待时间就在吃喝玩乐中度过了。排队等位已成为海底捞吸引顾客的特色和招牌之一。

2. 就餐中的细节关怀

从点菜、上洗手间、结账离开等全流程的各个环节，海底捞处处体现了对服务的重视和对顾客的关怀。

（1）为客人节约的点菜服务。如果客人所点菜量已经超过了可食用量，服务员会及时提醒客人。此外，服务员还会主动提醒顾客，各式食材都可以点半份，这样同样的价钱可以享受平常两倍的菜品。

（2）及时到位的席间服务。海底捞保证每桌至少有一个服务员，所有服务员不管什么时候看到顾客都会恭敬地问候；服务员在席间会主动为客人更换热毛巾，次数至少在两次以上；服务员会给长头发的女士提供橡皮筋箍头、小发夹等夹住前刘海，给带手机的朋友提供小塑料袋子装手机以防进水；若有戴眼镜的顾客需要擦镜布，服务员还会为其免费赠送擦镜布。为每位就餐者提供围裙更是海底捞中一道亮丽的风景线，男女老少穿着同样颜色的围裙端坐一桌，阵势相当宏伟。穿围裙一是可以避免让美味不小心溅到顾客的衣服上，二是可以部分拦截火锅的味道，以免顾客衣服上散布着火锅的气味。

（3）暂时充当孩子保姆。带孩子上餐馆经常是父母的两难，有时淘气的孩子会破坏就餐的氛围，让原本美味的食物变得索然无味。为此，海底捞实施了两项创新举措：一是创建了儿童天地，让孩子们在那里尽情玩耍，使父母可以全身心投入品尝美味之中；二是服务员可以免费带孩子玩耍，还可以帮助给年龄较小的孩子喂饭，让父母安心吃饭。

（4）星级酒店般的卫生间服务。海底捞的卫生间环境优良、卫生干净，而且配备了一名专职人员为顾客洗手后递上纸巾，以便顾客能够擦干湿手。

（5）精彩的拉面表演。海底捞针对每位点了拉面的顾客，推出了精彩的拉面表演项目，即让一名受过专业培训的员工用各种舞蹈动作当着顾客把面拉好并下到锅里，这使顾客在享受美味之余，还欣赏到为自己准备的拉面表演。

3. 就餐后的小恩惠

一般的餐馆吃完饭后只会送上一个果盘，但在海底捞，若顾客向服务员提出再给一个果盘的要求,服务员会面带笑容地说没问题,并立即从冰柜里拿出果盘奉送给顾客。服务员有时候还会给顾客奉送一到两小袋豆子和口香糖。虽然这些小恩惠不值多少钱,却使顾客感到满意、欣喜和感动,在顾客心里种下"下次还来"和"告诉朋友"的种子。

正是通过以上高质量服务,海底捞树立了其服务差异化的品牌,顾客回头率很高。现在,顾客想在海底捞吃一顿晚饭,要提前2~3天订座,若需要包厢,则订座时间还要提前两周。

3. 集中化战略

集中化战略又称专一化战略,是指企业把经营活动集中于某一特定的购买群、产品线的某一部分或者是某一地区市场上的战略。与成本领先战略和差异化战略不同的是,企业不是围绕整个产业,而是面向某一特定的目标市场展开生产经营与服务活动,以期待比竞争对手更有效地为特定的目标顾客服务。

(1)集中化战略适用的范围。

①企业资源和能力有限,不足以追求广泛的市场目标。

②在行业中有特殊需要的顾客存在,或在某一地区有特殊需要的顾客存在。

③目标市场的竞争对手还没有采取同一目标。

(2)实现集中战略的途径。

①通过选择产品系列实现集中战略。对于产品开发和工艺装备成本偏高的行业而言,选择所有的产品线是不可能的,企业只能选择一个或几个比较擅长的产品系列作为经营重点,为企业的持续发展奠定基础。

②通过细分市场选择重点地区或消费者实现集中战略。不同地区或特征的消费者在文化习俗、购买习惯等方面的差异使得同一产品不能满足所有消费者的需求,但是企业的资金实力限制企业没有精力去满足所有消费者的差异化需求。因此,企业可以通过选择重点地区或重点消费者的方法来实现重点经营,也能获得竞争优势。

由此不难看出,集中战略一般是中小企业采用。因为中小企业的资金实力比较有限,要以所有的消费者为目标顾客不太现实,反倒是以某一个或几个目标群体为顾客,可以集中优势力量开展经营活动,更好地满足目标顾客的需求。

【案例分析2-2:沃尔玛的战略扩张】

(1)沃尔玛在全球的总体战略是发展战略,因为我们从资料中可以看出来,沃尔玛经过40多年的发展,由一个小商店发展成为在全球开设了超过7800家商场,员工总数200多万人,分布在全球16个国家的世界上最大的连锁零售商。

(2)沃尔玛在全球的主要业务战略是成本领先战略,我们从案例中沃尔玛的广告人员使用、公司名称简化、管理人员出差规定及山姆·沃尔顿的节俭习惯等诸多地方都能看出沃尔玛在各个细节都很重视节约成本、贯彻成本控制的理念。

小　结

企业管理人员需要了解企业战略层次和战略制定流程:识别鉴定现有战略、分析企业战略环境、确定企业使命与目标和选择确定战略方案。

战略管理人员在进行战略分析时,应该学会对企业的内外部环境进行 SWOT 分析。

管理人员对企业内外部环境进行综合分析后,就面临着战略选择。其中总体战略可以选择发展型战略、稳定性战略或收缩型战略;业务战略可以选择成本领先战略、差异化战略或集中战略。

课外实训项目

(1)试选择一家你所熟悉的企业,对它进行 SWOT 分析。

(2)对最后一个小资料中涉及的海底捞火锅的服务差异化战略进行评价,并说出它对其他餐饮企业的借鉴意义。

第二节　企业营销管理

知识目标

※了解营销的含义、营销与销售的关系及企业营销管理的意义、任务和过程

※掌握市场调查的内容、方法和步骤

※掌握设计市场调查问卷的原则、内容

※掌握市场调查报告的结构组成

※了解市场细分、市场定位的含义

※掌握市场细分、目标市场选择和市场定位的方法

※掌握市场营销组合的内容

能力目标

※能够设计一份市场调查问卷

※能够根据调查结果撰写市场调查报告

※能够针对具体企业进行市场细分、目标市场选择和市场定位

※能够为具体企业制定适当的市场营销组合

案例引入

做市场与做销售

小刘和小赵是大学同学,都是学市场营销专业的。小刘毕业后去了一家业内数一数二的

大企业A公司做市场,小赵毕业后去了与A公司同行业且实力相当的B公司做销售。

请问,在你的理解中:

(1)小刘和小赵最有可能在A公司、B公司的什么部门工作?

(2)小刘和小赵的工作职责和目的是一样的吗?

(3)企业的市场营销管理工作到底都包括哪些内容?

案例分析

事实上社会中很多人对上述三个问题同样没有把握能够给出正确的答案。要能准确地回答案例中的所有问题,必须熟练掌握以下知识:

(1)市场营销与销售的关系。

(2)企业营销管理工作的任务。

(3)企业营销管理工作的具体内容和过程:主要包括开展企业市场营销调查、着手企业目标市场选择和决定企业市场营销组合等。

相关知识

一、企业市场营销概述

市场营销是连接市场需求与企业反应的中间环节,是企业战胜竞争对手、实现盈利的重要方法。在市场产品趋于同质化、消费者需求呈现多样化的今天,研究市场营销理论和方法对企业而言尤为必要。

(一)市场营销与销售的关系

1. 市场营销的含义

对市场营销的解释,中外诸多学者表述各异,历经几十年仍未达成统一。综合大多数学者和专家的表述,本书给市场营销作如下定义:它以市场(或顾客)需求为中心,研究企业经营销售活动及其规律,即研究企业如何从满足消费者的需求与欲望出发,有计划地组织企业的整体活动,通过交换,将产品或服务从生产者手中传递到消费者手中,以实现企业的盈利目标。从上述定义可见:

(1)营销的对象是产品或服务。

(2)满足顾客需求与欲望是企业营销的出发点。

(3)有计划地组织活动或市场营销整合策略是满足消费者需求及实现企业目标的手段。

(4)交换是企业产品营销的核心。

(5)获取长远利润是企业营销的目的。

2. 市场营销与销售的关系

对市场营销的理解,很多人存在误区。最普遍的误解就是把市场营销等同于销售或者推销。在英语中,营销是marketing,销售是sales,两者有着本质的区别,表现在:

(1)出发点:市场营销的出发点是市场需求,而销售的出发点是企业。

(2)工作目标:市场营销的目标是树立品牌,扩大品牌知名度、提升美誉度,给消费者提供产品购买的理由和刺激,而销售的工作目标就是如何把产品送到消费者的面前,并成功地收回资金,实现商品的价值。

(3)方法和手段:市场营销采用的是整体营销手段,而销售主要采用的是人员促销和广告等手段。

(4)层次:市场营销与销售就是“战略”和“战术”的关系,市场涉及销售的方方面面,包括售前、售中和售后的市场调查,营销方案的制订,产品定位和品牌推广方案、价格制定,渠道开发和促销的策略制定,售后服务政策等,是全局统筹的工作,是战略层面的事情。销售主要是将市场部研究规划出的产品按设计好的渠道和价格以及促销宣传方式具体实施,管好渠道畅通以及物流和资金流安全畅通即可,是战术实施方面的事情。一个是策略制定,一个是策略执行。

(5)全局和局部:市场营销考虑的是全局性的,所代表的是整体利益。因此除了销量外,还有品牌知名度、品牌美誉度等,考核标准也是难以确定和具体量化的。而销售就是体现在货物的销售和回款的多寡。

(6)获取利润的方式:市场营销通过满足顾客的需求来获取利润,关注的是企业长远的利益;而销售是通过增加产品销量来获取利润,关心企业短期利益。

企业的销售部门与市场部门是企业营销的两大基本职能部门。市场部门的任务是解决市场对企业产品的需求问题,销售部门的任务是解决市场能不能买到产品的问题,这两个问题同时作用于市场,就是我们今天所做的市场营销工作。

(二)企业营销管理工作

1. 企业营销管理的意义

伴随着市场竞争的加剧,越来越多的企业管理人员开始认识到市场营销对于企业有着举足轻重的意义,表现在:

(1)通过市场营销确定并满足消费者的需求。不同消费者的需求呈现出多样性、变化性与独特性,要准确把握不同消费者的需求,需要依靠市场调研去完成。了解消费者的需求之后,营销人员将消费者的需求反馈给研发部门,研发部门才能有针对性地进行产品设计,使最终产品符合消费者的需求。

(2)通过为本企业的产品和服务确立不同于竞争者的独特的市场定位。现代市场激烈的竞争使企业不能盲目进行生产,必须在对内外部营销环境进行分析后,进行市场细分和目标市场的选择,进而进行独特的市场定位,使得企业的市场定位符合企业的资源条件,从而打造自身竞争优势。

(3)通过市场营销确保本企业营销渠道畅通无阻。绝大部分企业都不是产销一体化的,生产出来的产品需要依靠渠道商的合作方能传递到顾客手中。企业建立与渠道商之间的战略合作关系,有效地管理和控制渠道商,是产品和服务顺利到达最终市场、扩大市场份额的重要保障。

(4)通过市场营销推广本企业的产品和服务,使广大客户和消费者熟悉、喜爱甚至依赖本企业产品与服务。现在的市场绝大多数为买方市场,企业应该主动出击,积极地进行产品和服务的营销活动。其中,促销是一种较好的手段和方法,通过广告促销、人员促销、公共关系和营业推广等方式让消费者逐渐熟知并喜爱企业产品和服务,提升企业形象与知名度、美誉度。

(5)通过市场营销促进企业与消费者的关系,拉近彼此的距离,加深双方的感情。现代企业利用体验营销、服务营销和情感营销等方式加深消费者的满意度和忠诚度,促进消费者重复购买和长期购买,为实现企业长远发展奠定坚实基础。

由此足以看出市场营销是连接市场需求与企业反应的桥梁和纽带,对实现企业战略目标有决定作用,因此,必须将市场营销置于企业的中心位置。

2. 企业营销管理的主要任务

企业营销管理的主要任务不仅要刺激消费者对产品的需求,还要帮助企业在实现营销目标的过程中,影响需求水平、需求时间和需求构成。因此企业营销管理的任务是刺激、创造、适应及影响消费者的需求。

从本质上来说,企业营销管理就是需求管理。需求管理要求企业将消费者对产品或服务的不健康需求转化为健康需求;改变不规则需求,发现并转化为规则需求;想办法阻止下降需求,保持甚至增加需求;努力扭转负需求,将其转为正需求;满足现有需求,发现甚至创造需求。其中创造需求给企业带来的挑战最大,但是机遇也更多。因为这些需求都未被市场发掘,一旦发掘潜力巨大。

3. 企业营销管理过程

企业市场营销活动是一项系统工作,其管理过程应该使用系统的方法发现、分析和选择市场机会,进而把市场机会变为有利可图的企业机会。具体来讲,企业的营销管理过程包括如下步骤:通过调查发现市场机会、选择目标市场、确定市场营销组合、制订市场营销计划、执行和控制市场营销计划。其中前三部分是市场营销管理活动的主要组成部分,接下来我们就对这三部分内容加以介绍。

【小资料:皮鞋能销售出去吗?】

北美A皮鞋公司为了开发市场,派调查专员查尔森赴南太平洋岛国进行市场调查。一周后,该公司收到查尔森电报:“彼地居民全部赤脚,也从无穿鞋习惯,无从推销,请求返回。”无独有偶,B皮鞋公司也派出调查专员理查德赴此岛国进行市场调查。一周后,B公司收到理查德电报:“好消息!此地居民从无穿鞋习惯,全部赤脚,商机巨大,速派人组织推销。”

二、开展企业市场调查

(一)确定市场调查对象、内容

1. 市场调查的含义

市场调查又被称为市场调研或市场研究,是指针对企业特定的营销问题,采用科学的方法,系统地、客观地设计、收集、分析和整合有关市场营销各方面的信息,为营销管理者制定、评估和改进营销决策提供依据。

开展市场调查工作需要从以下几个方面入手：确定市场调查对象和内容、选择市场调查方法、设计市场调查问卷和撰写市场调查报告。

2. 选择市场调查的对象

市场调查的对象一般为消费者、零售商和批发商。零售商和批发商为经销调查产品的商家，消费者一般为使用该产品的消费群体。在以消费者为调查对象时，要注意到有时某一产品的购买者和使用者不一致，如对婴儿食品的调查，其调查对象应为孩子的母亲。此外，还应注意到一些产品的消费对象主要针对某一特定消费群体或侧重于某一消费群体，这时调查对象应注意选择产品的主要消费群体，如对于化妆品，调查对象主要选择女性；对于酒类产品，其调查对象主要为男性。在选择市场调查对象时，还需注意调查对象要有代表性，选择数量要足够多，样本要足够大。

3. 确定市场调查内容

市场营销调查涉及营销活动的方方面面，主要包括以下内容：

(1)营销环境调查。

营销环境是企业开展营销活动的基础，企业的营销环境调查主要包括对宏观环境、微观环境的调查。对宏观环境的调查主要包括政治、经济、技术、法律、自然条件、社会文化环境等的调查；微观环境调查是对企业内部营销渠道、社会公众等的调查。

(2)顾客调查。

顾客调查主要是掌握顾客的购买动机、购买欲望和购买能力，以分析本企业产品的现实购买者和潜在购买者。包括对购买心理、购买行为的特征进行调查分析，研究社会、经济、文化等因素对购买决策的影响。而且还要了解潜在顾客的需求情况，影响需求的各因素变化的情况，消费者的品牌偏好及对本企业产品的满意度等。

(3)产品调查。

产品调查包括对现有产品进行改良，对新产品进行设计、开发和试销，对目标顾客针对在产品款式、性能、质量、包装等方面的偏好趋势进行预测；在成本基础之上根据供求关系对产品价格进行调查分析，以确定未来价格调整的方向和预期的效果；对营销渠道的规模、构成、合作情况、成本费用等进行调查，为合理调整营销渠道提供依据；对产品促销情况进行调查研究，包括对广告、人员促销、营业推广等促销方式的比例、表现方式、成本费用和效果进行调查分析，找出对消费者影响最大、成本费用相对比较合理的促销方式作为下一步促销方案策划的依据。

(4)市场竞争情况调查。

市场竞争情况调查包括对竞争者的企业战略、经营规模（设备先进程度、生产规模、劳动效率等）、技术设备（技术队伍、新产品研发、实验室建设等）、产品特点（包装、质量、价格水平等）、服务特色（售前、售中、售后服务等）、渠道建设（渠道规模、渠道层级、渠道管理等）促销水平（促销时点选择、促销方式运用、促销成本控制等）和应变能力（对市场反应速度、适应市场需求能力、危机公关水平等）等方面全面深刻了解和掌握竞争对手的动向，以便制定恰当的竞争战略和策略。

（二）选择市场调查方法

进行市场调查，必须选择科学合理的调查方法，这样才能收到事半功倍的效果。市场调查的方法主要可以分为三类：观察法、访问法和实验法。

1. 观察法

观察法是调查者在被调查者不察觉的情况下,对被调查者进行直接观察,借助一定的设备、物品记录被调查者行为、反应和感受的方法。观察法是用来收集原始资料的一种方法,要求避免被调查者看出来或感觉出来自己正在被调查,以便获得真实、可靠的资料和数据。观察法常被用于客流量调查、企业服务水平调查和消费者满意度调查等。

【小资料:"神秘顾客"调查法】

"神秘顾客"是近年发展起来的一种新的调查方法。它由经过严格培训的调查员,在规定或指定的时间里扮演成顾客,对事先设计的一系列问题逐一进行评估或评定的一种调查方式。由于被检查或需要被评定的对象,事先无法识别或确认"神秘顾客"的身份,故该调查方式能真实、准确地反映客观存在的实际问题。

"神秘顾客"的调查方法最早是由肯德基、罗杰斯、诺基亚、菲利浦等一批国际跨国公司,引进国内为其连锁分部服务的。

"神秘顾客"不同于一般性调查的访问员,他们具有较高的综合素质和理解能力,良好的心理状态,端正的工作态度,敏锐的观察和分辨能力,是调查质量的有力保证。

2. 访问法

访问法也是收集原始资料的基本手段,根据访问形式不同有四种类型:

(1)人员访问法。

人员访问法又被称为面谈调查法,需要调查者和被调查者之间进行面对面的沟通,它要求调查人员应该做到以下几点才能获得比较好的调查效果:

①熟悉调查的问题,明确问题的核心、重点和实质。

②事先设计好问卷或者调查提纲。

③掌握人际沟通的技巧和方法,给对方创造宽松自由的氛围,能够不受拘束地接受调查。

人员调查的优点是可以灵活地和被调查者接触,能够直观地感受到被调查者的反应,调查结果真实度比较高;缺点是调查费用比较高,容易给双方造成压力,被调查者容易受到调查者语气、态度的影响等。

(2)电话访问法。

电话访问法是调查者利用电话作为工具,按调查内容询问被调查者意见和建议的一种方法。此类调查要求组织者做到以下几点:

①设计电话调查问卷。注意其中受通话时间、纪律规定的约束。

②挑选和培训电话调查人员。

③选择样本方案、调查对象和访问时段。

这种方法的优点是:资料收集速度快,统一程度高;给被调查者施加的压力较小,对有些不便于面谈的问题在电话中可能会得到回答。缺点是:如果被调查者不能把握调查时机往往会遭受被调查人拒绝;且问题太多易引起被调查者反感,不能深入详细地进行讨论分析。

(3)信函访问法。

信函访问法是调查者将调查表邮寄给被调查者,要求被调查者填好后在一定期限内寄回给调查者的一种调查方法。这种方法的优点是:调查范围比较广泛;被调查者可以不受调查者的影响,在一定程度上可以保证填写的客观真实性;被调查者有充分的时间仔细思考作答,可以填写得比较全面翔实。缺点是:回收率低;时间周期较长;如果填表者不是目标被调查者,回答问题会比较肤浅。

(4)网络访问法。

利用互联网展开市场调查是当今流行的商业调查形式,其主要方式有网络自动问卷、E-mail 问卷调查、在线小组讨论、在线点击调查、BBS 讨论版自动统计等。这种方法的优点是:调查成本低,调查速度快。缺点:是由于网络的匿名性使得调查者不了解被调查者的背景,导致调查结果真实程度低。

3. 实验法

实验法是从影响调查问题的若干因素中,选择一两个因素,将它们置于一定的条件下进行小规模实验,然后对实验结果作出分析,研究是否值得大规模推广的一种调查方法。实验法多用于将实验的产品在选定的市场中进行试销,以测定各种营销手段的效果,它不见得像自然科学中的实验一样必须在实验室完成。实验法的优点是:可以有效地防范因盲目生产和销售产品而带来的巨大风险,在一定程度上提高营销的安全系数。缺点是:实验时间长、费用高,选择的市场不一定具有代表性,可变因素难以控制和把握,测试结果不易比较。

【小资料:麦当劳实验法】

麦当劳为了在中国开店成功,提前四年在中国东北和北京市郊试种马铃薯;并且根据中国人的身高体型确定了最佳的柜台、桌椅的尺寸;还从香港麦当劳空运成品到北京,进行口味测试和分析。为了开北京首家分店,在北京选了5个地点反复论证最终才确定下来。

(三)设计市场调查问卷

市场调查问卷是市场调查的重要工具,一份内容恰当、问题设计合理、形式得当的调查问卷既可以使调查者顺利达到调查目的,也可以使被调查者乐意合作、客观真实反映调查者的问题。因此学会设计调查问卷十分必要,是市场营销调查的一项关键工作。

1. 调查问卷设计的原则

调查问卷设计得完善与否直接影响到调查结果的质量。因此在设计调查问卷时应注意遵循以下原则:

(1)必要性原则。

调查问卷必须紧紧围绕着调查目的展开,设计的问题应该精要、有针对性,不能长篇累牍,拖沓冗长。

(2)准确性原则。

调查问卷中应该用词准确,避免含糊不清,似是而非,让被调查者产生误解和疑问。同时,尽量用通俗的易于理解的语言进行表述,少用晦涩的专业词语以免引起调查者的不解和不快。

(3)客观性原则。

调查问卷中的问题要客观,不能有引导性和倾向性的问题,不能有提示或暗示被调查者的意图,以保证资料收集的客观真实。

(4)可行性原则。

调查问卷的填写需要被调查者的配合,所以调查问卷设计的内容要符合被调查者的习惯和认知,使被调查者愿意回答和方便回答。这就要求调查者在提问时简洁清楚明了,注意使用礼貌用语,尽可能设计选择题,问题设计遵循由简到难的顺序。

(5)数量化原则。

如果能够量化的问题,尽可能量化,以便于数据整理。

2. 调查问卷设计的步骤

问卷设计没有统一、固定的格式和程序,一般来说有以下几个步骤:

(1)根据调查目的,拟订调查内容提纲,列出调查所需资料范畴,并征求专家和实际业务人员的意见。

(2)根据专家和业务人员的意见编写问卷。在问卷编写时,注意结合调查问卷设计的原则,将问题和答案按照顺序依次列入调查问卷表中。

(3)测试并修改完善问卷。将初步设计出来的调查问卷,在小范围内作初步测试,根据测试结果对调查问卷作必要的修改,使问卷设计渐趋完善。

3. 调查问卷的内容

一份完整的调查问卷一般是由题目、说明、筛选、问卷主体、调研证明记载和结束语六个部分组成。

(1)题目。

每份调查问卷都有一个主题。调查者应开宗明义确定主题,使人一目了然,增强被调查者的兴趣。

(2)说明。

说明一般在问卷的开头,是问卷的导言或介绍词,主要包括调查人代表的单位、调查的目的、恳请被调查人合作等。说明一方面是为了激发被调查者的兴趣,另一方面则使被调查人做到心中有数,回答问题能够有的放矢,便于提高调查的效率和质量。所以说明词要通俗易懂、简明扼要。问卷的说明是十分必要的,对采用发放或邮寄办法使用的问卷尤其不可缺少。

(3)筛选。

筛选主要是为了选择符合调查要求的被调查者而设立的。例如在对某品牌热水器的调查中,就需要在调查进入前先提出过滤题,否则,后续的问题就将很难进行。因此,首先要筛选被调查者是否购买过热水器,如果是,则可继续提问,否则就终止提问。

(4)问卷主体。

这是问卷的核心部分。它收集市场信息的具体内容,主要涉及被调查者的兴趣、爱好以及行为习惯等方面。问卷主体围绕着调查者的主题展开,调查者在这部分应该充分考虑到被调查者的填写习惯,由简到难,以封闭式选择题为主,准确、简练地设计所有的问题,避免重复累赘。

(5)调查证明记载。

它主要包括调查人的姓名、调查地点、调查方式和调查时间、被调查者的姓名或单位名称以及地址。采用匿名调查者则不写被调查者姓名,调查主题与被调查者年龄、收入等敏感话题不太相关的,则无须被调查者填写年龄和收入,以免引起被调查者的反感。

(6)结束语。

结束语的任务就是要告诉被调查者调查结束了。不同问卷的结束语会略有不同,如邮寄问卷的结束语可能是:“再次感谢您参与访问,麻烦您检查一下是否还有尚未回答的问题后,将问卷放入随附的回邮信封并投入信箱。”而一份拦截访问中的问卷的结束语可能会是:“访问到此结束,这里有一份小礼品送给您,请签收。谢谢您,再见。”访问员最后还要签写姓名和日期。

【小资料:某热水器公司市场调查问卷】

访员编号: 问卷编号: 访问日期:

填写说明:此表是我公司为了提高热水器产品质量和服务水平对购买过热水器的消费者所做的一次调查。请填写者按实际情况回答,我公司将赠送礼品,并对有效的问卷进行抽奖,谢谢您的合作!

填写要求:凡未特别注明的均为单选,请在相应的空格内打"√"。

1. 请问您家的热水器购买时间有多长?

□不到1年 □1年以上,5年以下 □5~10年 □10年以上

2. 您购买热水器的地点是:

□家居或家电商场 □大型超市 □建材市场 □热水器专卖店

□网上购买 □其他( )

3. 您选择在该场所购买热水器的最主要原因是:

□品质保障 □价格便宜 □专业介绍和服务 □方便快捷

□其他( )

4. 您家的热水器平均每周用多少次?

□1次不用 □1~2天用一次 □3~4天用一次 □5~10小时用一次

□10次以上

5. 您家的热水器类型是:

□电热水器 □燃气热水器 □太阳能热水器 □空气能热水器

6. 您选择这种类型的热水器的原因是:

□环保节能 □安全 □方便快捷 □温度稳定

□使用费用较低

7. 您所知道的热水器品牌是:(可多选)

□A. O. 史密斯 □皇明 □海尔 □樱花

□阿里斯顿 □华帝 □能率 □清华阳光

□其他( )

8. 您家热水器的品牌是:

□A. O. 史密斯 □皇明 □海尔 □樱花

□阿里斯顿 □华帝 □能率 □清华阳光

□其他( )

9. 您选择该品牌的原因是:

□品牌大 □价格低 □销售人员态度好 □售后服务好

□其他( )

10. 您对这一品牌的热水器售后服务满意吗?

□很满意 □满意 □一般 □不满意

11. 您认为售后服务还需在哪些方面改进?(可多选)

□服务速度　□服务态度　□服务规范化　□ 配件价格

□其他(　　)

12. 您对目前所使用的电热水器的感觉是:

□很好　□较好　□好　□一般

□差

13. 在使用目前这个品牌的热水器过程中,您发现它最大的缺点是:

□耗能大　□不太安全　□易出故障　□温度不稳定

□体积大　□操作不方便　□加热慢　□出水量小

□其他(　　)

14. 如果您考虑换一台热水器,您会选择的热水器类型是:

□电热水器　□燃气热水器　□太阳能热水器　□空气能热水器

15. 如果您考虑换一台热水器,您会考虑的品牌是:

□A. O. 史密斯　□皇明　□海尔　□樱花

□阿里斯顿　□华帝　□能率　□清华阳光

□其他(　　)

16. 如果您考虑换一台热水器,您会选择购物的场所是:

□家居或家电商场　□大型超市　□建材市场　□热水器专卖店

□网上购买　□其他(　　)

17. 如果您考虑换一台热水器,您希望这台热水器的价格在:

□1000 元以下　□1000 ~ 2000 元　□2000 ~ 3000 元

□3000 ~ 5000 元　□5000 ~ 10000 元　□10000 元以上

18. 请给影响您购买热水器的因素进行排序:(1 表示首选,6 表示最后考虑)

□品牌　□价格　□广告　□经销商环境

□质量　□销售人员态度　□售后服务　□体积

□其他(　　)

19. 您认为应该从何种渠道做广告效果更好?

□电视　□网络　□电台　□报纸

□专业杂志　□其他(　　)

20. 您知道我公司经营的这个品牌的热水器吗?

□知道　□不知道　□记不清

21. 您是从何种渠道知道我公司的?(可多选)

□电视广告　□报刊　□熟人介绍　□网络

□其他途径(　　)

22 您对我公司提供的产品和服务满意吗?

□很满意　□满意　□一般　□不满意

□不知道

23. 您认为我们在产品设计或销售环节应该做哪些改进？（　　）
24. 您认为应该如何改进我们的售后服务？（　　）

家庭人口数量：	家庭月收入：

最后，再次感谢您的热心参与，祝您全家愉快，谢谢！

调查地点：　　　　　　　　　　　　　　　调查者签名：

（四）撰写市场调查报告

将市场调查问卷进行分析整理得出结果就可以撰写市场调查报告了。撰写市场调查报告是市场调查的最后一步，是调查成果的反映。一份条理清楚、言简意赅的市场调查报告会为企业决策者提供有力的依据，因此在撰写调查报告时一定要把握以下原则：内容客观真实；重点突出而简要；文字简练；应利用易于理解的图、表说明问题；计算分析步骤清晰，结论明确。

调查报告没有固定统一的结构，它会随着调查项目的不同、调查公司和报告撰写者的不同而呈现出各种风格。但是不管如何变化，调查报告一般是由题目、目录、摘要、正文、结论和建议、附件等几个部分组成的。

1. 题目

题目包括市场调查标题、报告日期、委托方、调查方等。一般应打印在扉页上。有的调查报告还采用正、副标题形式，一般正标题表达调查的主题，副标题则具体表明调查的单位和问题。标题要简单明了，题文相符，高度概括，具有较强的吸引力。

2. 目录

提交调查报告时，如果涉及的内容及页数很多，应当用目录或索引形式标记出来，以便于读者对报告的整体框架有一个具体的了解。目录包括各章节的标题，题目、大标题、小标题、附件及各部分对应的页码等。一般来说，目录的篇幅不宜超过一页。

3. 摘要

摘要是市场调查报告的内容提要，是整个报告的概括，围绕着调查目的、调查对象、调查内容和调查方法等进行简要陈述。摘要不仅为报告的其余部分规定了切实的方向，同时也使得管理者在评审调查结果和建议时有一个大致的参考框架。

4. 正文

正文是市场调查报告的主体部分，包括调查主题的提出、调查内容的确定、调查问卷的设计、调查方法的选取、调查结果的分析等内容，详细地向报告阅读者呈现调查研究的全过程，使他们能够了解所有调查结果和必要的市场信息。

5. 结论和建议

结论和建议是撰写调查报告的主要目的，是报告阅读者最终关心的问题。这部分包括对整个报告内容的总结、在全面分析的基础之上形成报告结论、提出解决问题的方法和建议以及对未来的展望等。结论和建议应该简明扼要，给阅读者启发和联想。

6. 附件

附件是指调研报告中正文包含不了或没有提及，但与正文密切相关且必须附加说明的部分，它是正文报告的补充或更详尽的说明。附件一般包括以下内容：数据汇总表、统计图表、原始资料背景材料、调查问卷和必要的技术报告等。

三、着手企业目标市场选择

任何企业的资源都是有限的，而消费者的需求呈现出无限性和多变性，所以任何企业都不可能满足消费者的需求。那企业要在市场中获得成功，必须要去选择符合发挥自己资源优势的市场作为经营的对象，这就是目标市场的选择，目标市场选择是以市场细分为基础和前提条件的。

【案例思考2－3："50＋"超市】

在奥地利首都维也纳有专门为50岁以上老人服务的购物场所，其标志为"50＋"超市。"50＋"超市创意很简单，但又很独到。超市货架之间的距离比普通超市大得多，老人可以慢慢地在货架间选货而不会显得拥挤；货架间设有靠背座椅；购物推车装有刹车装置，后半截还设置了一个座位，老人如果累了还可以随时坐在上面歇息；货物名称和价格标签比别的超市也要大，而且更加醒目；货架上还放着放大镜，以方便老人看清物品上的产地、标准和有效期等。如果老人忘了戴老花镜，可以到入口处的服务台去临时借一副老花镜戴上。最重要的是，超市只雇用50岁以上的员工。对此，一家"50＋"超市经理布丽吉特·伊布尔说："这受到顾客的欢迎，增加了他们的信任感。从中获益的不仅仅是顾客，雇用的12名员工又可以重新获得了工作，他们十分珍惜这份工作，积极性特别高。"

"50＋"超市由于替老人想得特别周到，深受老人欢迎。同时被其他年龄层（如带孩子的年轻母亲）所接受。"50＋"超市商品的价格与其他没有特殊老年人服务的超市一样，营业额却比同等规模的普通超市多了20%。

请结合案例回答：

（1）"50＋"超市进行市场细分的依据是什么？

（2）针对目标消费者，"50＋"超市做了哪些细致的工作来满足消费者的需求？

（一）市场细分

1. 市场细分的含义

市场细分是企业通过市场调研，依据整体市场上消费者需求的差异性，选定一组标准，将整体划分成在需求上大体相近的若干个市场部分，形成不同的细分市场，从而有利于企业选择目标市场和制定市场营销策略的一切活动的总称。

市场细分对企业来讲非常重要。因为企业尤其是中小企业通过市场细分可能发现大企业没有关注到的市场，拾漏补缺，找到好的市场机会，在激烈竞争中获得发展；另外，企业还可以根据细分市场及时调整产品结构和市场营销组合，有利于企业制定最优的营销战略与策略。

2. 市场细分的依据

消费者在市场细分时要依据一定的细分变量，一般是依据地理、人口、心理和行为四种细分变量来进行市场细分的。

(1)地理细分。

地理细分是企业按照市场所处的不同地理位置及其他地理特征(包括城市、农村、地形、气候、交通运输等)来细分消费者市场。地理细分的具体因素有地理区域、自然气候、资源分布、人口密度、城市大小等。地理细分的依据是处在不同地理位置的消费者对企业产品和服务有不同的需求和偏好,对企业的市场营销策略有不同的反应。企业应该尽可能选择那些自然灾害较少发生、资源丰富、人口密度较大的区域作为市场,以减少企业经营的风险,获取更大的收益。

(2)人口细分。

人口细分是企业按照年龄、性别、家庭人数、家庭生命周期、收入、职业、受教育程度、宗教信仰、种族和国籍等人口变量对市场进行的细分。由于人口变量与市场规模相关且易于统计,所以是企业进行市场细分的主要依据。

(3)心理细分。

心理细分是企业按照社会阶层、个性、价值观、生活方式和心理动机等心理变量对市场进行的细分。心理变量与市场需求和促销有着极为密切的关系,尤其是在经济发展水平较高的社会中,对购买者的影响更为突出,因此企业要非常重视对市场的心理细分。

(4)行为细分。

行为细分是企业按照消费者或使用者购买某种产品的时机、所追求的利益、使用情况、消费者对品牌的忠诚度、待购阶段和对产品的态度等行为变量来细分消费者市场。

①时机细分。企业可以根据顾客购买或使用产品的时机将他们分类,时机分类有助于提高产品的使用率。例如,企业一般都会利用五一、端午、十一、中秋、元旦和春节等国家法定节假日大做促销,以促进企业销量和销售额的提升。

②利益细分。不同的消费者在购买同一种商品时,因为他们购买的动机不同,所追求的利益不同,所以呈现出不同的购买特征,企业按此标准对顾客进行的细分就成为利益细分。例如,对购买汽车的人来讲,有的消费者追求经济实惠,有的消费者追求个性张扬,有的消费者追求耐用实用,有的消费者追求身份地位,因此,汽车企业会按照消费者不同的利益追求将汽车分为多种类型,去满足消费者的需求。

③使用情况细分。企业可以根据消费者对商品的使用频率来将消费者分为少量使用者、偶尔使用者和经常使用者;也可以按照消费者是否使用商品将其分为未曾使用者、曾经使用者、正在使用者和潜在使用者等。

④品牌忠诚度细分。企业可以按照消费者对品牌的忠诚与否以及忠诚程度将消费者分为坚定的忠诚者、动摇的忠诚者、喜新厌旧者、无固定偏好者。企业应该加强对坚定的忠诚者的管理。

⑤待购阶段细分。消费者的待购阶段分为知晓、认识、喜欢、偏好、确信、购买六个阶段,企业应该对处于不同待购阶段的消费者采取不同的营销策略。

⑥对产品态度细分。消费者对产品的态度可以分为热爱、肯定、冷淡、拒绝和敌意五种,企业应该把精力放在对产品热爱和肯定的消费者身上。

【小组讨论:市场细分】

请回答下列市场是根据什么变量进行的市场细分:

(1)餐饮菜系分为鲁、川、粤、闽、苏、浙、湘、徽八大菜系。

(2)汽车分为高档车、中档车和低档车。

(3)服装分为春装、夏装、秋装和冬装。

3. 市场细分的步骤

市场细分一般遵循以下步骤进行:

(1)进行市场调查。

通过市场调查研究找出影响消费者购买决策的变量,再按照重要性将这些影响变量进行排序,找出最重要的几个变量。

(2)着手市场细分。

以影响消费者购买决策的几个最重要的变量为依据,对消费者进行市场细分,确定出几个细分市场。

(3)分析细分市场。

对划分出来的细分市场进行分析,根据需求及购买特点进行进一步的细分或者合并。

(4)测量细分市场。

根据企业所处的内外部环境对细分市场的潜力进行测量,为进一步选择进入哪个或哪些细分市场提供依据。

(二)目标市场选择

目标市场是企业打算进入的细分市场,或打算满足的具有某一需求的顾客群体。企业在众多的细分市场中,究竟决定选择哪一个或哪几个细分市场作为自己的目标市场,是需要根据自己资源状况和待选细分市场的特点来确定的。

1. 选择目标市场的条件

对于企业而言,不能随意选择一个或几个细分市场作为目标市场,必须对细分市场进行全方位的评估。如果某个细分市场满足下列条件,企业就可以将其选择为目标市场:

(1)市场规模大,潜力足。

规模大、潜力足指的是某一细分市场中消费者人数众多,需求未被满足且都具有相当的购买能力,企业进入市场后还有充分挖掘消费者需求和潜力的机会。

(2)市场结构合理,吸引力大。

市场结构是某一细分市场内经营者的数量与质量、市场进入与退出的限制、产品销售与供应等状况。一个细分市场如果竞争者数量较少且实力较弱、市场进入退出相对比较容易,产品供应旺盛,则符合结构合理、吸引力大的条件。

(3)企业本身资源与目标能驾驭市场。

如果企业在某个细分市场具有明显的资源优势,且该市场的特征符合企业战略目标的要求,企业有足够的实力去驾驭该市场,该市场可以考虑成为目标市场。

2. 制定目标市场营销策略

选择好目标市场以后，企业需要对所选择的目标市场制定市场营销策略。目标市场营销策略分为三类：无差异性营销策略、差异性营销策略和集中性营销策略。

（1）无差异性营销策略。

无差异性营销策略是指企业将整个市场作为目标市场，不考虑各个细分市场的特征，只重视各市场的共性，决定只推出单一产品、运用单一市场营销组合，试图在一定程度上满足所有市场消费者的需要。此策略认为消费者的需求应该相同，这种策略对绝大多数产品不适用，不适合企业长期使用。

（2）差异性营销策略。

差异性营销策略是企业选择多个细分市场作为目标市场，针对每一个细分市场设计不同的营销组合以适应各市场不同的需要。差异性市场营销策略最大限度考虑到每个细分市场消费者的需求差异，对提高消费者满意度、扩大产品销售有重要意义。但是为每个细分市场设计不同的市场营销组合策略需要花费高额的成本，会给企业带来巨大的经济压力。此策略比较适合资金实力雄厚的大企业，对势单力薄的小企业不太适用。

（3）集中性营销策略。

集中性营销策略是指企业集中所有力量，以一个或少数几个性质相似的细分市场作为目标市场，实行专业化的生产和销售，试图在较小的细分市场上占有较大的市场份额。集中性营销策略有利于企业在特定的细分市场上通过专业化来获取竞争优势，但是这种策略因为目标市场范围窄，一旦市场情况突变，企业可能陷入困境而存在较大的风险。此策略适合资金实力较弱的小企业或是刚刚进入市场的新企业。

【小资料：小油漆厂目标市场选择】

英国有一家小油漆厂，访问了许多潜在消费者，调查他们的需要，并对市场作了以下细分：本地市场的60%，是一个较大的普及市场，对各种油漆产品都有潜在需求，但是本厂无力参与竞争。另有四个分市场，各占10%的份额。一个是家庭主妇群体，特点是不懂室内装饰需要什么油漆，但是要求质量好，希望油漆商提供设计，油漆效果美观；一个是油漆工助手群体，顾客需要购买质量较好的油漆，替住户进行室内装饰，他们过去一向从老式金属器具店或木材厂购买油漆；一个是老油漆技工群体，他们的特点是一向不买调好的油漆，只买颜料和油料自己调配；最后是对价格敏感的青年夫妇群体，收入低，租公寓居住，按照英国的习惯，公寓住户在一定时间内必须油漆住房，以保护房屋，因此，他们购买油漆不求质量，只要比白色粉刷浆稍好就行，但要价格便宜。

经过研究，该厂决定选择青年夫妇作为目标市场，并制定了相应的市场营销组合：

（1）产品。经营少数不同颜色、大小不同包装的油漆。并根据目标顾客的喜爱，随时增加、改变或取消颜色品种和装罐大小。

（2）分销。产品送抵目标顾客住处附近的每一家零售商店。目标市场范围内一旦出现新的商店，立即招徕经销本厂产品。

（3）价格。保持单一低廉价格，不提供任何特价优惠，也不跟随其他厂家调整价格。

(4)促销。以“低价”“满意的质量”为号召,以适应目标顾客的需求特点。定期变换商店布置和广告版本,创造新颖形象,并变换使用广告媒体。

由于市场选择恰当,市场营销策略较好适应了目标顾客,虽然经营的是低档产品,该企业仍然获得了很大成功。

(三)市场定位

企业在市场细分基础上进行目标市场选择,并制定了目标市场营销策略之后,接下来就需要考虑市场定位问题了。科学的市场定位是在竞争中脱颖而出,获得竞争优势的关键。

1. 市场定位的含义

市场定位是企业为了实现特定的经营目标,根据目标市场需求特点并结合企业自身资源条件,塑造企业和产品在目标顾客中的良好形象和确立企业合适的竞争地位。

2. 市场定位的步骤

企业的市场定位工作一般分为三个步骤:

(1)调查研究影响定位的因素。

影响定位的因素包括竞争者的定位状况、目标顾客对产品和服务的评价标准以及企业的竞争优势等,企业只有在了解顾客需求、竞争对手和自身优势的情况下,才能找准自己的定位。

(2)选择定位策略。

企业在选择定位策略时,一定要明确自身优势所在,以能更好彰显特色,扬长避短。定位策略可以通过对产品定位、消费者定位和竞争定位来实现。

(3)传播定位观念。

企业在做出定位决策后,还需要在宣传定位上做足工夫,才能把企业的定位准确地传播给目标消费群体。在宣传定位观念时,企业一定要注意避免宣传定位太低、宣传定位太高以及宣传定位不清等几种误区,给目标群体一个清晰、准确的定位印象。

3. 市场定位方法

(1)产品定位。

企业在定位时会考虑根据产品的价格、质量、用途和特色等因素,从而形成不同的市场定位。

价格是产品给消费者的第一印象,因此很多酒店都会根据产品或服务价格来进行市场定位,例如如家酒店将自己定位为经济型酒店,希尔顿酒店将自身定位为豪华型酒店。利用产品使用的场合和用途不同来进行市场定位也是诸多企业定位时的一种选择,例如阿迪达斯定位于运动服饰,而利郎定位于商务服饰。

【小组讨论:脑白金的定位】

“今年过年不收礼,收礼只收脑白金”是一句大家非常熟悉的广告语。

(1)从这句广告语中,简单地评价一下脑白金的定位根据是什么?

(2)它的定位成功吗? 为什么?

(2)消费者定位。

消费者定位是企业进行市场定位的常用方法。企业可以根据目标消费者在年龄、性别、收入、职业、受教育程度、个性、价值观、宗教信仰、种族等方面的差异,塑造出不同的形象。例如老年公寓定位于为老年人提供幸福、安乐的晚年生活;新东方教育集团最初定位于为大学生出国提供外语培训服务等,都是根据消费者进行定位。

(3)竞争定位。

竞争定位是企业根据竞争者的特色与市场位置,结合企业自身发展需要来进行市场定位的方法。竞争定位分为三种形式:避强定位、迎头定位和重新定位。

①避强定位。避强定位是指企业把产品定位于目标市场的空白处,这样可以避开市场的激烈竞争,为企业争取一个相对宽松的发展机会。在进行避强定位之前,一定要进行市场细分,发现市场空隙,研究市场空隙的潜在消费者数量,同时从技术上和经济上分析实施避强定位的可行性和合理性。

②迎头定位。迎头定位是指企业与在市场上占据支配地位的,也就是最强的竞争对手采取正面冲突的定位方式。采取此种方式会有较大的风险,因为有可能会使双方两败俱伤。但是如果和对方势均力敌或者较对方略占上风,有不少企业愿意采取这种方式,因为企业主认为这是一种更能激励自己奋发向上的可行策略。实行迎头定位策略,必须知己知彼,尤其是需要对双方实力进行准确评估,否则很有可能以卵击石,给企业带来颠覆性的灾难。

③重新定位。重新定位是指随着企业竞争环境的变化,企业重新调整自己的定位策略,以适应新的竞争态势的需要。当消费者的偏好发生变化或者是竞争对手的竞争战略发生变化导致本企业市场占有率严重下滑时,一定要进行重新定位。

事实上,现实中企业市场定位都不是使用唯一一种方法,而是综合使用多种方法,以求能更完美地体现企业及产品形象。

【小资料:派克的重新定位】

派克钢笔在美国乃至世界都鼎鼎有名,是财富的象征,是有权人和有钱人互赠的礼品。它的价值不仅表现在体面和耐用上,同时也是收藏的珍品。它集高贵、典雅、精美和贵重于一身,平民一般不敢问津。

但是若干年前,美国派克突发奇想决定要谦虚一把,从豪门贵族走出来,一头扎进平民窝里想尝尝寒酸的滋味,自贬身价,投怀送抱于寻常百姓家。

从此,有身份的人开始对它冷眼相待,再也不肯用高贵的手触摸它。而平民也对它并不钟爱,就好像粗人选老婆,要的是中用结实能下地劳动的,猛地来了一位公主,反而不知道从何下手了。于是派克钢笔被冷落了。

派克钢笔想过一把平民瘾,在销售上创造奇迹,结果却差点破产。值得庆幸的是,派克公司痛定思痛,重新回到原来的定位上。

四、决定企业市场营销组合

企业的市场营销组合是指企业为满足目标顾客的需要,实现企业的经营目标,针对目标市场的特点对可控制的变量加以组合。常见的市场营销组合包括产品（product）、价格（price）、渠道（place）和促销（promotion），简称4P。

【小知识：市场营销新理论的发展】

市场营销组合理论经历了4P理论、4C理论、7P理论、10P理论、4R理论、4S理论和4V理论。

4P理论：产品（product）、价格（price）、渠道（place）和促销（promotion）。

4C理论：消费者（consumer）、成本（cost）、便利（convenience）和沟通（communication）。

7P理论：在原来4P理论的基础上又增加了3P，这3P包括参与者（participants）、物质环境（physical Environment）和过程（process）。

10P理论：在原来4P理论的基础上又增加了6P，这6P包括政治权力（political power）、公共关系（public relation）、探查（probing）、分割（partitioning）、优先（prioritizing）和定位（positioning）。

4R理论：关联（relevance）、反应（react），关系（relation）和回报（return）。

4S理论：满意（satisfaction）、服务（service）、速度（speed）和诚意（sincerity）。

4V理论：差异化（variation）、功能化（versatility）、附加价值（value）和共鸣（vibration）。

（一）产品策略

产品是市场营销组合中的首要和关键因素，是市场营销研究的出发点。

1. 产品整体概念

产品整体概念由里到外分为五层，分别是核心产品、形式产品、期望产品、附加产品和潜在产品。

产品最基本的层次是核心产品，是想向消费者提供的产品的基本效用和利益，是消费者真正要购买的利益和服务。例如热水器能够为消费者提供热水，这就是它的核心产品。

形式产品主要包括产品的式样、品牌、质量、特征和包装。例如某品牌的热水器式样小巧，质量上乘，包装精美，这就是热水器的形式产品。

期望产品是消费者在购买产品时期望获得的一整套属性和条件，例如期望热水器能够使用安全可靠，及时加热，这就是它的期望产品。

附加产品是产品所包含的附加服务和利益，包括运送、安装、信贷和其他售后服务等，例如某个牌子的热水器承诺免费送货上门安装调试，可以分期付款，一周包退、一个月包换，三年保修等，这就是热水器的附加产品。

潜在产品是产品未来发展的方向，例如热水器未来的发展方向是空气源热泵，这就是热水器的潜在产品。

2. 产品组合策略

产品组合策略是指企业生产全部产品的结构。企业可以根据自己的资金技术实力选择单一的产品、一个或几个品种的产品或者是所有品种的产品。

3. 产品品牌策略

企业在使用品牌时可供选择的品牌策略有多种：企业可以选择是否使用品牌；可以选择使用制造商品牌、中间商品牌或是混合使用制造商和中间商的品牌；可以选择利用成功品牌的声誉来推动新产品销售，将成功品牌延伸到新产品身上；可以选择所有产品用一个品牌，也可以选择每一个产品用不同的品牌等。但是需要注意的是，品牌延伸要注意与产品性质相符合，不能随意延伸；同时作为资金实力较弱的企业不适合多品牌策略，因为建立和推广品牌需要耗费大量的人力、物力、财力，如果把握不好会适得其反，影响企业收益。

4. 产品包装策略

包装作为现代产品营销的基础元素，已经越来越受得企业的重视。产品包装是指产品的容器或包装物及其设计装潢。企业可以通过选择各种包装材料、对产品外观及其容器进行设计，给顾客耳目一新的感觉，促进产品销售。由此可见，包装是提高产品附加价值最简单、最有效的一种途径。

【小资料：包装让高露洁占领市场】

牙膏是我们生活中不可或缺的日用品，因此市场竞争十分激烈。国际牙膏巨头美国高露洁公司在进入我国牙膏市场以前，曾做过大量的市场调查。高露洁公司发现，我国牙膏市场竞争激烈，但同质化竞争严重，尤其是包装极其简单、平淡，对消费者毫无吸引力。针对这些特点，高露洁采用了创新的复合管塑料内包装，并用中国消费者都非常喜欢的红色作为外包装的主体色彩，结果大获成功。在短短的几年时间内，迅速占领了我国 1/3 的牙膏市场份额。

5. 产品生命周期策略

产品的生命周期如同行业的生命周期一样，有引入期、成长期、成熟期和衰退期。产品在每个阶段的特征与对应的行业特征较为类似，因为在上个任务中详细叙述了，在此就不赘述了。需要注意的是，企业应针对不同生命周期，采取不同的营销策略。

（二）价格策略

价格是市场营销组合中最活跃、最关键的因素，是市场竞争的重要手段，也是唯一产生收入的因素。

1. 影响定价的因素

影响产品定价的因素很多，主要包括产品的市场供求状况、产品成本、产品价值、企业定价目标、竞争者行为以及政府的价格政策等。一般来讲，当产品供不应求、产品成本越高、产品价值越高、企业盈利目标越高、竞争者定价越高或政府对产品价格限制越宽松时，企业对产品的定价就越高，反之也成立。

2. 定价方法

企业产品定价方法主要有三种：成本导向定价法、需求导向定价法和竞争导向定价法。

（1）成本导向定价法。

成本导向定价法是一种很常用的定价方法，是一种以产品的成本作为企业定价的基础。

因为产品要想获利,最起码的就是要收回投入在产品生产、流通和销售过程中的成本。

(2)需求导向定价法。

需求导向定价法是符合市场经济规律的一种灵活定价法,是以需求为中心的方法。当市场对产品的需求比较旺盛,企业可以制定高价;当市场对产品的需求不足,企业则需要调低价格来促进产品的销量。

(3)竞争导向定价法。

竞争导向定价法是一种以竞争对手的售价作为企业定价依据的一种方法。企业需要对比竞争对手的产品价格、质量、服务和声誉等来制定自己的价格。

3. 定价策略

(1)新产品定价策略。

新产品定价策略可以分为三种:①撇脂即高价策略,为了在短期内收回投资获得较大利润;②渗透即低价策略,为了在上市初期让价格敏感型消费者接受产品,从而占领市场;③满意定价策略,介于撇脂定价与渗透定价策略之间,目的是让投资者和消费者均能满意。

(2)折扣定价策略。

折扣定价策略是企业为了鼓励消费者大量购买的一种价格策略,折扣定价策略主要包括现金折扣、数量折扣、交易折扣和销售折扣等。

(3)心理定价策略。

心理定价策略是根据消费者心理活动特征而采取的定价策略。这种策略根据不同消费者的需求心理来制定价格,以诱导消费者产生购买行为。心理定价主要包括整数定价、尾数定价、声望定价、幸运数字定价、招徕定价和习惯定价等。

(4)差别定价策略。

差别定价策略是按照两种或两种以上不反映成本费用比例的差异价格销售某种产品或服务,它主要有四种形式:顾客差别定价、产品形式差别定价、地理位置差别定价和销售时点差别定价。

【小组讨论:“9”现象】

为什么商场的产品大多价格定在99、199、299等,请用价格策略知识来解释此现象。

(三)渠道策略

分销渠道是指某种产品和服务从制造商向消费者转移过程所经过的各个环节。企业在选择分销渠道时,需要确定渠道的长度和宽度,以及确定具体的渠道成员。

1. 分销渠道的长度

按照流通环节的多少,可以将分销渠道划分为直接渠道和间接渠道。

(1)直接渠道。

直接渠道是指产品或劳务从制造商手上不经过任何中间环节就转移到消费者手中的分销渠道,直接渠道的营销模式又叫零级渠道。

(2)间接渠道。

间接渠道是指产品或劳务从制造商手上需要经过若干中间环节才能转移到消费者手中的分销渠道,是产销分离的一种形式。根据中间环节的数量,可以将间接渠道分为一级渠道、二级渠道和三级渠道。

2. 确定分销渠道的宽度

渠道的宽度是指在渠道的同一层级上使用同种类型中间商的数目。生产者选择较多的同类型中间商销售产品,则这种产品的分销渠道就叫做宽渠道;反之称为窄渠道。

根据渠道宽度可以将分销渠道分为独家分销、密集分销和选择分销。独家分销是一种窄渠道分销,指的是生产者对于同类型的中间商只选择一家。密集分销是一种宽渠道分销,指的是生产者尽可能多地选择同类型的中间商,以便于拓宽产品的销路。选择性分销的宽度介于独家分销和密集分销之间。

3. 选择分销渠道

(1)选择渠道长度。

生产企业应该根据产品、市场和自身资源因素来选择合适的渠道长度,因为渠道越长,控制和管理难度就越大。①产品因素:一般来讲,体积较大或结构复杂、单价较高、不容易保存的产品应该选择短渠道,反之则选择长渠道;②市场因素:商品市场销路窄、顾客集中、距离生产企业较近、顾客不需要经常购买的、市场季节性明显或需求集中的,适合采取短渠道,反之则选择长渠道;③自身资源因素:企业资金实力雄厚、销售能力强、完全有能力建立自己的销售系统的、有必要对最终用户提供较多直接服务的、不需要依靠中间商来扩大市场的,适合采取短渠道,反之则选择长渠道。

(2)选择渠道宽度。

如果生产企业想对中间商进行服务水平和服务售点的控制,那么企业适合选择窄渠道。反之,如果企业想尽可能多地使用中间商销售商品或服务,那应该选择宽渠道。

(3)选择渠道成员。

渠道的长度和宽度确定下来后,最后就是选择具体的销售成员了。企业选择渠道成员主要根据中间商的销售能力、支付能力、经营管理能力和信誉来进行选择。所有的企业都希望选择销售能力强、支付及时、经营管理得当和信誉好的中间商进行合作。

【小知识:管理窜货】

窜货是分销商受利益驱动,让所经销的产品跨区域销售,造成价格混乱,从而使其他分销商对产品失去信心,消费者对品牌失去信任的营销现象。分销商恶性窜货会给企业生产造成巨大危害,会扰乱生产企业整个分销网络的价格体系,易引发价格战,降低利润,甚至会引起失去消费者信任的严重后果。因此管理窜货是渠道管理中非常重要的内容,主要的方法有:(1)建立"预报警系统"制度;(2)保持渠道一体化、扁平化;(3)约束合同化;(4)包装差别化;(5)价格体系化。

(四)促销策略

促销是销售促进的简称,是企业通过人员和非人员的方式,沟通企业与消费者之间的信息,引发、刺激消费者的消费欲望和兴趣,使其产生购买行为的综合性策略活动。

1. 人员促销

人员促销是指通过促销人员深入中间商或消费者进行直接的宣传介绍活动,使中间商或消费者产生购买行为的促销方式。在商品经济高度发达的现代社会,人员促销这种古老的形式更焕发了青春,成为现代社会最重要的一种促销形式。人员促销的基本形式包括上门促销、柜台促销或者会议促销。人员促销的优点是销售的针对性强、信息传递通畅、易密切买方双方关系,通过销售人员的展示解答和指导,使消费者产生信任,容易促成交易。人员促销的缺点也比较突出,表现在费用支出较大,对推销人员的要求比较高,如果推销人员素质不合格,将直接影响消费者的购买乃至影响到品牌和企业在消费者心目中的印象。

2. 非人员促销

非人员促销方式主要包括三种:广告促销、营业推广和公共关系。

(1)广告促销。

广告促销是通过大众媒体与有选择的受众进行付费的、非人员的信息沟通。广告作为一种信息沟通方式,它是企业在促销策略中应用得最广泛的促销方式。

(2)营业推广。

营业推广是指企业通常运用各种短期诱因来刺激需求,鼓励消费者和中间商购买、经销或代销企业的产品和服务,使需求能立即增长的一种短期工具。营业推广可以针对最终消费者、中间商或是企业内部员工,但是以面向消费者和中间商为主。面向消费者的营业推广主要包括免费赠送样品、优惠券、促销包装、奖券、现场演示和联合推广等手段;面向中间商的营业推广主要包括批发回扣、推广津贴、销售竞赛、扶持零售商和派遣厂方信息员或代培销售人员等手段。

(3)公共关系。

公共关系是企业与消费者、供应商、股东、政府官员及社会大众进行沟通,企图塑造企业本身与其产品或品牌的良好形象。

小　结

本节从小刘和小赵的工作岗位引入市场营销的含义,进而对市场营销与销售的关系展开论述,点明了市场营销不等同于销售。它们是全局与局部、战略与战术、政策制定与政策执行的关系。

市场营销管理活动包括市场调查、选择目标市场、确定市场营销组合、制订市场营销计划、执行和控制市场营销计划等一系列的步骤和内容,它们构成了一个有机体。

市场营销人员在进行市场调查时,依次需要确定调查的对象、内容;设计市场调查问卷;选择合适的市场调查方法以及撰写营销调研报告。

目标市场选择需要在市场细分的基础上，对细分市场进行评估和选择确定，并结合内外部环境进行市场定位。

选择好目标市场后，需要确定市场营销组合。确定市场组合就是需要确定产品策略、价格策略、渠道策略和促销策略。

课外实训项目

（1）请针对大学生手机消费情况设计调查问卷并在你所在的学校同学中进行调研，最后撰写调查报告上交给老师，老师进行综合点评。

（2）以小组为单位，为学校附近的某家超市做一份周年庆典的促销活动方案。

第三节 企业人力资源管理

知识目标

※了解企业人力资源、企业绩效、企业薪酬和企业人力培训开发四个名词的含义

※了解企业人力资源管理的意义和招聘录用的原则

※掌握企业招聘的流程、渠道和方法

※了解企业绩效考评的内容和主体

※掌握企业绩效考评的方法和指标体系建立情况

※掌握薪酬体系的构成、薪酬体系设计流程和薪酬设计方法

※掌握员工培训开发的流程和方法

能力目标

※熟悉招聘流程和方法

※学会为企业设计绩效考评表

※学会为企业进行薪酬体系设计

※学会制订员工培训计划和实施监控培训过程

案例引入

小路大学是学人力资源专业的，毕业工作五年之后和其他两个朋友一起合伙出资150万元开了一家网络公司，他理所当然地成为该公司的人力资源总监：公司注册后准备开始营业，其他物质和人力都已经准备就绪，可是技术总监这一重要职位还空缺着，招来的其他几个技术人员股东们一致认为知识有限且经验不足均不适合担任该职位。

请问小路作为公司的人力资源总监：

(1)应该如何为公司找到合适的技术总监?

(2)应该如何维持公司员工尤其是优秀员工的稳定性?

案例分析

上述案例中所提出的两个问题涉及的都是人力资源管理的系统知识。

(1)这个问题涉及的是招聘管理,要准确完成任务,必须要掌握招聘流程、招聘渠道和招聘方法。

(2)这个问题相对比较复杂,因为影响员工稳定性的因素很多。但是从人力资源的角度来讲,员工之所以愿意在一个刚成立的公司就业且长期不愿意跳槽,主要的原因不外乎是该公司具有竞争力的薪酬制度和良好的职业发展前景。要找出解决任务的具体办法,就必须掌握:

①绩效考评的内容、绩效考评的主体、方法和绩效指标体系的建立。

②薪酬体系的构成、薪酬体系设计流程和薪酬设计方法。

③员工培训开发的流程和方法。

相关知识

一、企业人力资源概述

(一)企业人力资源的含义

企业人力资源是指在企业内具有智力劳动能力和体力劳动能力的人的总和。人力资源与自然资源、经济资源和信息资源一起合称为四大资源。与其他资源相比,人力资源具有生物性、能动性、再生性、时效性和社会性等显著特征。衡量一个企业人力资源的优劣需要从该企业人力资源的数量和质量两个方面展开,对其人力资源现状进行综合全面评估。

(二)企业人力资源管理

1. 人力资源管理的含义

人力资源管理是指对人力资源的获得、有效开发、合理配置和充分利用等方面所进行的计划、组织、领导和控制等活动。企业的人力资源管理需要运用现代化的科学管理方法,对企业内部可利用的人力资源进行合理规划、组织、培训、开发和调配,使人力与物力保持协调,充分激励企业员工发挥主观能动性,使得人尽其才,才尽其用,更好地保障企业战略目标的实现。

2. 人力资源管理对企业的意义

随着企业间竞争的白热化程度加剧,人力资源已成为企业能否竞争获胜的关键。有人说过21世纪最重要的是人才,从某种意义上来讲,企业之间的竞争取决于人力资源的竞争。人力资源作为企业最重要的资源,是一种战略资源,是创造企业利润的主要来源。企业人力资源管理的合理化对企业追逐超额利润、获得竞争优势、获取长远发展有重要意义。

3. 企业人力资源管理的内容

企业的人力资源管理是一项庞大而复杂的工程,内容十分丰富,涉及识别人才、选拔人才、培育人才、配置人才和保留人才等方面,具体包括企业人力资源规划管理、工作分析与工作设计管理、企业招聘与录用管理、企业绩效管理、企业薪酬与福利管理、企业人力培训开发管理和企业劳动关系管理七个方面。鉴于篇幅,在此我们主要对招聘与录用管理、绩效管理、薪酬管理和人力培训开发管理四部分重点内容进行介绍。

二、企业招聘与录用管理

(一)招聘与录用原则

企业进行招聘与录用是人力资源管理中最为基础的工作,是获取优秀人才的重要手段,有利于提高员工士气和企业声誉,为企业的发展不断注入新鲜血液,事关企业成败。因此,企业的招聘与录用对企业长远发展非常关键。在进行此项工作时,一定要注意本着信息公开、公正公平、效率优先、双向选择和择适录用五大原则。

1. 信息公开

信息公开是指企业在招聘人才时必须将招聘的职位名称、数量、任职资格与条件、待遇构成、考试方法等相关信息提前通过各种适当的途径和渠道向社会公开,以便能够吸引更多的人才参与竞争。

2. 公正公平

公正公平是指企业应该对所有符合应聘条件的人员一视同仁,使他们能够在公平的环境下接受公正的考核,阳光竞争。招聘企业不能人为地设置一些不平等的限制条件(例如性别歧视、乙肝歧视等)和优惠条件(例如本市户口优先、城镇户口优先等),应该营造一个公平竞争的氛围,尤其是需要关注残疾人、下岗职工和应届大学生等特殊群体,承担起一定的社会责任,赢得更多的社会认可。

3. 效率优先

效率优先是指企业应优化招聘与录用程序,争取在能够招到符合岗位要求人员的前提下合理控制招聘费用、合理压缩招聘周期。

4. 双向选择

双向选择是指企业在招聘员工时,可以根据岗位要求来选择自己所需要的人才;同时企业也应该充分尊重求职者的选择权,以平等的姿态对待求职者,给求职者自由选择的空间。

5. 择适录用

择适录用是指企业应该摒弃择优录用的传统招聘观念,选择最合适的而不一定是最优秀的人才,以保持员工队伍的稳定性。因为最优秀的人才不一定适合任何企业,当他们在工作一段时间后发现该企业并不适合自己时会选择离开,这对企业和应聘者双方而言都是一种损失。所以企业在招聘时需要衡量自身的资源状况和应聘者的相关情况进行择适录用。

【小资料:知道自己在做什么】

美国通用电气(GE)公司多年来被《财富》杂志评为全世界最受推崇的公司。董事长兼首席执行官杰克·韦尔奇也被称为"美国的头号经理","世界头号企业家"。那么,韦尔奇在"管人"上有什么特殊方法呢?他说得十分简洁:"调动员工的积极性为目标,就是让每个人对自己的作用、责任和奖励都一清二楚"。

(二)招聘与录用程序

企业的招聘与录用程序会根据行业与企业本身而略有不同,但大致都可以分为六个步骤:进行员工需求预测、制订招聘计划、选择招聘渠道、确定招聘方法、实施招聘选拔活动和评价分析招聘效果。其中实施招聘选拔活动是最为复杂的一环,包括对简历进行资格初审、笔试、面试、背景和资格确认、主管决定录用、体检、试用和正式录用等多个环节。

(三)招聘渠道选择

企业的员工招聘有两种渠道:内部招聘和外部招聘。

1. 内部招聘

内部招聘是指企业从内部正在任职的员工中选择人员进行空缺职位填补的方法。内部招聘的形式有内部晋升和岗位轮换两种形式。内部招聘的优点在于可以节约招聘费用、减少招聘风险,有利于调动员工工作的积极性和忠诚度,有利于维持员工队伍的稳定性。其缺点在于内部招聘容易导致山头主义和近亲繁殖,不利于工作的创新,容易导致企业内部各部门之间或员工之间的矛盾,若协调不好容易引起员工的强烈不满,导致工作效率的降低。

2. 外部招聘

外部招聘是指企业从外部选择合适的人员进行空缺职位填补的方法。外部招聘的形式很多,包括媒体广告招聘、人才招聘会招聘、校园招聘、中介机构招聘、猎头公司招聘、海外招聘和申请人自荐。外部招聘缺点是成本较高,容易打击内部员工积极性,招聘风险较大;但优点是能够快速招聘到企业所需人才,为企业带来新鲜血液,有利于企业的创新。

企业应该根据拟招职位的性质、市场的劳动力供求状况和预算成本等进行招聘渠道的选择,将内部招聘与外部招聘有机结合起来,为企业发展招募到合适的人才。

【小资料:英特尔公司独特的招聘渠道】

英特尔的招聘渠道很多,其中包括委托专门的猎头公司帮助物色合适的人选。另外,通过公司的网页,求职者可以随时浏览有哪些职位空缺,并通过网络直接发送简历。只要相关负责人认为你的简历背景适合,你就有机会接到面试通知。

英特尔还有一个特殊的招聘渠道,就是员工推荐。它的好处首先在于,现有的员工对英特尔很熟悉,而对自己的朋友也有一定了解,基于这两方面的了解,他会有一个基本把握,那个人是否适合英特尔,在英特尔大概会不会成功。这比仅两小时的面试要有效得多,相互的了解也要深得多。英特尔非常鼓励员工推荐优秀的人才给公司,如果推荐了非常优秀的人，这个员工还会收到公司的奖金。当然，决策者是没有奖金的。如果因为人情招了不适合的人，决策者会负一定责任，所以决策者会紧紧把握招聘标准，绝不会出现裙带关系。

（四）招聘测试方法

企业招聘测试员工的方法有很多，包括知识测试、心理测试、情景模拟测试和面试等。

1. 知识测试

知识测试被称为笔试，是目前人才招聘中常用的方法。该方法通过纸笔测试的形式对求职者的知识广度、深度和结构进行全方位了解，要求应聘者在规定时间内作答。常见的知识测试的内容包括综合知识测试、专业知识测试和相关知识测试等类型。企业应该根据职位对知识的需求，选择适当的知识考试类型，在设计试题时必须做到难度适中、突出职位特征，能够科学、公正、严格地考察应聘者的知识广度、深度和结构层次。

【小资料：光大银行的部分知识测试题】

这是2009年光大银行的某次校园招聘的知识测试题，测试共包括五个部分：填空题、选择题、问答及案例题、翻译题和作文题。

1. 填空题

填空题中涉及了时事政治以及金融基础知识和光大银行的基本情况，例如：

（1）2008年奥运会的口号是（　　　　　　　　）。

（2）2005年提出“新四化”是（　　　　　　　　）。

（3）根据巴塞尔协议，商业银行资本充足率不能低于（　　　　）。

（4）21世纪前20年，我国的发展目标是（　　　　　　）。

（5）光大银行的愿景是（　　　　　　　　）。

2. 选择题

选择题涉及面广，包括商业银行、金融产品、会计知识、推理判断。

3. 问答及案例题

（1）毕业前，你们班想组织一次活动，促进班集体的关系，当作毕业前的美好回忆。请你简要计划一下这次活动（经费2000元左右）。

（2）请介绍一下光大的理财产品及推广办法。

（3）如果领导在报告会上读错了一个重要的数字，如果不纠正的话会影响后续工作，你会怎么做？

（4）有以下几种国债，如果市场处于做空状态，不计交易成本，是否存在无风险套利机会？要怎样进行？

期限	年利率	息票率	现在价格
1年	4%	0%	96.154
2年	8%	0%	85.734
2年	8%	8%	100

4. 翻译题

一道英译汉,一道汉译英,都涉及金融知识。

5. 作文题

论述传承和发扬,字数控制在1500字以内。

2. 心理测试

心理测试是对求职者心理素质和能力的测试。通过心理测试能够判断出求职者心理素质状况,从而可以考察求职者对应聘职位适合与否。在员工招聘测试工作中,心理测试的内容主要包括以下几个方面:

(1)成就测试。

成就测试是用来鉴定一个人的某一方面在经过学习或训练后实际能力水平高低的测试。企业在进行员工招聘时,成就测试适用于对专业管理人员、研发人员或其他技术工作者和熟练工人在某一方面的实际能力的测试。

(2)倾向测试。

倾向测试是用来鉴定一个人的潜在能力,即可能的发展前景或可能具有的能力水平的测试。倾向测试分为综合倾向测试和特殊倾向测试两种。综合倾向测试是用以鉴别应聘者多种特殊的潜在能力的方法,以求全面地了解应聘者的综合素质。特殊倾向测试是为鉴定应聘者在某一方面是否具有特殊能力的倾向测试,例如音乐才能、文字才能等。

(3)智力测试。

智力测试是对应聘者智力水平高低进行考察的一种方法,具体测试包括记忆、词汇、数字和口头表达等一组能力。智力测试主要是用来判断求职者的思维能力、学习能力和适应环境能力,以更好地确定是否符合职位要求。

【小资料:微软的智力测试】

全球软件业巨头微软公司在招聘员工时,首先从心理入手,全面考核应聘者是否具有敏捷的反应和创造力。

下面是微软常问的一些经典问题:

(1)不使用称重机器如何测量喷气式飞机的重量?

(2)为什么下水道的出入孔是圆的而不是方的?

(3)你打开旅馆的热水龙头,热水立即流出来,这是为什么?

(4)钟表的指针每天要重叠多少次?

(5)你有8个弹子。其中一个有“瑕疵”,即它比其他的弹子重。如果给你一架天平,你怎样才能在经过两次测量后挑出哪个弹子有“瑕疵”?

(6)你有两个桶,容量分别为3升和5升,同时还有大量的水。你怎么才能准确量出4升的水?

(7)有两个房间,其中一个房间有三盏灯,另一个房间有分别控制这三盏灯的开关,每个房间只能进入一次,怎么找出哪一个开关控制哪盏灯?

(4)人格测试。

人格测试是对应聘者的体格与心理特质进行测试。心理特质包括需要、动机、兴趣、爱好、感情、态度、性格、气质和价值观等。人格特征对工作成就的影响极其重要,不同人格特征的人适合不同类型的工作。个人在某些职位中的不胜任往往是其人格不成熟所导致的,所以某些重要职位必须要对求职者进行人格测试。

(5)能力测试。

能力测试是企业为了测试求职者在某方面的能力,而有针对性地设计和实施的测验方案。如为了测试求职者的记忆广度而进行的"顺背数字"和"倒背数字"的广度测试。

3. 情景模拟测试

情景模拟测试是在测试过程中,假定一个场景,使应聘者就在其应聘的岗位上,通过逼真的工作环境,解决该工作岗位在实际工作中可能出现的问题,从而评价其心理素质与工作能力的一种方法。情景模拟测试主要是针对应聘者明显的行为以及实际的操作,其主要内容是公文处理、无领导小组讨论、角色扮演和即席发言等。

【案例思考2-4:可口可乐经典的情景模拟测试】

假设你是可口可乐公司的业务员,现在公司派你去偏远地区销毁一卡车的过期面包(不会致命的,无损于身体健康)。在行进的途中,刚好遇到一群饥饿的难民堵住了去路,因为他们坚信你所坐的卡车里有能吃的东西,这时报道难民动向的记者也刚好赶来。

请问你将如何处理?

(说明:(1)面包不会致命;(2)不能贿赂记者;(3)不能损害公司形象。)

4. 面试

所谓面试,又叫面试测评,或者叫专家面试。这是一类要求应聘者用口头语言来回答面试提问,以便了解应聘者心理素质和潜在能力的测试方法。面试是企业员工招聘中常用的一种方法,也是争议最多的一种方法。面试的主要效果取决于面试的经验,如果面试官的经验比较缺乏,面试效果往往较差。招聘企业要想克服面试偏差,需要对面试官的经验进行审核,同时严格控制面试程序,包括通过工作分析确定工作要求;严格根据工作分析的结果设计面试问题;编制包括一系列评价标准的评价表格;注意从应聘者的非语言行为中获取消息;对面试官进行训练,使其能够客观评价应聘者的反应等。

【小资料:索尼的面试】

SONY面试有时不足10分钟,要求五六个求职者同时参加;有时十分复杂:半个月里可能会约见求职者三四次,面试人经常更换,提很多与工作无关的问题。到了吃饭时间,面试人会像老朋友那样请你到餐厅共进午餐,说说笑笑地聊些家长里短。

前者往往被用于面试市场人员,考验的是他们在大众面前的表现力以及"抗压性";后者一般会用在要求较高的岗位或有一定级别的职位,通过多角度的接触,营造轻松的沟通环境,从中获取更多信息,建立起信任和感情,为判断的准确性及今后的合作打下良好基础。

【案例分析2-3:可口可乐经典的情景模拟测试】

这个情景模拟主要测试的是应聘者的危机处理能力。在这样的一个情境中,应聘者需要考虑的不是可口可乐公司是否生产面包,而是需要考虑这样几个问题:

(1)完成公司交代的任务,销毁面包。

(2)谨遵公司的质量要求,不能将过期的面包给难民,以维护公司的形象。

(3)发挥人文关怀,关注弱势群体。

要同时处理好这样几个问题,需要应聘者具有快速的反应能力和较高的智商和情商。这样的测试题没有标准答案,建议答案是先向难民解释面包是过期的,按照公司规定不能给人食用;接着赶紧向公司领导请示送一批新鲜的面包过来解决难民的温饱问题;同时捐出身上所带钱物,并积极发动路人捐款,而且还要借用记者的镜头呼吁社会各界关注这些弱势的难民群体,帮助他们走出困境;最后拉着过期的面包去销毁。

三、企业绩效管理

(一)企业绩效的含义

企业绩效是指具有一定素质的员工在职位和职责的要求下,实现的工作结果和在此过程中表现出的行为。绩效是对工作行为以及工作结果的一种反映,也是员工内在素质和潜能的一种体现。

(二)企业绩效管理流程

企业绩效管理流程是绩效管理人员运用人力资源的知识、技术和方法与企业员工通过持续不断的沟通,就企业目标和目标实现方式达成共识,促使员工做出有利于企业目标实现的行为等一系列管理过程。

企业绩效管理的目的是建立客观、简洁的绩效管理体系,实现企业与个人绩效的紧密融合。优秀的绩效管理能够有助于促进企业内部沟通、节约管理成本、促进员工自我发展和建立和谐的企业文化,是实现企业战略的重要手段。因此了解和掌握企业绩效管理过程显得尤为重要。

企业绩效管理是一个包括多阶段、多项目标的综合管理过程,包括绩效计划、绩效辅导、绩效考评、绩效反馈与面谈、绩效改进、绩效结果与应用六个基本过程。六个过程环环相扣,紧密相连,形成一个循环往复的企业绩效管理流程(PDCA)体系。

(三)企业绩效考评

企业绩效考评是绩效管理中最为重要和关键的一环,它关系着绩效管理能否正常顺利的执行和实施。有效的绩效考评是绩效管理的有力支撑,成功的绩效管理也会推动绩效考评的顺利开展。它们相互联系,相互影响,相互促进。

1. 绩效考评的含义

企业绩效考评指的是企业的绩效管理人员通过一套正式的、结构化的制度对员工的工作完成情况进行定量与定性评价,并以此为依据对员工进行有针对性的奖惩,从而了解员工的发展潜力，最终实现员工与企业的共同发展。

2. 确定绩效考评内容

由于绩效考评的对象、目的和范围不同，绩效考评的内容也呈现复杂多样化。但基本内容包括工作态度、工作能力、工作效率和工作业绩四个方面。

工作态度是指员工对待工作的喜好与忠诚程度；工作能力是指员工对工作的胜任程度及发展潜力；工作效率是指员工对时间、财物、信息、人力等资源的利用效率，涉及工作的行为方式；工作业绩是指员工在工作中取得的数量和质量，主要指工作活动所实现的预定目标的程度，涉及工作的结果。

这四方面各有侧重但又相互补充，必须综合起来全面考察方能客观衡量员工的工作状况，否则会以偏概全，可能导致该员工或者其他员工积极性受挫，严重地影响企业的运营与发展。

3. 建立绩效考评指标体系

在确定了绩效考评的内容后，接下来需要用具体的指标来体现态度、能力、效率和业绩。

(1)制定关键绩效指标(KPI)。

要列出衡量工作态度、工作能力、工作效率和工作业绩所有指标是不具备现实操作价值的，所以只需要找出那些与绩效直接相关、能最大限度地反映绩效且容易量化和操作的关键绩效指标(KPI)就可以了。

一般来说，衡量工作态度的关键绩效指标包括出勤率、责任感和工作主动性等。

衡量工作能力的关键绩效指标包括员工的专业知识广度与深度、技能水平、团队合作精神、沟通能力和创新能力等。

衡量工作效率的关键绩效指标因职位不同会有所区别。例如对于生产线上的工人来讲，工作效率的关键绩效指标一般包括单位时间内生产的产品数量或者生产单位产品所耗费的时间。

衡量工作业绩的指标视具体的职位而有很大区别。例如对销售人员而言，衡量其工作效率的关键绩效指标包括订单数和客户数等。

(2)对指标权重赋值。

确定了关键绩效指标后，还需要对指标赋权重。指标的权重表明的是指标在整体考评体系中的相对重要程度，权重是否合理将直接影响到考评的效果。

对关键指标权重赋值的方法主要有专家咨询法、层次分析法、二项系数加权法、环比评分法等。其中比较有代表性的、较成功的方法为专家咨询法和层次分析法。专家咨询法是邀请数位专家匿名赋值，多次论证后求均值。层次分析法是将所有的指标在方格矩阵中按纵横方向分别排列，进行两两比较，按照其重要度不同，标示出其比较值，填写在对应的方格中，再综合分析各个指标的重要度。

4. 确定绩效考评主体

建立绩效考评指标体系后，接下来需要确定绩效考评的主体，也就是确定到底由谁来参与考评。由于不同的主体观察问题的角度不同，得出的结果也不尽相同，因此需结合以下六类人员的考评意见：

(1)直接主管。

直接主管考评是绩效考评的重点,因为直接主管对员工的工作态度、能力、效率和业绩非常熟悉,而且负有责任。由直接主管对员工的绩效进行考评也便于管理工作的顺利开展,但是要注意监督和引导直接主管客观公正地进行考评,避免其利用手中权力故意抬高或降低员工的绩效水平,导致绩效考核结果出现偏差。

(2)员工本人。

员工本人对自己的工作状况最为熟悉,让自己参与考评有利于提高员工的积极性。但是由于绩效考评直接与薪酬挂钩,自评很难客观,因此最容易导致的一个现象是高估自己,所以这部分的权重应该适当的小一些。

(3)同事。

同事之间在工作中接触频繁,沟通较多,相互比较了解。同事参与考评有利于促进团队合作精神和建立和谐的企业文化,但是要避免由于工作矛盾或者利益关系而产生的相互打压行为。

(4)下属。

由下属对员工进行考评也具有重要意义。尤其对于其领导能力、沟通能力等方面的评价,往往具有很强的针对性。但也要看到,下属由于顾虑上级的态度及反应,可能不会反映真实情况。所以应该采用匿名或是降低该部分权重的办法来客观对待该考评结果。

(5)客户。

对于与客户接触较多的服务型员工来讲,其绩效考评应该要考虑客户的评价。因为企业的利润和发展最终取决于客户的满意度,因此客户的考评极其重要。客户考评对于促进企业规范员工队伍、提高员工素质和增强服务水平有重要作用。

【小资料:红星美凯龙的客户评价】

越来越多的企业开始将客户评价作为一线服务人员的绩效考评标准,红星美凯龙就是其中的一家。即使红星美凯龙为客户提供的是无偿服务,对服务人员的考评要求同样不放松。据红星美凯龙的客户王先生介绍,他曾经购买过红星的一些家具,数额不是很高。红星美凯龙最近推广回馈客户的活动,免费为购货金额在一定数额的客户住宅做地板保养服务。王先生说,经过预约,在一个寒冷的冬日早晨,红星的地板保养人员很礼貌地敲开了他的家门。进门后该服务人员一直面带微笑,热情细心地为王先生进行地板保养;挪动家具前先请示,经许可后轻挪轻放,服务周到细致令王先生非常满意。保养完毕,该服务人员拿出一张单子请王先生评价,王先生毫不犹豫地在服务评价栏里选择了“非常好”的最高服务水平评价,赢得服务人员的连连道谢,双方在相互感激和满意中结束了此次服务。之后红星美凯龙又来电话询问王先生上门服务人员有没有收取任何费用,并进一步核实服务人员的服务态度和水平。王先生心里想,以后再添置家具的话,还得去红星美凯龙。

> 由此可见，红星美凯龙通过对一线服务人员绩效考评引入客户评价，使得该企业服务人员的素质得以大幅提高，客户的忠诚度与企业美誉度随之上升，有效地树立了企业形象，促进了企业发展。

（6）专业委员会。

为了克服以上考评主体所带来的偏见和不客观，应该组织专门的专家委员会进行考评。专家委员会由部门领导、员工代表和内外人力资源专家组成。专业委员会进行考评有特殊的意义。因为他们具有较强的专业技能，同被考评者之间没有直接利害关系，因而往往比较客观公正，考评结果也容易为员工所认同。但这样做成本较高，而且对于专业性很强的内容，专家也不一定十分了解。

由于每个主体的考评标准都可能不客观，所以在进行考评时要根据本企业的实际情况，谨慎客观、重点综合地对待考评主体的意见，以实现考评结果的公正公平性。

5. 选择绩效考评方法

绩效考评的方法比较多，包括简单排序法、交替排序法、配对比较法、强制分配法、关键事件法、等级评价法、行为锚定评价法、行为观察评价法、目标管理法和360度考评法10种方法，其中最常用的是等级评价法和目标管理法。

（1）等级评价法。

等级评价法是把被考评岗位的工作内容划分为相互独立的几个考评要素，并把每个考评要素划分为若干等级，且对每个等级均用明确的定义或说明来描述达到该等级的标准，然后按此进行评估，最后再综合得出总的评价。

等级评价法的优点是相对规范、比较容易操作且成本较低，应用非常普遍。其缺点是：①对评价等级的标准表述容易抽象和模糊，令评价者产生歧义，不同的人可能有不同的理解，故人与人之间评定等级差异较大；②习惯于评定较高等级，主管和同事碍于情面，很少打较低等级，从而造成评价结果没有明显差距；③容易流于形式，往往敷衍了事，达不到有效考核效果。

（2）目标管理法。

目标管理法是一种综合性的绩效考评方法，是一种领导者与下属之间的双向互动过程。在进行目标制定时，上级和下属依据自己的经验和手中的材料，各自确定一个目标，双方沟通协商，找出两者之间的差距以及差距产生的原因；然后重新确定目标，再次进行沟通协商，直至取得一致意见，即形成了目标管理的期望值。

目标管理法的优点较多，体现在：①由于考核职能由主管人员转移到直接的工作者，因而能保证员工的完全参与；②员工的目标是本人参与设定，在实现业绩目标后，员工会有一种成就感；③改善授权方式，有利于促进员工的自我发展；④促进良性沟通，加强上下级之间的联系；⑤适用面较广，有利于整体绩效管理。

目标管理的局限性表现在：①某些工作难于设定短期目标，因而难于实行；②有时员工们在设定目标时偏宽松；③一些管理者也对"放权"存在抵触情绪。

任何一种方法都存在着一定的局限性，因此现实中的企业往往结合自身的实际情况，综合多种绩效考评方法，形成适合自己的方法。

【小资料:波导的绩效考评表】

<table>
<tr><td colspan="4">处级及以上管理干部绩效考核(模式一) A 岗位职责×40%+B 工作目标×40%+C 行为表现×20%
一般职员绩效考核(模式二) A 岗位职责×80%+C 行为表现×20%
或(模式三) B 工作目标×80% + C 行为表现×20%
注:考核内容的确定由直接主管提议,部门经理审核确定,报人力资源部备案,更改亦同</td><td colspan="2">评分说明:
自我评分与审核评分按权重对应的整数分值减去相应扣分,如权重为 20%,换算为 100×20%=20 分;无扣分要求的考核项按评分标准进行评分,具体参照《员工绩效管理手册》</td></tr>
<tr><td>员工姓名</td><td></td><td>工号</td><td></td><td>直接上级姓名</td><td></td></tr>
<tr><td>部门/处</td><td></td><td>岗位/职务</td><td></td><td>职务</td><td></td></tr>
<tr><td>填表日期</td><td></td><td></td><td></td><td></td><td></td></tr>
</table>

第一部分:岗位职责

A. 关键考核要项	考核标准	权重	自我评分	审核评分	备注
1					
2					
3					
4					
5					
6					

A. 岗位职责评分=∑审核评分×设定比例(   )=(   )

第二部分:工作目标

B. 工作目标	起止时间	预期效果/考核标准	完成情况	权重	自我评分	审核评分	备注
1							
2							

续表

第二部分:工作目标							
B. 工作目标	起止时间	预期效果/考核标准	完成情况	权重	自我评分	审核评分	备注
3							
4							
5							
6							
B. 工作目标评分 = ∑审核评分×设定比例(　　) = (　　)							

第三部分:行为表现——参照《波导员工行为表现考核参考标准》					
C. 考核项	权重	具体行为标准	自我评分	上级评分	备注
1. 客户满意	20%	考核内外客户满意度;职能部门主要考核内部客户满意度。具体行为描述参照《波导员工行为表现考核参考标准》			
2. 执行力	20%	考核对应的流程、制度的合理性和执行力情况,包括ISO;鼓励对流程改进以提高工作效率和质量的行为。参照同上			
3. 学习成长	20%	考核自我成长和团队建设,主要考虑技能成长。参照同上			
4. 主人精神	20%	考核员工的主人翁精神,主要依据各部门和岗位的具体行为进行考核。参照同上			
5. 团队合作	20%	重点考核管理干部、员工团队精神,主要依据各部门和岗位的具体行为进行考核。参照同上			
C. 行为表现评分 = ∑审核评分×20% = (　　)					
绩效考核总分 = ∑审核评分(A+B+C) = (　　)——未选择的考核内容计为0					

附:员工绩效改进/发展计划(此栏由考核者与被考核员工在进行绩效面谈时共同讨论后制订)		
改进或发展领域	具体行动计划/建议学习课程	期望结果
1		
2		
3		

续表

被考核员工签名:	日期:
考核者签名:	日期:
说明: (1)被考核的员工填写“自我评分”;直接上级填写“审核评分”,对分数进行统计,并填写“员工绩效改进/发展计划”。 (2)“岗位职责”可添加“临时任务”的考核项;若临时任务包括多项,可在“绩效标准”中具体罗列。 (3)季度工作目标最多不要超过6项;在完成工作目标的过程中,如果有新的目标,则加入“工作目标”栏中,权重调整须报上级领导确认。 (4)当职责或目标无法按考核标准完成或者大大超出考核标准时,请注明原因,写入备注栏内。	

四、企业薪酬管理

(一)企业薪酬的含义

薪酬是指员工在从事劳动、履行职责并完成任务后所获得经济上的酬劳或者回报。狭义地说,它就是指直接获得的报酬,如基本工资、绩效工资、津贴和成就工资(红利、利润)等。广义地说,薪酬还包括间接获得的报酬,如福利等。

(二)企业薪酬的构成

企业薪酬所包含的内容非常广泛,但就其构成可以分为经济性薪酬和非经济性薪酬。

1. 经济性薪酬

企业的经济性薪酬是指员工从企业获得的各种货币形式的收入和可以间接转化为货币的或可以用货币计量的其他形式收入的总和。经济性薪酬是员工最为看重的部分,可以分为直接薪酬和间接薪酬。

(1)直接薪酬。

直接薪酬是以货币形式支付的劳动报酬,它可以分为基本薪酬、补偿薪酬和激励薪酬。

①基本薪酬。基本薪酬是企业根据员工的职位、职称、级别、能力和工作表现等支付给员工的相对比较稳定的报酬,表现为基本工资。基本工资是员工在企业工作的主要收入,也是其他薪酬设置和变动的依据。

②补偿薪酬。补偿薪酬是企业对员工在非正常工作时间、特殊或困难工作条件下提供的额外的报酬,主要包括加班费和各种津贴(高温补贴、出差补贴和特殊工作条件补贴等)。

③激励薪酬。激励薪酬是为激励员工更加积极努力或者愿意更长期地为企业工作而支付给员工的报酬,主要包括奖金、员工持股、员工分红和经营者年薪制等。

【小组讨论:减薪跳槽现象】

减薪跳槽是指职场人士在跳槽后收入减少。很多职场人士跳槽时都有过减薪跳槽的经历,请你解释可能的原因是什么。

(2)间接薪酬。

间接薪酬是指企业给员工一般不以货币方式发放,但可以转化为货币或者可以用货币计量的各种福利、待遇、服务和消费活动,一般被称为福利薪酬或员工福利。福利薪酬可以分为公共福利、生活福利和个人福利等。

①公共福利。公共福利又被称为法定福利,主要包括养老保险、医疗保险、失业保险、工伤保险和生育保险等。

②生活福利。生活福利包括免费班车、免费工作餐、免费体检、免费体育锻炼、住房公积金、企业内部商品优惠、通信补贴和节假日礼物等。

③个人福利。个人福利包括公费进修培训、年金、补充医疗计划、带薪年假和企业集体旅游等。

【小知识:企业年金】

企业年金,是指企业及其职工在依法参加基本养老保险的基础上,自愿建立的补充养老保险制度,是社会保障体系的重要组成部分。企业年金采取自愿原则,实行完全积累制,采用个人账户管理和市场化运作,其费用由企业和职工个人共同缴纳。

企业年金不仅是一种企业福利、激励制度,还是一种社会制度,对调动企业职工的劳动积极性,增强企业的凝聚力和竞争力,完善国家多层次养老保障体系,提高和改善企业职工退休后的养老待遇水平,适应人口老龄化的需要,推动金融市场发展、促进社会和谐发展等具有积极的促进作用。

2. 非经济性薪酬

非经济性薪酬是指企业为员工提供能愉悦身心但无法用货币衡量的工作特征、环境和企业文化。它不仅包括企业知名度带给员工的自豪感、舒适的工作环境、融洽的同事关系和良好的团队合作精神等社会性的非经济薪酬,还包括职业安全感、自我发展空间、职业灵活性和晋升机会等职业性的非经济薪酬。

非经济薪酬更能抓住人的高层次需要,是影响人们进行职业选择的重要因素,和经济性薪酬共同结合成为企业吸引并保留人才的重要手段。

【小资料:某跨国企业的薪酬体系】

S企业是一家全球500强的企业,横向比较该企业的工资收入并不高,但是一旦进入该企业的员工都不太愿意跳槽,因为该企业有非常完善的薪酬体系。表现如下:

该企业对员工每个月都有500元的午餐补贴,300元的交通补贴,至少400元的话费补贴和200元的体育设施补贴。

该企业的住房公积金缴存比例较高,养老保险按照国家最高标准来缴存,而且还替员工每月缴存数量不小的一笔年金,来保障员工退休之后可以享受富裕的退休生活,解决了员工的后顾之忧。该企业医疗保险也按国家最高标准缴存,同时为员工入了大病保险和家庭补充医疗计划,体现了企业的人文关怀。

该企业对员工的职业生涯发展极为关注,经常会对员工进行免费培训,有效地提高了员工的竞争力。

该企业员工出差都是飞机往返,且出差期间的生活补助和住宿补助标准都非常高,使得员工在出差期间可以在比较舒适的环境下工作,如果到艰苦的地方出差补助标准则更高。

该企业除了法定节假日外,还有圣诞假期2天和带薪年假15天,这对于辛苦一年的员工来说,是很大的慰藉。

该企业的员工如果是加班回家,凭发票报销出租车费用。因此在公司加班的员工不必担心回家赶不上末班车,大家都按照工作要求自觉自愿地加班。

该企业有很好的工作环境,办公大楼在当地首屈一指,让员工倍觉荣耀。且该企业办公室都有饼干、萨其马等零售和上好的茶叶和咖啡等以供员工享用。

该企业员工之间关系和睦,即便是有争执也是为完善工作。企业不搞帮派主义和山头主义,领导和员工之间没有官僚习气,相互尊重,即便是老总和最基层员工,都以名字相称,让员工感觉非常亲切和放松。

由于员工相对稳定,且都干劲十足,该企业业绩连年大幅增长。

(三)企业薪酬制度设计

完善合理的薪酬制度是企业吸引优秀人才获得长远发展的重要途径,因此了解和掌握企业薪酬制度的设计流程和方法就显得尤为重要了。

1. 企业薪酬制度设计的流程

企业的薪酬制度设计流程可以分为九个步骤:通过对员工进行调查,明确他们薪酬现状和需求;分析员工需求结构、激励重点和本企业的实力,确定员工薪酬策略;分析员工知识技能和心理特征以及任职要求,编制职位说明书;对各职位相对价值进行排序和评价,奠定薪酬设计基础;按照一定的规则着手职位等级划分;制定绩效考评制度、技术评价标准和能力评价标准等,建立健全各项配套制度;选择与本企业有竞争关系的企业,进行市场薪酬调查;正确划分不同职务等级的薪酬水平、薪酬幅度和薪酬差距,确定薪酬结构和水平;进行全员充分沟通后,实施和修正薪酬制度。

2. 企业薪酬制度设计方法

企业薪酬制度设计主要包括基本薪酬制度设计、激励薪酬制度设计和福利薪酬制度设计。

(1)基本薪酬制度设计方法。

基本薪酬是员工最为看重的部分,是薪酬设计的重点。基本薪酬制度设计包括以职位为导向的薪酬设计和以技能为导向的薪酬设计两种方法。

①以职位为导向的薪酬设计。以职位为导向的薪酬设计是指根据员工的职位类型和等级不同来设计薪酬的方法,包括职位等级法、职位分类法、计点法和比较因素法。

职位等级法是将员工的职位划分为若干级别,按所处的职位级别制定其基本薪酬的水平和数额。这种方法适用于规模较小、职位类型较少且员工对本企业各职位都较为了解的小型企业。

职位分类法是将企业中的所有职位划分为若干类型,根据各类型对企业的贡献和重要程度不同确定每一类职位员工的基本薪酬。例如将企业的职位按照研发类、财务类、营销类、生产类和行政类等进行划分。这种方法适合于专业化程度较高、分工较细、工作目标比较固定的产业和工种。

计点法首先将职位划分为若干种职位类型,找到各类职位中包含的共同的“付酬因素”。

付酬因素包括学历、年资、体力与智力、工作条件和承担的责任等。其次是把各种付酬因素划分为若干等级,并对每一因素及其等级进行说明,以便于实际操作。然后确定每一付酬因素的各等级分值,最后利用转换表将处于不同等级上的职位的付酬因素数值转换成具体的薪酬金额。这种方法成本较高,操作比较复杂,是外企普遍使用的方法。

比较因素法的步骤分为六步:找出各类职位共同的付酬因素;确定关键职位;依次按所选各付酬因素,将各关键职务从相对价值由高到低排列;为各关键职位按各付酬因素分配薪值;比较按薪额及按因素价值排出的两种顺序;对照因素比较表对非关键待评职位进行职位评价。这种方法较为灵活,但是相对比较复杂且员工很难理解,所以应用不是很广泛。

②以技能为导向的薪酬设计。以技能为导向的薪酬设计,其设计思路是根据员工掌握的知识和技能来确定基本薪酬,具体分为以知识为基础的基本薪酬设计法和以技能为基础的基本薪酬设计法。

以知识为基础的基本薪酬设计法是根据员工所具有的知识的深度来确定基本薪金的数额的。这种设计方法的理论依据是较高文凭和学历的员工可以承担更高要求的工作,这种方法比较适合于企业职能管理人员基本薪酬的确定。

以技能为基础的薪酬设计方法是根据员工所掌握的技能广度和深度来确定其基本薪酬,这种方法比较适合于在研发、生产和业务一线员工基本薪酬的确定。

(2)激励薪酬制度设计方法。

激励薪酬制度设计主要包括奖金制度的设计、员工持股制度设计和员工分红制度的设计。

①奖金制度的设计。奖金制度设计主要是对绩效奖金、建议奖金、节约奖金和特殊贡献奖金的设计。

绩效奖金是企业根据员工在一定时间内工作达到某一绩效时给予的奖励措施。企业制定绩效奖金时,必须保证绩效标准合理、明确,保证绩效奖金能够促进员工提高工作热情,从而提高工作绩效。

建议奖金是企业为了激发员工的责任感和主人翁意识,为企业多提供有建设性的意见而设置的奖金。在制定建议奖金时需注意只要员工提供的建议是有益于企业发展的,就应该进行奖励。但需要根据贡献大小确定不同金额的奖励,而且重复建议应该只奖励首先提出者。

节约奖金是企业为了鼓励员工节约资源、降低成本而设立的奖金,主要针对在不影响产品质量的情况下节约原材料的一线员工。

特殊贡献奖是企业奖励员工作出的特殊贡献而设立的,例如重大技术革新、项目创新等。特殊贡献奖主要针对少数关键任务,奖金数额应该适当加大。

②员工持股制度设计。员工持股制度是企业向内部员工提供公司股票所有权的行为。在该制度下,企业向员工无偿分配或低于市价出售本企业的股票,员工在一定年限后可以转让获利或继续持有分红。

期权是员工持股制度的一种重要表现形式,是指员工以某一基期价格购买未来某一年份的同等面额的本企业股票,员工的报酬就是股票的基期价格与未来市场价格的差额。期权比持股的激励作用更强,但风险也较大,这种方法往往适用于企业创业初期吸引关键人才。

【小资料:百度的股票期权计划】

百度公司的股票期权计划俗称"金手铐"制度,源自美国硅谷高科技公司流行的期权计划。在公司成立之初,在知名度较小、竞争力较弱的情况下,为使员工目标定位于远期回报而不过分地强调现期收益,公司将全公司范围内的员工股票期权计划写入了公司的薪酬制度中,并且是所有员工都享受的,连公司的前台员工都被纳入这项计划之中。

百度公司自1999年成立至2005年6月成功登陆美国纳斯达克股票市场,其股票期权制度创造了近200名百万富翁,备受其他高科技公司员工的羡慕。

③员工分红制度设计。员工分红制度也被称为利润分享计划,是指企业把超过目标利润的部分对全体员工进行分配的制度。此种制度可以让员工共享企业的成果,有利于促进员工为创造企业利润而努力拼搏。但是往往分红制度会延期,员工获得奖励的时间与付出努力的时间间隔较长,奖励不够及时,容易使员工动力不足而工作积极性受影响。

(3)福利薪酬制度设计方法。

福利薪酬包括公共福利、生活福利和个人福利。福利作为经济性薪酬的有效补充,是影响员工选择企业的重要因素。企业福利薪酬的设计应该参照行业标准,不能简单地照搬和模仿其他企业的经验,注意结合员工的实际需要进行灵活设计。

【小资料:用友班车】

北京的交通拥堵是众所周知的,京城上班族在上下班高峰期挤公共交通出行是极其痛苦的事。很多体弱娇小的女职员在上班高峰期可能有十几趟车经过都挤不上去的情况,上下班坐车难成了困扰很多企业员工的心病。但有的企业很好地为员工解除了此项顾虑,用友软件股份有限公司(简称用友)就是其中一例。

用友软件股份有限公司总部位于北五环外,但公司为员工提供可到达各个方向的班车共计三十多辆,早晚准时接送上下班员工。员工可以坐在宽大舒适的班车上惬意安全地睡觉或与同事交谈,而不必去和汹涌的人流局促地挤在罐头一样的车厢里,且呼吸困难。这项福利措施令北京绝大部分企业员工羡慕不已,成为吸引不少员工加盟用友的重要原因之一。

(4)非经济性薪酬设计。

非经济性薪酬是企业采用非经济方法来满足员工高层次需要的一种措施,包括工作本身的挑战性、合理性和发展性;工作软环境和硬环境的设置以及企业文化的氛围等。企业在进行非经济性薪酬设计时,需要从员工精神层面入手,挖掘符合员工心境的需求,给员工创造愉悦的工作环境,切实体现企业的人文关怀。

【小资料:联想网御的弹性工作制】

弹性工作制是指在完成规定的工作任务或在固定的工作时间长度的前提下,员工可以自由安排工作时间,以代替统一固定的上下班时间的制度。

在惠普、微软、百度等企业开始实施弹性工作制以后,联想网御也开始实施。自此之后,员工上下班也不用打卡了。这个制度最早是从研发岗位开始实行的,因为很多项目来得突然,需要研发人员集中一定时间来攻关,那么第二天就不能要求他们准时到岗打卡。慢慢地,联想网御把弹性工作制推广到非研发岗位。非研发岗位:8:30－9:30上班,17:30－18:30下班;研发岗位:8:00－10:00上班,17:00－19:00下班。而对于销售人员来说自由度更大,一个月一两次例会,其他时间完全由销售人员自己支配。

弹性工作制对员工的素质要求非常高,而中小企业往往一线人员都是年轻人,自我调控能力相对差些,所以一般对大企业比较适用,中小企业往往很少采用。

五、企业人力培训开发管理

(一)企业人力培训开发的含义

企业人力培训开发又称员工培训,是指企业有计划地实施提高员工与工作相关的素质和能力的活动。这些素质和能力既包括新知识、新观念、新技能和其他对工作绩效起关键作用的技能,也包括为员工未来发展而开展的正规教育、在职实践、人际互动以及个性和能力的测评等活动。

(二)企业人力培训开发流程

企业人力培训是有效提高员工的素质和能力、实现员工自我价值,提高企业产品质量、构建高效绩效系统和获取竞争优势的重要手段,是人力资源管理的重要内容。企业人力资源管理人员在进行人力资源培训与开发时,需要熟练掌握员工培训开发流程。培训开发流程可以分为员工培训开发需求分析、员工培训开发实施培训和员工培训与开发评估三个阶段。

1. 员工培训开发需求分析阶段

在需求分析阶段,管理人员需要利用一系列的手段和方法,对组织层面、职位层面和人员层面进行分析,从而确定需要培训的客体、目标及内容。

2. 员工培训开发实施阶段

经过详细分析和准备之后,进入员工培训开发实施阶段。在此阶段,负责培训开发的管理人员需要根据培训经费预算,结合培训目标和培训对象的需求,确定合适的培训师。确定好培训师之后,应该和培训师充分沟通,共同确定适合培训对象的培训方法,选择合适的培训教材和内容。在正式培训之前,还需要和培训师及培训学员确认培训时间、培训场所和培训设施,以便保证培训活动的顺利进行。

3. 员工培训开发评估阶段

员工培训开发评估阶段是企业人力培训开发的最后阶段。在此阶段,主管人员应根据培训学员的反应、学习、行为和成果等相关情况确定评估指标,采用工作态度考察法、成本收益法和同类员工对比法等评估方法来检验员工培训的效果,以便为今后的培训工作提供有价值的经验和教训,促使培训工作的逐步完善。

(三)企业人力培训开发方法

要使员工培训开发更有成效,顺利实现培训目标,选择合适的培训方法是十分重要的。对于所有的组织来讲,培训方法很多,包括讲座法、远程学习法、导师制培训法、岗位轮换法、情景模拟法、拓展训练法、案例分析法、角色扮演法、行为模仿法和团队学习法等。但讲座法、远程学习法、导师制培训法、岗位轮换法、拓展训练法和团队学习法是企业中比较常用的培训方法。

1. 讲座法

讲座法是员工培训中最普遍的方法,是由培训师讲述知识,培训学员学习知识的一种方法。此种方法是一种单向沟通的方法,特别适合于培训学员人数众多的情况。该方法的优点是:培训成本较低、花费时间不多;有利于系统地讲解和接受知识,易于掌握和控制培训进度。缺点是:培训学员被动接受知识,若双方沟通不充分则培训效果可能较差。

2. 远程学习法

远程学习法是利用多媒体信息技术或互联网等现代技术手段为培训学员传授知识。远程学习包括电视会议、电话会议、电子文件会议或者是通过电子邮件等方式进行相互联系。该方法的优点是:可以使培训学员不受时间、空间的限制,节省培训费用;缺点是:培训师与培训学员之间沟通交流不够通畅,影响培训效果。

3. 导师制培训法

导师制培训法主要是为了让新员工尽快熟悉企业的工作和环境,给每个新员工配备一名老员工作为工作上的指导。此方法主要针对企业新进员工设置的培训方法,有点类似于生产车间师傅带徒弟的性质。该方法的好处在于:可以融洽新老员工之间的关系,也能促使新员工尽快地熟悉业务,快速成长。不足之处在于:如果一个导师带的人员过多,那培训将会流于形式很难达到培训目的;如果培训导师知识更新较慢或技能比较单一,也很难达到培训效果。

4. 岗位轮换法

岗位轮换法是安排受训人员到企业不同部门不同工作岗位上轮换工作的一种系统而正式的培训方法。该方法的目的是:让受训者了解整个企业的经营状况和流程,熟悉各部门各岗位的职责,有助于员工找到适合自己的岗位,从而确定职业目标;也有利于企业培养具有综合素质的管理者。不足之处在于:频繁的工作岗位轮换会给受训人员带来较大的压力,接触过多的工作岗位也有可能让受训者不能安心和专注于任何一个岗位,反倒有可能会使其迷失方向。岗位轮换法对受训人员的要求比较高,需要受训人员具备较强的学习能力和心理承受能力,比较适合于大型企业的管理培训生或者是储备干部。

5. 拓展训练法

拓展训练是指通过模拟探险活动进行的以体能活动为引导,以心理挑战为重点,以人格完善为目的的体验式培训活动。在参与者解决问题和应对挑战的过程中,使受训者在如下方面有显著的提高:认识自身潜能,增强自信心,改善自身形象;克服心理惰性,磨炼战胜困难的毅力;启发想象力与创造力,提高解决问题的能力;认识群体的作用,增强对集体的参与意识与责任心;改善人际关系,学会关心他人,更为融洽地与群体合作;学习欣赏、关注和爱护大自然。拓展训练作为一种完善人格、增强团队精神的培训方法已经广泛开展。

【小资料:拓展训练之背摔游戏】

背摔游戏是一个提高个人心理素质与增强团队合作的游戏,主要为了培养受训者勇于挑战的精神和相互信任、换位思考的团队合作精神。该游戏的要求和步骤是:

(1)游戏开始之前,让所有队员摘下手表、戒指以及带扣的腰带等尖锐物件,并把衣兜掏空。

(2)选两个志愿者,一个由高处跌落,另一个作为监护员,负责管理整个游戏进程。让他俩都站到平台上。

(3)让其余队员在平台前面排成两列,队列和平台形成一个合适角度,例如垂直于平台前沿。这些人将负责承接跌落者。他们必须肩并肩从低到高排成两列,相对而立。要求这些队员向前伸直胳膊,交替排列,掌心向上,形成一个安全的承接区。他们不能和对面的队友拉手或者彼此攥住对方的胳膊或手腕,因为这样承接跌落者时,很有可能相互碰头。

(4)告诉那位监护员,他的职责是保证跌落者正确倒下,并做好充分准备,能直接倒在两列队员之间的承接区间。因为跌落者要向后倒,所以他必须背对承接队伍。监护员负责保证跌落者两腿夹紧,两手放在衣兜里紧贴身体;或者两臂夹紧身体,两手紧贴大腿两侧(这样能避免两手随意摆动)。并且,跌落者下落时要始终挺直身体,不能弯曲。如果他们弯腰,后背将会戳伤某些承接员。监护员还要保证,跌落者头部向后倾斜,身体挺直,直到他们倒下后被传送至队尾为止。

(5)监护员还要负责查看承接队伍是否按个头高低或者力气大小均匀排列,必要时让他们重新排队,并且要时刻做好准备来承接跌落者。

(6)跌落者应该让监护员知道他什么时候倒下。听到监护员喊“倒”之后,他才能向后倒。

(7)队首的承接员接住跌落者以后,将其传送至队尾。

(8)队尾的两名承接员要始终抬着跌落者的身体,直到他双脚落地。

(9)刚才的跌落者此时变成了队尾的承接员,靠近平台的承接员变成了台上的跌落者。循环下去,让每个队员都轮流登场。别忘了让监护员和队友交换角色,好让他也能充当承接员和跌落者。

(10)如果有人不愿意参与跌落,不要逼迫或者戏弄他们。尽量要求所有队员都参与跌落,但若确实有一两个人不愿意参加,可以只让他们在平台上,面对承接队伍站一会儿,然后跳下来(到承接队尾,好像他刚跌落完毕)。或许他会改变主意,愿意跌落到承接队伍中。切记:尽量要求每个队员参加,但不要强迫他们。

6. 团队学习法

团队学习法是用以提高团队成员的技能和团队凝聚力的培训方法。它注重团队技能的提高以保证进行有效的团队合作,这种培训包括对团队功能的感受、知觉、信念的检验与讨论,并制订计划将培训中所学的内容应用于工作以提高团队绩效上。该方法最适用于开发与团队效率有关的技能,如自我意识能力、问题解决能力、危机管理能力和风险承担能力等。

【小资料:团队分享会】

国内某从事港口业务的咨询公司很注意培养团队协作精神,注重团队沟通和分享。他们每周都会安排固定的时间召集项目组的成员开团队分享会。团队分享会的内容是团队成员轮流将一周来所获得的管理新观点或新思维整理出来分析给与会的成员听。该分享会的要求是每名主讲人员的观点或思维一定要新颖独特,能够发人深省;其他成员继主讲者分析之后都要发表自己的意见和观点,最后由专门的人员整理后将意见精髓发给每个成员。

团队分享会的沟通激发团员不断学习,相互碰撞出智慧的火花,促进成员工作思维能力的逐渐提高,有利于形成良好的团队合作精神。

小　结

本节是以小路和其他人创业成立公司后如何开展工作引出了人力资源管理的含义和管理内容。

企业人力资源管理中比较重要的内容是企业招聘管理、企业绩效管理、企业薪酬设计和企业的人力培训开发管理。

现代企业最重要的是人才,人才的获取主要通过招聘。企业的招聘管理工作需要确定招聘流程,选择招聘渠道和确定招聘方法。

企业具有完善的薪酬管理体系是吸引和留住人才的重要原因。企业制定薪酬体系需要了解薪酬的构成,结合企业实情灵活设计薪酬制度。

企业的绩效考评制度的公正合理保证了薪酬制度的顺利实施。企业的绩效考评管理包括明确绩效考评的内容、建立绩效指标体系、确定绩效考评的主体和方法。

培训也是企业维持人力稳定的重要原因,企业应该采取各种方法对员工进行有针对性的培训,以保证员工工作能力和素质的提高。

课外实训项目

(1)学校附近一家大型超市准备招聘 10 名收银员,请你负责为其制定招聘流程、选择招聘渠道和确定招聘方法。

(2)一家商场准备对员工进行为期一周的安全培训,请你为该商场撰写一份培训计划书。

第四节 企业财务管理

知识目标

※了解企业财务管理的含义、内容、目标和环节

※了解企业筹资的目的

※掌握企业筹资的各种方式

※掌握企业投资管理的分类、原则、步骤

※了解企业财务分析的含义和基础

※掌握企业财务分析的步骤和方法

能力目标

※能够利用各种筹资方式进行筹资

※学会利用各种投资工具进行投资

※学会利用财务分析方法对企业财务状况进行分析并撰写财务分析报告

相关知识

一、企业财务管理概述

(一)财务管理的含义

企业财务管理是企业组织资金运动、处理财务关系的一系列经济管理活动的总称,是企业经营管理的一项重要内容。

(二)财务管理的内容

企业的财务活动是企业组织生产和经营的必要条件。在生产经营过程中,企业必须用各种方式,通过不同的渠道,以最低的代价,筹集一定数量的资金,用于各项必要的投资和生产经营的各个方面,谋求最大限度的资金运用效果,并对现实的利润进行合理的分配,以保证资金积累和股东的收益。所以资金筹集、资金投资、资金营运、收益分配和财务分析是企业财务活动的主要内容。我们主要给大家介绍筹资管理、投资管理和财务分析三方面内容。

(三)财务管理的目标

企业财务管理的目标是评价财务活动是否合理的基本准则,取决于企业生存发展的方向,必须与企业战略目标相一致。具有代表性的财务管理目标主要有以下几种观点:

1. 利润最大化

利润最大化的观点认为,利润代表新创造的价值,利润增长代表企业财富的增长。以利润最大化作为企业财务管理的目标,有利于企业经济效益的提高,存在着一定的合理性。但其局限性也很明显,表现在:这里的利润是指企业一定时期内实现的利润总额,没有考虑到资金的时间价

值；利润是一个绝对数，它忽略了与投资额的联系，难以反映投入与产出的对比，不能评价规模不同的两个企业或同一个企业不同期间财务管理的质量；忽略不同方案之间的风险差异，忽视了高利润往往需要承担高风险；片面追求利润最大化，可能忽视产品质量、人才开发、生产安全、技术装备水平和社会道德及责任，容易导致企业短期行为，不利于企业长远发展。

【小知识：资金的时间价值】

资金的时间价值是指作为资本投入的资金在不同的时点上具有的不同价值不同。

例如，2009 年初的 100 元和 2009 年底的 100 元的价值是不同的，除了通货膨胀因素，还有利率因素。

假设年利率是 5%，考虑资金时间价值的话，那 2009 年初的 100 元就相当于 2009 年底的 105 元，即为：$100 \times (1 + 5\%) = 105$（元）。

2. 每股收益最大化

每股收益表现为净利润与股份数的比值。每股收益最大化的优点是将企业盈利与股东投入资本联系起来，能够说明企业的盈利水平，可以在不同资本规模的企业或同一企业不同期间进行比较，有利于揭示盈利水平的差异。其局限性表现在：忽略每股收益获得的时间性；没有考虑每股收益的风险；没有考虑股利支付政策等。因此每股收益最大化也不是一个令人满意的财务管理目标。

3. 股东财富最大化

股东财富最大化是指通过财务上的合理经营，使企业股东的财富达到最大。股东财富最大化，可演化为股票价格最大化。这是因为股东财富是由其所拥有的股票价格决定的，即股票价格达到最高时，则股东财富也达到最大。股东财富最大化目标与利润最大化目标相比，具有以下优点：便于计量、考核和奖惩；股东财富最大化目标能够克服企业在追求利润上的短期行为；能够科学地考虑风险因素。但是股东财富最大化的缺点是只考虑股东利益，忽视企业及股东以外的其他员工的利益，不利于调动企业员工的积极性，不利于企业的长远发展。

4. 企业价值最大化

企业价值最大化的目标是指通过企业财务上的合理经营，采用最优的财务政策，充分考虑资金的时间价值和风险与报酬的关系，以求企业整体价值达到最大。以企业价值最大化作为企业财务管理的目标，其优点表现为：充分地考虑到了包括企业股东及员工在内的所有人的利益，有利于调动员工的积极性，有利于保持员工队伍的稳定；科学地考虑了风险与收益之间的关系；科学地考虑了资金的时间价值；企业价值最大化这个整体目标的设置能够有效地克服企业追求短期利益的短视行为，有利于企业的长远发展。

因此，现代企业财务管理的目标不仅需要综合考虑资金的时间价值、风险与收益的关系，同时需要注意调动员工的积极性、保持员工队伍的稳定性、培养员工的归属感，同心协力实现企业价值最大化。

（四）财务管理环节

要做好企业财务管理工作，实现财务管理的目标和任务，必须要掌握好财务管理的基本环节。财务管理的基本环节是指财务管理的各个阶段，主要包括进行财务预测与决策、编制财务计划、加强财务控制和开展财务分析。

1. 进行财务预测与决策

财务预测是指根据财务活动的历史资料，考虑现实的要求和条件，对企业未来的财务活动和财务成果作出科学的预计和预算的过程。通过财务预测，可以测算各项生产经营方案的经济效益，为企业决策提供可靠的依据。企业财务预测的环节包括明确预测对象和目标；收集和整理资料；确定预测方法，利用预测模型进行测算；确定最优值，提出最佳预测方案。

财务决策是指财务人员按照财务目标的总体要求，利用各种方法对备选方案进行分析比较，从中选出最佳方案的过程。财务决策是以财务预测为基础的。

2. 编制财务计划

财务计划是指在一定时期内以货币形式综合反映企业资金运动和财务成果的形成和分配计划。财务计划是组织和指导企业财务活动以及处理财务关系的重要依据，企业的财务计划主要包括资金筹措计划、流动资产周转计划、固定资产投资及折旧计划、成本费用计划、对外投资计划和收入及利润分配计划等。

3. 加强财务控制

财务控制是指在企业经营过程中，企业财务人员利用有关信息和措施对企业财务活动进行计算和审核，以实现财务目标的活动。企业财务控制的方法有事前财务控制、事中财务控制和事后财务控制三种。

4. 开展财务分析

财务分析是指以核算资料为主要依据，对企业财务活动的过程和结果进行调查研究，评价计划完成情况，分析影响计划执行的因素，挖掘企业潜力，提出改进措施。财务分析主要是对企业的偿债能力、营运能力、盈利能力状况进行分析。

二、企业筹资管理

（一）企业筹资的目的

企业筹集资金是指企业向外部有关单位或者个人以及企业向企业内部筹措和集中企业所需资金的财务活动。资金是企业生存和发展的必要条件。企业在设立、登记时必须持有一定数量的资本金，在正式生产经营前必须有足够的资金用于建造厂房、购置设备等基本建设，在生产经营过程中必须有一定量的流动资金用于购买材料、支付人工工资以及其他开支，企业要扩大生产经营规模，要对外投资，要调整资本结构等都需要资金。筹集资金既是保证企业正常生产经营的前提，又是谋求企业发展的基础。筹集工作做得好，不仅能降低资金成本，给经营或投资创造较大的可行的或者有利的空间，而且还可以降低财务风险，增大企业的经济效益。因此，企业的经营管理者必须把握企业何时需要资金，需要多少资金，以何种方式有效合理的方式取得资金。

（二）企业筹资的方式

企业筹集资金的来源和渠道很多，具体包括国家财政资金筹集、银行信贷资金筹集、非银行机构资金筹集、其他单位资金筹集、社会和企业内部员工集资、外商投资筹集以及企业自留资金筹集等。无论资金最终从何处筹集，企业筹集资金的方式不外乎两种：权益资金筹集和负债资金筹集。

1. 权益资金筹集

权益资金筹集是指企业依法筹集并长期拥有、自主调配运用的资本,是企业最基本的筹资来源。权益资金筹集可以分为吸收直接投资、发行股票筹资和留存收益筹资三种方式。

(1)吸收直接投资。

吸收直接投资是指企业按照共同经营、共担风险、共享利润的原则,采取书面合同的形式直接吸收国家、其他法人、个人、外商投入资金的一种方式。企业接受投资的方式可以是现金方式,也可以是房产、车辆、机器设备等实物形式,还可以是土地使用权、商标专利权等无形资产的形式。企业最乐于接受的直接投资是现金投资,因为现金使用方便灵活,不受限制。其他非现金方式的投资只能按照特定的功能加以使用,且作价评估手续繁杂,受限较多。

吸收直接投资有利于尽快形成生产经营规模,增强企业实力;有利于获取先进设备和先进技术,提高企业的生产水平;可以根据企业经营状况好坏,向投资者进行回报,财务风险较小。但是这种筹资方式成本较高,容易分散企业控制权。

(2)发行股票筹资。

股票是企业签发的证明股东所持股份的凭证,是股份有限公司为筹集股权资本而发行的、表示股东按其持有的股份享有权益并承担义务的、可转让的书面凭证。股票应当载明公司名称、公司成立日期、股票种类、票面金额及代表的股份数、股票的编号等。它代表持股人对公司净资产的所有权。股票持有人即为公司股东。公司股东作为出资人按投入公司的资本额享有资产收益、公司重大决策和选择管理者的权利,并以其所持股份为限对公司承担责任。发行股票筹资是股份公司筹集资本的基本方式。

【小组讨论:发行股票筹资】

请问是否所有的企业都能通过发行股票筹资?

股票可以按照不同的划分标准分为不同的类型:按照票面有无记名分为记名股票与无记名股票;按照投资主体的不同分为国家股、法人股、个人股和外资股;按照发行对象和上市地区分为A股、B股、H股、S股和N股等;按照股东权利和义务分为普通股和优先股。在此我们主要介绍普通股和优先股。

【小知识:A股、B股、H股、S股和N股】

我们经常听说A股、B股、H股、N股和S股等,它们区分的主要依据是股票的上市地点和所面对的投资者。

A股的正式名称是人民币普通股票。它是由我国境内公司发行,供境内机构、组织或个人(不含我国台湾、香港、澳门地区投资者)以人民币认购和交易的普通股股票。

B股的正式名称是人民币特种股票。它是以人民币标明面值,以外币认购和买卖,在境内(上海和深圳)证券交易所上市交易的。它的投资人限于外国的自然人、法人和其他组织,我国香港、澳门、台湾地区的自然人、法人和其他组织,定居在国外的中国公民,中国证监会规定的其他投资人。现阶段B股的投资人,主要是上述几类中的机构投资者。B股公司的注册地和上市地在境内,只不过投资者在境外或中国香港、澳门和台湾。

H 股即注册地在内地、上市地在香港的外资股。香港的英文是 HongKong,取其字首,在港上市外资股就称为 H 股。

依此类推,纽约的第一个英文字母是 N,新加坡的第一个英文字母是 S,纽约和新加坡上市的股票就分别叫 N 股和 S 股。

①普通股。普通股是公司发行的代表着股东享有平等的权利、义务,不加特别限制,股利不固定的股票。普通股是最基本的股票。通常情况下,股份有限公司只发行普通股。

普通股筹资的优点体现在:发行普通股筹措资本具有永久性,无到期日,不需归还,对保证公司对资本的最低需要和维持公司长期稳定发展极为有益;发行普通股筹资没有固定的股利负担,没有固定的到期还本付息的压力,所以筹资风险较小;发行普通股筹集的资本是公司最基本的资金来源,它反映了公司的实力,可作为其他方式筹资的基础,尤其可为债权人提供保障,增强公司的举债能力;由于普通股的预期收益较高并可一定程度地抵消通货膨胀的影响(通常在通货膨胀期间,不动产升值时普通股也随之升值),因此普通股筹资容易吸收资金。

普通股筹资的缺点表现在:由于股利从税后利润中支付而不具有抵税作用等特征决定了其筹资成本较高;普通股筹资会增加新股东,可能会分散公司的控制权;新股东分享公司未发行新股前积累的盈余,会降低普通股的每股净收益,从而可能引发股价的下跌。

②优先股。优先股是公司发行的优先于普通股股东分取股利和公司剩余财产的股票。多数国家公司法规定,优先股既可以在公司设立时发行,也可以在本公司增发新股时发行。但有些国家的法律则规定,优先股只能在特殊情况下,如公司增发新股或清理债务时才准发行。

优先股筹资优点很多,具体体现在:首先,优先股筹集的资本属于权益资本,通常没有到期日,即使其股息不能到期兑现也不会引发公司的破产,因而筹资后不增加财务风险,反而使筹资能力增强;其次,优先股股东一般没有投票权,不会使普通股股东的控制权受到威胁;最后,优先股的股息通常是固定的,在收益上升时期可为现有普通股股东“保存”大部分利润,具有一定的杠杆作用。

但是优先股筹资也有一定的缺点:首先,优先股筹资的成本比债券高,这是其股息不能抵冲税前利润所致;其次,有些优先股(累积优先股,参与优先股等)要求分享普通股的剩余所有权,降低其每股收益。

【小资料:创业板融资】

很多企业尤其是融资难的中小企业非常希望能够上市募集资金扩大规模谋求发展,但是很多国家的主板市场对企业上市条件要求非常严格,使得很多中小企业望而却步。为了解决中小企业上市融资难的问题,创业板市场应运而生。

创业板市场又被称为二板市场,是主板市场以外的市场,具有前瞻性、高风险、监管要求严格、具有明显的高技术产业导向等特点。其主要目的是为高科技领域中运作良好、成长性强的新兴中小企业提供融资场所。考虑到新兴企业业务前景的不确定性,其上市条件低于主板市场。

2009 年 10 月 30 日,中国创业板首批 28 家包括华谊兄弟在内的公司在深圳证券交易所成功上市,为优秀的新兴企业发展壮大提供了更大的融资平台与更多的融资机会。

（3）留存收益筹资。

留存收益筹资也称为内部筹资，它是指企业将实现利润的一部分甚至全部留下来作为资本来源的一种筹资方式。

留存收益筹资的具体方式有：按法定要求提取盈余公积金、当期利润不分配、向股东配发股票股利等。留存收益的实质是所有者向企业追加投资，对企业而言是一种筹资来源。

留存收益筹资的优点主要体现在：不发生筹资费用；由于资本利得税率一般低于股利收益税率，股东往往愿意将收益留存于企业而通过股票价格的上涨获得资本利得，从而避免取得现金股利而交较高的个人所得税，使企业的所有者获得税收上的利益；留存收益筹资在性质上属于权益资本，可提高企业信用和对外负债能力。

留存收益筹资的缺点主要体现在：留存收益的数量常常会遭到某些股东的限制，尤其会遭到依靠股利维持生活的股东的反对；留存收益过多，股利支付过少，可能会影响今后的部分筹资，同时不利于股票价格的提高，影响企业在证券市场上的形象。

2. 负债资金的筹集

由于权益资金不能完全满足企业生产经营对资金的需要，出于扩大资金筹集渠道、节税以及优化财务结构的考虑，企业经常会选择负债筹资方式。负债筹资主要包括借款筹资、发行债券筹资、融资租赁筹资和商业信用筹资四种方式。

（1）借款筹资。

借款筹资指的是企业根据借款合同，向银行或者其他金融机构借入所需资金，到期需要还本付息的一种筹集资金方式。银行借款是目前企业借款筹资的主要方式。

银行借款的优点体现在：筹资速度快、成本低、借款弹性大。缺点是财务风险大、限制条款多，审批手续烦琐，筹资数额有限等。

【小资料：中小企业筹资的新途径——典当筹资】

中小企业向银行贷款难的事实已是众所周知。因为中小企业资金实力弱、难以提供保证和抵押，银行出于风险和收益的综合考虑，往往不太愿意向中小企业贷款。中小企业的筹资难一直是阻碍他们发展的重要原因。

近年来兴起的典当筹资为中小企业主解决了不少燃眉之急。典当筹资，指中小企业在短期资金需求中利用典当行救急的特点，以质押或抵押的方式，从典当行获得资金的一种快速、便捷的融资方式。典当程序包括审当、验当、收当、保管和赎当五个步骤，方便快捷。

典当筹资与银行筹资相比具有小额性、短期性、安全性、便捷性等特点，筹资成本略高于银行贷款费用。

（2）发行债券筹资。

债券是企业为筹集债务资金而发行的、约定在一定期限内向债权人还本付息的有价证券。发行债券是企业筹集债务资金的重要方式。

发行债券筹资与股票筹资相比，具有资金成本低、财务杠杆发挥得当、保障股东控制权的优点；与借款筹资相比，具有筹资范围广、筹资数额大的优点。但是其缺点也很明显，体现在：由于债券有固定到期日，且需要定期支付利息，当企业经营不景气时会导致较高财务风险；与借款或租赁融资相比，债券发行限制条件多且异常严格；筹资数量受法律规定的限制，且当负债比率超过一定程度后，会导致债权人投资风险、筹资成本急速上升。

(3)融资租赁筹资。

融资租赁又称资本租赁或财务租赁，是由出租人按照承租企业的要求注资购买设备，并在契约或合同规定的较长期限内提供给承租企业使用的信用业务。承租企业之所以需要出租人购买设备后再租给自己使用，往往是因为所需设备价格太高而自身资金匮乏无力购买。因此不难看出融资租赁的实质是为了筹资。

融资租赁的优点是：能迅速获得所需设备，比采用别的筹资方式购买设备速度快，效率高；比企业采用发行债券或借款筹资等方式的限制条件少；融资租赁期限一般为资产使用寿命的75%，有效降低因设备更新换代过快而带来的淘汰风险；分期支付租金使企业资金支付压力减小，财务风险降低。

融资租赁最主要的缺点就是资金成本高。一般来说，其租金要比银行借款或发行债券所负担的利息高得多，在企业财务困难时，固定的租金支付也会构成一项较沉重的负担；另外，承租企业如不能在租赁期结束后享受设备残值，也可认为是一项损失。

(4)商业信用筹资。

商业信用是指商品交易中延期付款或延期交货所形成的借贷关系，是企业之间的一种直接信用关系。商业信用筹资是一种灵活多样、适用范围很广的短期资金筹措方式。商业信用主要包括赊购商品所形成的应付账款、延期交货所形成的预收账款以及商业汇票三种方式。

利用商业信用筹资的优点是筹资便利、成本低，限制条件少。缺点是商业信用的期限一般比较短，如果企业取得现金折扣，则时间会更短。如果放弃现金折扣，则要付出较高的资金成本。

综上所述，不管是权益筹资还是负债筹资都有其优缺点。企业在面临资金压力时，需要综合考虑筹资成本、股东权益、税收支付、还款期限等因素，在保障股东权益的前提条件下优化财务结构，灵活运用各种筹资方式，更好地解决经营管理中遇到的筹资难题。

三、企业投资管理

正确合理的投资会给企业带来丰厚的收益，企业的发展壮大离不开投资活动，投资管理是企业财务管理的一项重要内容。

(一)企业投资的方式

企业投资可以按照不同的分类标准划分为不同的类型：按照投资行为的介入程度，投资可分为直接投资和间接投资；按照投资的领域不同，投资可分为生产性投资和非生产性投资；按经营目标的不同，投资可分为营利性投资和政策性投资；按照投资的方向不同，投资可以分为对内投资和对外投资；按照投资对象和盈利方式的不同，投资可以分为实业投资和金融投资。接下来我们简单给大家介绍实业投资和金融投资。

1. 实业投资

(1)实业投资的含义。

实业投资是指经济主体(包括法人和自然人)为未来获得收益而于现在投入生产要素，以形成资产的一种经济活动，也就是经济主体为未来获得收益而于现在投入资金或资本到生产领域的活动。

（2）实业投资的类型。

企业的实业投资类型有水平型、垂直型和混合型三种。水平型投资也称横向型投资，是指企业投资的对象是与本企业生产经营方向一致的公司，一般适用于机器制造业和食品加工业。垂直型投资也称纵向型投资，指企业投资与本企业产品生产有关联的公司，并在投资企业和被投资企业间实行专业化分工与协作，这种方式常见于汽车、电子行业、资源开采和加工行业等。混合型投资是指企业投资与本企业生产和经营方向完全不同、生产不同产品的公司。这主要是一些实力雄厚的大企业为了充分利用被投资企业的某种优势资源而进行的跨行业的经营活动。

（3）实业投资的方式。

实业投资的方式有三种：并购、合营和联营。①并购是企业通过投资兼并竞争者的方式，企业通过投资并购其他企业，容易获得市场协同效应、管理协同效应和财务协同效应。②合营是企业和其他企业或个人共同投资建立的企业，该被投资企业的财务和经营政策必须由投资双方或若干方共同决定。企业通过合营可以有效降低成本，迅速获得本企业所需要的资源。③联营是企业之间或企业和事业单位之间的联合经营，它是法人参加横向经济联合的主要形式。在联营中，联营各方地位平等，主要是以合同或章程的方式确定双方的权利义务，并以此协调经营活动。企业通过和其他企业联营可以有效解决融资难的问题，对分散风险有积极作用。

（4）实业投资的内容。

实业投资的内容形式多样，具体包括房地产、机器设备、技术和商标专利等。

2. 金融投资

随着企业在投资决策中主体地位的确立，投资的形式也日益丰富。它不仅可以直接投资于生产经营上，通过建造厂房、添置设备、购买原材料等来直接增加社会财富或提供社会所必需的劳务，也可以把资金用于购买金融资产，以期获得收益。

（1）金融投资的含义。

企业将资金用于购买金融资产，试图获得资产的保值增值的投资方式就称为金融投资。金融投资是一种间接投资方式，它对于企业扩大投资渠道和收益来源、优化投资组合分散投资风险有极其重要的意义。

（2）金融投资的类型。

企业金融投资的类型主要有股票、基金、债券、衍生金融资产等。

①股票。企业投资股票的行为属于权益性投资，企业可以在一定程度上参与和控制参股企业的经营决策。但是由于股票价格波动较大，收益不稳定，因此股票投资是一种风险和收益都较大的投资。

②基金。基金是一种利益共享、风险共担的集合投资方式，即通过发行基金股份或受益凭证等有价证券，聚集众多的不确定投资者的资金，交由专业投资机构经营运作，以规避投资风险并谋取投资收益的证券投资工具。与股票投资相比，基金投资风险较小，投资收益略低。

③债券。债券是发行者为筹集资金，向债权人发行的，在约定时间支付一定比例的利息，

并在到期时偿还本金的一种有价证券。企业可以根据需要选择投资政府债券、金融债券和企业债券。债券投资与股票投资基金投资相比，风险较低，收益稳定。

④衍生金融资产。衍生金融资产包括期货、期权、远期和互换等，投资衍生金融资产的目的是为了投机获利和套期保值，具有高风险高收益的特点，一般企业往往较少采取这种投资方式。

（3）金融投资的必要性。

企业进行金融投资主要是出于以下目的的考虑：暂时存放闲散资金，以替代大量非盈利的现金获取一定的收益，加快资金的运转和使用效率；金融资产变现比较容易，以满足偶然性或突发性的财务需求；通过股票投资以获得对相关企业的控制权和决策权，更好地保障资产的安全性。

（二）企业投资的原则

为了降低风险，获得预期的收益，企业在投资活动中需要遵循以下原则：

（1）认真进行市场调查，分析投资环境，及时捕捉有利投资机会。

投资机会是企业投资活动的起点，也是企业投资决策的关键。财务管理人员必须认真进行市场调查和市场分析，寻找投资机会，并要从动态的角度加以把握。

（2）制定科学的投资决策程序，认真进行投资项目的可行性分析。

在市场经济条件下，企业的投资都会面临一定的风险，为了保证投资决策的正确有效，必须按科学的投资决策程序，进行投资项目的可行性分析。

（3）及时足额地筹集资金，保证投资项目的资金供应。

企业的投资项目，特别是大型投资项目，建设工期长，所需资金多，一旦开工，就必须有足够的资金来支持。因此，在投资项目上马之前，必须科学预测投资所需资金的数量和时间，采用适当的方法，筹措资金，保证投资项目顺利完成，尽快产生投资效益。

（4）全面分析风险和收益的关系，适当控制企业的投资风险。

收益与风险是共存的。一般而言，收益越大，风险也越大，收益的增加是以风险的增大为代价的，而风险的增加将会引起企业价值的下降，不利于财务目标的实现。企业在进行投资时，必须在考虑收益的同时认真考虑风险，只有在收益和风险达到比较好的均衡时，才有可能不断增加投资效益，实现财务管理的目标。

（三）企业投资的步骤

科学的投资决策，一般分八个步骤进行：确定并量化投资目标；收集和鉴别相关投资信息，寻找投资机会；制订投资计划，提出投资备选方案；通过定量和定性结合法对备选方案作出初步评价；综合考虑影响投资的因素，确定最优方案；执行投资决策，并严加监控；进行投资结束后评估，作为下一次投资决策的依据。

【小资料：西门子投资多元化】

西门子发挥它的投资多元化作风，在多个领域进行投资。

位于北京望京的西门子北亚总部，是西门子在全球房地产方面最大的投资项目之一，其投资额高达10亿元人民币。

2009年8月,西门子与以色列第一家获得太阳能商业发电执照的企业阿拉瓦电厂签订合同,花1500万美元购买了该电厂40%的股权。

2009年10月,西门子与咸宁市政府签署一份战略合作框架协议,双方各投资10亿在华打造金桂湖试点区。据了解,金桂湖试点区一期工程规划50平方公里,包括高档酒店、会议中心、水上娱乐设施、未来人居概念屋、高升风景区等多个子项目。

2009年11月,西门子风电全球首席执行官诺恩表示,西门子风电将投资5.81亿元人民币在上海建立西门子风力发电叶片(上海)有限公司,以满足中国政府有关部门所要求的70%风电设备本地化率。

2009年12月,西门子(中国)有限公司工业自动化与驱动技术集团(IA&DT)宣布对其两个运营公司——西门子机械传动(天津)有限公司(SMDT)和威能极风力驱动(天津)有限公司(WDST),增加5亿元人民币以上的投资。该投资将在未来三到五年内完成,用于对这两个运营公司进行工厂扩建。

西门子投资业务主要由西门子创业投资公司(SVC)来运作,其投资领域涉及机械、通信、房地产、新能源和金融等多个领域。

四、企业财务分析

(一)财务分析的含义

财务分析是指以企业财务报表和其他相关资料为依据,采用一系列定性与定量分析技术和方法,对企业筹资活动、投资活动、经营活动的成果和状况进行分析和评价,为企业投资者、债权人、经营者及其他关心企业的组织或个人提供准确信息以便作出决策的一项活动。

(二)财务分析的基础

财务分析主要以财务报告为基础,日常核算资料只能作为财务分析的一种补充资料。企业的财务报告主要包括资产负债表、利润表、现金流量表和财务状况说明书。下面主要介绍进行财务分析常用的三张基本报表:资产负债表、利润表、现金流量表。

1. 资产负债表

资产负债表是反映企业某一特定日期(如月末、年末)财务状况的会计报表,是一种静态财务状况表。它以“资产 = 负债 + 所有者权益”这一会计等式为根据,按照一定的分类标准和次序反映企业在某一时点上的资产、负债及所有者权益的基本状况。

2. 利润表

利润表也称损益表,是反映企业在一定期间内(如月份、年度)生产经营成果的财务报表。利润表是以“利润 = 收入 - 费用”这一会计等式为依据编制而成的,综合反映了企业在一定时期内的主营业务收入、主营业务成本、主营业务利润、投资收益、利润总额及净利润等经营成果,帮助报表使用者了解公司的经营业绩。

3. 现金流量表

现金流量表是以现金及现金等价物为基础编制的财务状况变动表,它为会计报表使用者提供企业在一定会计期间内现金和现金等价物流入及流出的具体信息,从而使其了解企业获取现金和现金等价物的能力。

(三)财务分析的步骤

财务分析一般分为以下步骤:

(1)明确分析目的,制订分析工作计划;(2)收集有关的信息资料;(3)根据分析目的,运用科学的分析方法,深入比较、研究所收集的资料;(4)得出分析结论,提交分析报告。

(四)财务分析的方法

财务分析中常用的方法包括比率分析法、比较分析法、趋势分析法和因素分析法。

1. 比率分析法

比率分析法是把某些彼此存在关联的项目加以对比,计算出比率,揭示企业财务状况、经营成果和现金流量情况,确定经济活动变动程序的一种方法。在比率分析法中常用的财务比率有:相关比率、结构比率和效率比率。

2. 比较分析法

比较分析法是通过某项财务指标与性质相同的指标评价标准进行对比,揭示企业财务状况、经营成果和现金流量情况的一种分析方法。

3. 趋势分析法

趋势分析法又称水平分析法,是通过对比两期或连续数期财务报告中的相同指标,确定其增减变动的方向、数额和幅度,来说明企业财务状况和经营成果的变动趋势的一种方法。

4. 因素分析法

因素分析法是用来确定几个相互联系的因素对分析对象(综合财务指标或经济指标)影响程度的一种分析方法。采用这种方法的出发点在于,当有若干因素对分析对象产生影响时,首先假定其他因素都无变化,顺序确定每一因素单独变化所产生的影响。

【案例思考2-5:企业偿债能力】

某企业2009年相关财务数据如下:年初现金为50万元,年末现金为80万元;年初速动资产为100万元,年末速动资产为120万元;年初流动资产为150万元,年末流动资产为180万元;年初固定资产为200万元,年末固定资产为250万元;年初总资产为400万元,年末总资产为500万元;年初流动负债为80万元,年末流动负债为90万元;年初负债总额为160万元,年末负债总额为250万元。

请根据上述数据分析该企业的偿债能力。

(五)财务分析的指标

财务分析作为企业经济活动分析的重要组成部分,是构成企业财务管理的重要环节之一,财务分析主要是对企业偿债能力、营运能力和盈利能力状况进行综合分析与评价。

1. 偿债能力分析

偿债能力是指企业对到期债务还本付息的能力,偿债能力分析包括短期偿债能力分析和长期偿债能力分析。

(1)短期偿债能力分析。

短期偿债能力是指企业流动资产对流动负债及时偿还的保证程度,是衡量企业承担经常性财务负担(偿还流动负债)的能力。反映企业短期偿债能力的财务指标有流动比率、速动比率和现金比率。

①流动比率。流动比率用于衡量企业在某一时点偿付即将到期债务的能力。其计算公式是:

流动比率 = 流动资产/流动负债

流动比率高一般表明企业短期偿债能力较强,但如果过高,则会影响企业资金的使用效率和获利能力。至于最佳流动比率究竟以多少为宜,应根据不同行业、不同企业规模等具体情况而定,一般认为流动比率维持在 2∶1 是比较合理的。这是因为在流动资产中变现能力最差的存货等金额,约占流动资产总额的一半。剩下的流动性较强的流动资产至少要等于流动负债,企业的短期偿债能力才会有保障。

②速动比率。速动比率是衡量企业在某一时点上运用随时可变现资产偿付到期负债的能力,是企业的速动资产与流动负债的比率,计算公式是:

速动比率 = 速动资产/流动负债

速动资产 = 流动资产 - 存货 - 预付账款 - 待摊费用

= 货币资金 + 短期投资 + 应收票据 + 应收账款 + 其他应收款

速动资产是指能快速变现的资产,由于存货和预付账款很难立即变现所以要扣掉,因此用速动资产来判断企业的短期偿债能力比流动资产更能说明问题。一般认为速动比率的值维持在 1∶1 是比较合理的,但对不同行业和不同规模的企业而言,这个指标的标准略有不同。

③现金比率。现金比率是企业现金与流动负债的比率,计算公式是:

现金比率 = (货币资金 + 有价证券)/流动负债

用该指标评价企业短期偿债能力比流动比率和速动比率更加谨慎。该指标越大,表明企业偿还短期债务的能力就越强。但该指标也并不是越大越好,指标过大则表明企业现金利用不充分,获利能力不强。

(2)长期偿债能力分析。

分析一个企业的长期偿债能力,主要是为了确定该企业债务本息的偿还能力。由于债务是长期的,则其本息的偿还不仅仅取决于当时的现金流入量,更重要的是与企业的获利能力相关。

企业长期偿债能力的分析指标主要有四项,即资产负债率、产权比率、所有者权益比率和已获利息倍数。

①资产负债率。资产负债率是企业负债总额除以资产总额的百分比,它表明在总资产中通过借款来筹集的资产的比例以及企业资产对债权人权益的保障程度,其计算公式为:

资产负债率 = 负债总额/资产总额 × 100%

因为企业资产 = 负债 + 所有者权益,所以资产负债率应小于 100%。这一比率越小,表明企业债务偿还的稳定性越强,安全性越大,企业长期偿债能力越强。

②产权比率。产权比率也称负债对所有者权益的比率,是指负债总额与所有者权益总额的比率。其计算公式为:

产权比率 = 负债总额/所有者权益总额 ×100%

产权比率是用来表明债权人和投资者提供的资金来源的相对关系，是反映企业基本财务结构是否稳定的一个指标。一般来说，所有者提供的资本大于借入资本比较好。这一指标越低，表明企业的长期偿债能力越强，债权人权益保障的程度越高，承担的风险越小。

③所有者权益比率。所有者权益比率是企业的所有者权益总额与资产总额的比率，其计算公式为：

所有者权益比率 = 所有者权益总额/资产总额 ×100%

这一比率反映了在企业资产总额中，企业所有者提供资本的比例。这一比率越高，说明所有者投入的资金在全部资金中占的比例越大，则企业偿债能力越强，财务风险越小。

④已获利息倍数。已获利息倍数又叫利息保障倍数，是指企业息税前利润与利息费用的比率，计算公式为：

已获利息倍数 = 息税前利润/利息费用 =（利润总额 + 利息费用）/利息费用

该指标反映企业用经营所得支付债务利息的能力，一般来说该指标大于 1。已获利息倍数越大，说明企业支付债务利息的能力就越强。

【案例分析 2 -4：企业偿债能力】

要分析该企业的偿债能力，需要分析其短期偿债能力和长期偿债能力。

(1) 分析短期偿债能力主要根据以下指标：流动比率、速动比率和现金比率。

①流动比率。根据流动比率 = 流动资产/流动负债，该企业 2009 年流动比率为 180 ÷90 =2，2008 年流动比率为 150 ÷80 =1.88，流动比率稍有上升。

②速动比率。根据速动比率计算公式可以得出 2009 年该企业速动比率为 120 ÷90 =1.33，2008 年的速动比率为 100 ÷80 =1.25，速动比率略有上涨。

③现金比率。根据现金比率计算公式得出 2009 年该企业的现金比率为 80 ÷90 =0.89，2008 年的现金比率为 50 ÷80 =0.625，现金比率大幅提高。

从以上数据不难看出，2009 年的流动比率、速动比率和现金比率都较 2008 年有不同程度上涨，且流动比率基本维持在 2 左右，速动比率维持在 1 左右，说明了该企业近两年短期偿债能力都很强，且对债权人的保障程度一直在提高。但是现金比率较高，虽然说明企业的即时偿债能力较强，但也反映出该企业的现金利用不太充分，现金的获利能力不强，需加强现金的使用效率。

(2) 企业的长期偿债能力需要分析的指标有：资产负债率、产权比率、所有者权益比率和已获利息倍数。

①资产负债率。根据资产负债率计算公式可以得出 2009 年该企业资产负债率为 250 ÷500 =50%，2008 年资产负债率为 160 ÷400 =40%，资产负债率上升了 25%，说明企业长期偿债能力下降。

②产权比率。根据产权比率的计算公式以及资产 = 负债 + 所有者权益，可以得出 2009 年该企业产权比率为 250 ÷(500 -250) =100%，2008 年产权比率为 160 ÷(400 -160) =67%，产权比率上涨，说明企业长期偿债能力下降。

③所有者权益比率。根据所有者权益比率的计算公式可以得出 2009 年该企业的所有者权益比率为(500 - 250) ÷ 500 = 50%，2008 年所有者权益比率为(400 - 160) ÷ 400 = 60%，所有者权益比率下降，说明企业长期偿债能力下降。

综上可以得出该企业的长期偿债能力与上年相比下降，对债权人的保障程度在降低，这对企业来讲不一定是坏事。因为太低的资产负债率和产权比率都说明企业财务杠杆利用不充分，财务管理过于僵化和死板，需要进一步优化财务结构。所以我们需要将这些指标和同年的行业指标相比才更有说服力。

2. 营运能力分析

营运能力分析是一种通过对资金周转状况分析，反映企业资金利用效率的方法。通常来说，资金周转得越快，说明资金利用效率越高，企业的经营管理水平也就越好。营运能力分析主要包括对流动资产周转、固定资产周转和总资产周转三方面的分析。

(1)流动资产周转分析。

流动资产周转分析涉及对应收账款周转率、存货周转率以及流动资产周转率三个指标的分析。

①应收账款周转率。应收账款周转率是反映应收账款周转速度的比率，其计算公式为：

应收账款周转率 = 营业收入/应收账款平均余额

应收账款平均余额 = (期初应收账款 + 期末应收账款)/2

应收账款周转率越高，表明应收账款周转时间越短，资金回笼速度越快，资金利用效率越高。

②存货周转率。存货周转率是反映存货周转速度的比率，其计算公式为：

存货周转率 = 主营业务成本/存货平均余额

存货平均余额 = (期初存货 + 期末存货)/2

一般情况下，存货周转率越高说明存货周转速度越快，企业销售状况越好，对企业越有利。但是需要注意高存货周转率有时是由于存货不足导致企业丧失了销售机会，这说明存货周转率并非越高越好，需要根据企业的实际情况具体分析。

③流动资产周转率。流动资产周转率是营业收入与全部流动资产平均余额的比率，反映企业流动资产利用的效率，其计算公式为：

流动资产周转率 = 营业收入/流动资产平均余额

流动资产平均余额 = (期初流动资产 + 期末流动资产)/2

流动资产周转率是分析流动资产周转情况的一个综合指标。流动资产周转快，会相对节约流动资产，相当于扩大了企业资产投入，增强了企业获利能力；反之，若周转速度慢，为维持正常生产经营，则需要补充流动资产参加周转，形成资金浪费，降低企业获利能力。

(2)固定资产周转分析。

固定资产周转率是企业营业收入与平均固定资产净值的比率，其计算公式为：

固定资产周转率 = 营业收入/平均固定资产净值

平均固定资产净值 = (期初固定资产净值 + 期末固定资产净值)/2

固定资产周转率高表明企业固定资产利用充分，同时也表明固定资产结构合理，企业营运能力较强。

(3)总资产周转分析。

总资产周转分析主要是对总资产周转率的分析。总资产周转率是企业营业收入与平均资产总额的比率。其计算公式为：

总资产周转率 = 营业收入/平均资产总额

平均资产总额 =(期初资产总额 + 期末资产总额)/2

对一个企业来说,总资产周转率越高,表明该企业总资产利用较好,企业营运能力较强。

3. 盈利能力分析

盈利能力是指企业赚取利润的能力。衡量企业盈利能力的指标主要有:销售利润率、成本费用利润率、资本收益率、净资产收益率、总资产报酬率、每股收益、每股股利、市盈率、资本保值增值率九个指标。

(1)销售毛利率。

销售毛利率是企业实现的毛利润与主营业务收入的比率,它表示一元的销售收入能带来多少的毛利润,计算公式为:

销售毛利率 = 毛利润/主营业务收入

(2)销售利润率。

销售利润率是指利润总额占营业收入净额的百分比,表示每一元营业收入净额获取利润的能力。其计算公式为:

销售利润率 = 利润总额/营业收入净额

该比率越高,说明企业获利能力越强。

(3)成本费用利润率。

成本费用利润率是指反映企业利润总额与成本费用总额之间的比率,其计算公式为:

成本费用利润率 = 利润总额/成本费用总额

成本费用总额 = 营业成本 + 营业税金及附加 + 销售费用 + 管理费用 + 财务费用

该项比率反映企业每一元耗费能给企业带来的利润,揭示了企业在挖掘潜力、降低成本费用方面的业绩。

(4)资本收益率。

资本收益率是指企业净利润与平均资本的比率,计算公式为:

资本收益率 = 净利润/平均实收资本

平均实收资本 =(期初实收资本 + 期末实收资本)/2

资本收益率越高,表明企业资本的盈利能力越强,对股份制企业来说就意味着股票升值越多。

(5)净资产收益率。

净资产收益率是指企业一定时期净利润与平均净资产的比率。它是反映自有资金投资收益水平的指标,是企业获利能力指标的核心。其计算公式为:

净资产收益率 = 净利润/平均净资产

平均净资产 =(期初所有者权益 + 期末所有者权益)/2

净资产收益率越高,说明企业所有者权益的盈利能力就越强,运营效益就越好,对投资者和债权人的保障程度就越高。

(6)总资产报酬率。

总资产报酬率是指企业一定时期内获得的报酬总额与平均资产总额的比率,其计算公式为:

总资产报酬率 = 息税前利润总额/平均资产总额

平均资产总额 =(期初资产总额 + 期末资产总额)/2

该指标越高表明企业的资产利用率越高,整个企业获利能力越强,经营管理水平越高。

(7)每股收益。

每股收益又称每股盈余,是指企业本期盈余与流通股数的比值,其计算公式为:

每股收益 =(净利润 - 优先股股利)/普通股股数

该指标是衡量股份制企业盈利能力的指标之一,它反映的是普通股的获利水平。指标值越高,每一股可得的利润越多,股东的投资效益越好。

(8)每股股利。

每股股利是指现金股利总额与流通股数的比值,其计算公式为:

每股股利 = 支付现金股利总额/普通股股数

该指标体现的是每一股普通股获取的现金股利的多少,它比每股收益更直接地体现了股东所得到的当前利益。

(9)市盈率。

市盈率是每股市价与每股收益的比率,其计算公式为:

市盈率 = 每股市价/每股收益

市盈率越高,表明投资者对公司未来充满信心,愿意为一元盈余多付买价。通常对市盈率的理解是:市盈率在 5 ~20 之间是正常的;超过 20 被认为股票价格被高估,是股价下跌的前兆;某股份制企业若市盈率在5 以下,认为该企业前景暗淡,投资者对该企业缺乏信心,持有风险较大。在利用市盈率进行财务分析时,要注意结合行业和经济环境。

(10)资本保值增值率。

资本保值增值率是指企业期末所有者权益同期初所有者权益的比率,其计算公式为:

资本保值增值率 = 期末所有者权益/期初所有者权益

该指标反映企业资本的保全和增值情况,该值越高说明企业资本保全状况越好,所有者权益增长越快,债权人权益越有保障,企业发展前景越好。

企业在进行财务分析时,不能机械、僵硬地就指标论指标,还应该结合企业的宏观环境,联系企业的行业背景和内在的资源条件,定性与定量综合分析,才能客观地了解企业的财务状况,为企业决策者提供正确的依据。

小　结

企业财务管理主要包括资金筹集、资金投资、资金营运、收益分配和财务分析。本任务主要针对资金筹集、资金投资和财务分析三大内容。

企业资金筹集可以分为权益筹资和负债筹资。企业在筹资时需要综合考虑筹资成本、股东权益、税收支付、还款期限等因素，在保障股东权益的前提条件下优化财务结构，灵活运用各种筹资方式。

企业资金投资主要分为实业投资和金融投资。企业在投资时需要制定科学的投资决策，注意处理好风险与收益的关系。

企业财务分析主要分析企业的偿债能力、运营能力和盈利能力。企业在进行财务分析时应该结合企业的内外部环境，利用各种财务指标进行综合全面分析。

课外实训项目

(1)某小型信息技术公司准备给15名员工发年终奖，大概需要20万元。可是公司的几个项目还没有到结账时间，最早的一个还需要一个月以后才到期，账面现金吃紧。这时离过年还有10天，请问该公司应该通过何种方式筹集到这20万元发给员工。

(2)找一家你熟悉的企业最近三年的财务报表和其他相关资料，并以此为依据撰写一份财务分析报告。

第三章　企业生产管理

第一节　企业生产过程管理

知识目标

※了解企业生产运作过程

※了解企业生产运作系统

※掌握企业生产运作方式

能力目标

※能够为企业优化生产运作过程

※能够选择和实施适合企业的生产运作方式

相关知识

一、生产运作设计与组织

生产是人类赖以生存和发展的基础，人类早期的生产活动是从自然界获取物质的财富。随着人类智慧文明社会的发展，生产活动主要集中在企业内进行。企业生产活动表现为投入一定的资源，经过一系列加工转换，使其价值增值，最后以某种形式产出，即有形的产品和劳动提供给社会。生产管理是指为实现经营目标，有效利用生产资源，对企业的生产活动进行的一种管理活动，也就是对生产过程活动进行的一系列计划、组织和控制的过程。

现代企业是建立在现代科学技术基础上的，具有高度分工与协作的社会化大生产单位，生产过程具有较强连续性，现代企业具有以下几点生产技术特征：

1. 拥有比较复杂的现代技术装备，系统采用现代科学技术

机器和机器体系的运用，使企业的生产具有高度的组织性、科学性和技术性。随着当代科学技术的迅猛发展，工业生产中科学技术的作用越来越大。系统地运用现代科学技术，不断地认识和掌握生产技术发展规律，有效地创造和使用现代技术装备和技术方法，合理地组织生产过程，大力促进生产发展，已成为现代企业的重要特征。

2. 劳动分工精细，协作关系严密

现代企业的生产经营过程包括一系列相互衔接、紧密联系的生产部门和环节，这些生产部门和环节，需要使用不同的机器设备，配备不同工种的生产技术工人、各种专业的工程技术人

员和经营管理人员。这就要求企业内部实行精细的分工和严密的协作,而且要适应生产过程中机器体系运转的客观要求。只有这样才能使生产过程中每一个人的活动,都能同机器体系的运转相协调,使生产活动顺利地进行。

3. 生产具有高度的比例性和连续性

现代企业是采用各种机器和机器体系进行生产,生产过程中只有各种机器设备按照一定的比例配备,并各自按一定的速度运转,生产才能顺利进行;同时,各生产环节、各工序之间在时间上是前后紧密衔接、不能中断的,这就是说,生产过程具有高度的连续性。随着科学技术的发展,对连续性的要求不断提高,同时对管理也提出了更为严格的要求。

4. 具有广泛的外部联系

现代企业作为市场经济活动的主体,必然同其他企业、有关部门保持广泛的经济、技术联系。专业化愈发展,生产社会化程度愈高,企业同外部的这种联系就愈广泛、愈密切。加强同外部环境各方面的密切联系,既是企业生存和发展的必要条件,又是国民经济其他部门正常运行的保证。

上述现代企业在生产技术方面的特征明确告诉我们,要搞好企业的生产经营活动,管理好现代企业,就必须按照这些特征,尊重客观规律,利用科学技术、管理知识有效地做好企业生产过程管理。

【小组讨论】

(1)现代企业为什么要进行生产过程管理?

(2)现代企业利用现代科学技术,采用复杂的现代技术装备,那么如何进行适合企业规模的生产运作能力设计,以及如何选择符合企业经营现状的生产运作系统?

(3)生产运作过程仅仅是机器和系统的配备吗?科学的管理和组织发挥着什么样的作用?

(一)生产运作能力设计

生产运作能力是指在一定时期内,在一定的生产技术组织条件下,生产设施的最大产出率,即生产运作设施在一定时期内,在合理的生产组织条件下,经过综合平衡后所能生产一定种类和一定质量产品的最大数量或者能够加工处理一定原材料的最大数量。生产运作能力是保证一个企业未来长期发展和事业成功的核心条件。一个企业所拥有的生产运作能力过大或过小都是很不利的:能力过大,导致设备闲置,人员富余,资金浪费;能力过小,又会失去很多机会。因此,必须对生产能力运作能力的现状有确切的了解,对未来的生产运作能力有周密的计划。

1. 影响生产能力的因素

影响企业生产能力的因素很多,如产品品种、产品结构、产品工艺;质量要求;零部件的标准化和通用水平;机床设备的数量和性能;工艺方法和通用性水平;有效生产面积;组织管理的水平和工人的劳动积极性和技术水平等。从核定生产能力的角度来考虑,可以将这些因素归结为三个基本因素,即生产设备数量(生产面积数)、设备工作时间(生产面积利用时间)和设备(生产面积)生产效率。

(1)生产设备数量。

(2)设备工作时间: $F_e = F_y H - D$。

其中:

F_e——设备全年有效工作时间,单位小时;

F_y——设备全年制度工作日数;

H——每日制度工作小时数(工作日长度);

D——设备计划停修小时数。

(3)设备生产效率。

2. 设备组生产能力计算

当企业以产出量作为计量单位时,则需考虑企业生产的产品种类有多少,如果只有一种主要产品,则可以以该产品作为计量单位。如果生产多种产品,则很难以其中某一种产品的产出量作为整体的计量单位,这时可采用代表产品计量法;选择出代表企业专业方向、产量与工时定额乘积最大的产品作为代表产品,其他的产品可利用换算系数换算成代表产品。

(1)单一产品生产情况下设备组生产能力计算。

$M = SF_e/t = SF_yH(1-O)/t$

其中:

M——设备组生产能力;

S——设备组内设备的数量;

F_e——设备全年有效工作时间;

F_y——设备计划期制度工作时间;

H——设备每天制度工作小时数;

t——单位产品的单位定额;

O——设备计划停修率。

(2)多种产品生产情况下设备组生产能力的计算——代表产品法。

换算系统 K_i 的计算公式如下:

$K_i = t_i/t_o$

其中:

K_i——i 产品的换算系数;

t_i——i 产品的时间定额;

t_o——代表产品的时间定额。

例:某厂车床组有车床 10 台,每台车床全年有效工作时间为 4648 小时。在车床上加工 A、B、C 三种产品,其计划产量分别是:280 台、400 台、220 台,单位产品台时定额(台时/台)分别时 45、50、55,试用代表产品法求车床组生产能力。

分析:

①确定 B 为代表产品。

②计算以 B 产品为标准的车床组生产能力,如下表所示。

$M_{代} = SF_e/t = 10 \times 4648/50 = 930$(台)

产品名称	计划产量	台时定额	换算系数	换算为 B 的产量	各产品的产量比重	代表产品生产能力	具体产品生产能力
①	②	③	④=③/60	⑤=②×④	⑥=⑤/∑⑤	⑦$=SF_e/t_B$	⑧=⑦×⑥÷④
A	280	45	0.9	252	28.19		291
B	400	50	1	400	44.74	930	416
C	220	55	1.1	242	27.07		229
合计	900			894	100		936

结论:以 B 产品为标准的车床组生产能力为 930 台,A、B、C 三种产品生产能力分别为 291 台、416 台、229 台。

3. 生产运作能力规划

生产运作能力规划是企业对满足现在和未来需求量的生产能力所作的抉择。生产运作能力规划是制订企业年度生产运作计划的重要依据之一。通过对现有能力的掌握,可以及时发现生产运作中的薄弱环节和富余环节,以便挖掘潜力,提高企业生产运作的经济效益,使基本建设投资费用得到更为合理有效的运用。

(1)最佳运行生产运作能力。

生产运作能力可以通过许多方法作调整,但这时生产成本会有所变化,把最小单位成本下的生产量定义为最佳运行生产运作能力。一个企业要获得最佳运行生产运作能力,必须充分利用生产设施。对设施利用不足会使得单位成本提高,反之,对设施使用过度也会造成单位成本提高,最佳运营点如图 3 –1 所示。

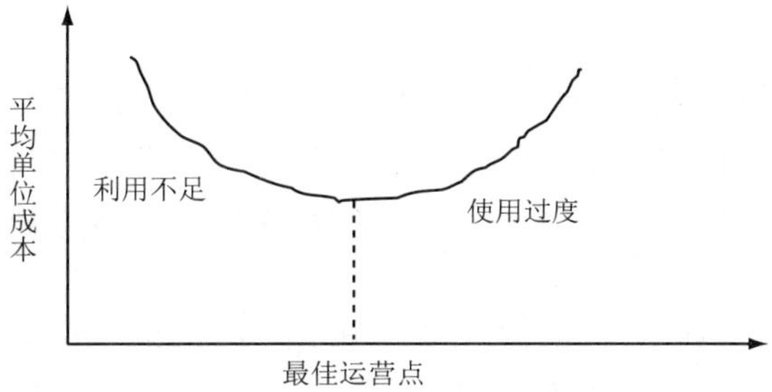

图 3 –1　最佳运行生产运作能力

(2)经济规模生产运作能力。

指单位产品或产出的生产运作成本随生产运作规模的变动而变动的特征。当企业规模扩大时,由于产量增加,会使平均成本降低,总体来说扩大规模是有利的。经济规模与最佳运行生产力的关系如图 3 –2 所示。

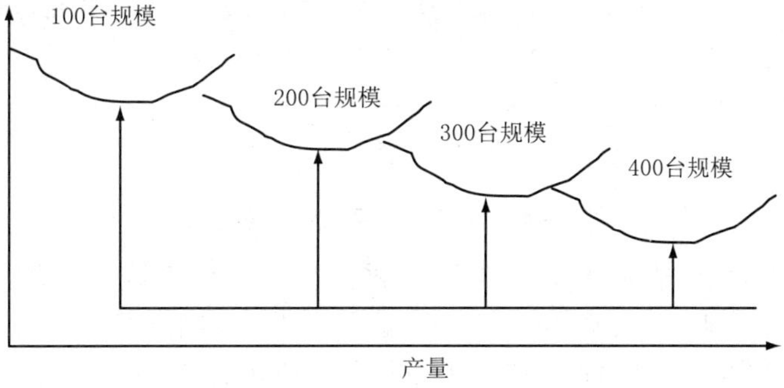

图 3 –2　经济规模与最佳运行生产力的关系

扩展生产能力的时机与规模主要有两种策略:进攻型与保守型策略,如图 3 –3(a)、(b)所示。

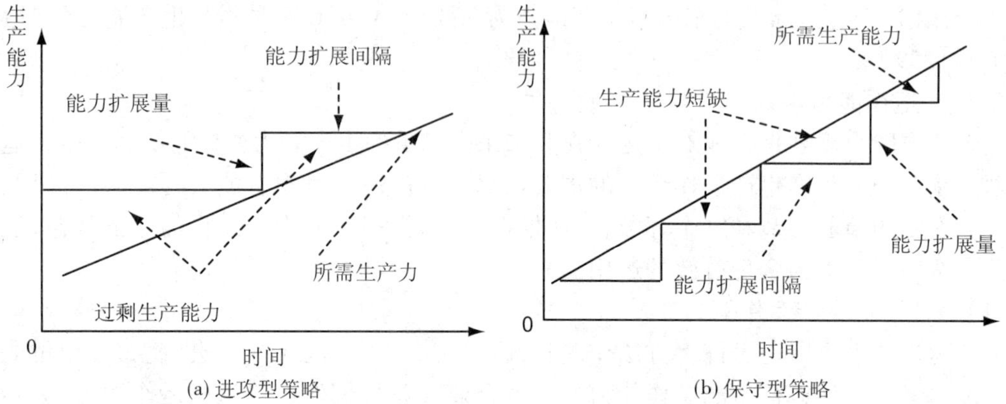

图3－3　扩展生产能力时机与规模策略

（二）生产运作系统设计

生产运作系统设计是运用科学的方法和手段对生产系统的选址、组成企业的各基本单位、各种生产设施及劳动的状态与过程进行合理的配置，使之形成一个协调、高效、经济的生产运作系统；是对厂址选择（包括工厂、配送中心、门店等的选址）、能力规划、生产部门布置、产品和服务计划、设备布置等的决策过程。

生产运作系统是有效实现由输入到输出转化的依托和物质基础。因此，生产系统的转化效率对实现企业目标有直接影响；生产或服务设备与设施的布置也直接影响产品成本和生产周期。

1. 生产运作系统的一般模式（见图3－4）

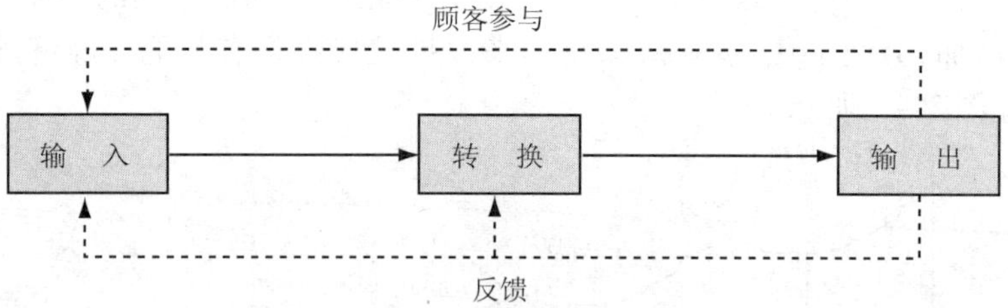

图3－4　生产运作系统的一般模式

输入的是生产要素，包括人、财、物和信息，这是生产运作系统形成的前提条件，也是企业生产经营目标实现的保证；输入的生产要素在质量、数量、时间上必须符合生产需要，按一定比例有机构成。转换过程也就是生产制造过程，生产制造过程必须采用最经济的形式进行。输出的是产品、服务与信息。反馈必须迅速，且信息要明确、精确。

生产运作系统构成要素主要包括结构化要素和非结构化要素。结构化要素包括生产技术、生产设施、生产能力及其集成；非结构化要素包括人员组织、生产计划、库存控制、质量管理和设备维护。结构化要素的内容及其组合形式决定生产运作系统的结构形式；非结构化要素的内容及其组合形式决定生产运作系统的运行机制。这里我们主要探讨结构化要素，非结构化要素在后面章节介绍。

2. 设施选址

设施选址对今后设施的建设和生产与运作的效果影响非常大,是关系到企业生存发展的百年大计。企业组织机构如有不善,规章制度如有不妥,还可研究并重新改组或变革,但一旦选址失误,或者注定失败,或者注定长期承受麻烦。因此,需要认真地进行内部和外部环境条件的综合分析与平衡,使之满足企业生产与运作活动当前的和长远发展的要求。

(1)设施选址的步骤和内容。

制造业企业设施选址一般可按三个阶段顺序进行:

①准备阶段,成立选址工作小组。该小组主要由建设单位和设计单位的有关人员组成。该小组在准备阶段的主要工作有:编制工作计划;根据企业产品、工艺、规模、生产单位构成、生产协作原则等大致确定生产单位的面积和外形尺寸;根据企业内外运输量,水、电、汽、气需求量,各种废弃物的物理化学性质、排放量及初步的处理方案确定对工程和水文地质的基本要求;根据经济、社会、自然等有关的资料初步确定几个拟选地址。

②现场勘察阶段。选址工作小组对几个拟选地址进行现场勘测,收集地区的地质、水文、气象、交通、运输以及经济、社会、教育、发展规划等方面的资料,并草拟初步选址方案。

③方案比较和选择阶段。根据现场勘察的结果,对若干可行方案进行全面的技术经济论证,从中确定一个最合理的方案,并与所选地区签订有关协议。

(2)影响设施选址的因素。

影响选址的因素很多,但大致可分为四大类:

①经济方面的因素。包括原料供应条件、能源条件、市场、运输条件、人力资源和资金融通情况。

②政治方面的因素。包括政局和治安、政策和法律、税收负担。

③社会方面的因素。包括社区条件、环境和生态保护、科学技术环境、风俗文化等。

④自然环境方面的因素。包括土地资源和气候条件。

【小资料:设施选址趋势】

随着交通运输、通信等条件的改善,全球经济一体化趋势日益强劲,设施选址呈现如下发展趋势:

(1)工业园:许多国家为支持国内企业的发展,吸引外资,发展高科技产业,都在有计划地开发工业园、保税区、科技一条街,为进园(区、街)企业提供许多优惠条件,且使园(区、街)内企业形成紧密的协作关系,提高竞争能力。

(2)企业群体布局:设施选址不再是单独寻求某一个工厂或服务设施的最优地址,而是着眼于生产运作上具有紧密联系的一组企业的群体布局。例如,化工企业常与冶金、热电、轻纺、医药、建材、焦化等企业联合组成企业群体,充分利用资源,减少能源消耗,减少废弃物排放,保护环境。

(3)企业生产运作全球化:①企业在全球设立生产运作系统,如美国的麦当劳,日本的索尼,德国的大众等。②企业在全球采购物资,其产品是多国生产协作的结果。如美国波音飞机所需部件是由6个国家的1.1万家大企业和1.5万家中小企业协作生产的。③技术转移和对外直接投资。企业在全球范围内引进或转让技术、机器设备等,通过独资、合资、收购、兼并等方式建立分公司和合营公司。

(三)生产过程组织

生产过程,狭义地说,是指从顾客提出要求到顾客的要求得到满足的过程。在制造业中,生产过程是指从原材料投入生产到产品出厂交付用户的过程。广义地说,企业为适应顾客的要求所作的准备也应包括在内。

企业的生产活动需要在一定的空间和时间内进行,如何将生产活动中各种生产要素有机地组织起来,以尽量减少生产过程中的劳动消耗、劳动占用,生产出尽可能多的符合市场需要的产品,从而获得最好的经济效益,是企业的一项重要任务。生产过程的组织,在时间上可以从考察生产周期的组成入手。生产周期由有效时间和停歇时间组成。有效时间由基本时间和辅助时间构成。自然过程时间和工艺加工时间属于基本时间。推销时间、运输时间和质量检验时间等属于辅助时间。在停歇时间中,工序之间的等待时间及成批等待时间,是指使加工对象在工作班次内不能被连续加工的停歇时间;节假日、午休、工作班次之间的停歇是由于非工作时间造成的停歇时间。

【案例思考3-1】

玛丽食品烘烤公司位于纽约州西部的一小城镇。该公司有两个大烘炉用来加工面包。公司收到经销商的订单就开始安排生产。当天要制作的面包清单送到了负责搅拌配料的人手中,将上面写明的每一种面包所需的配料输入计算机。计算机根据订购数量确定出每一配料的需要量,并把这一信息传达到位于厂外的仓库。这些配料被自动送往大型搅拌机,同适当数量的鸡蛋、水和调味品混合。配料搅拌好后,倒入切片机中,切成单个的面包。接着这些面包就落到传送带上,穿过其中一个烘炉。该公司最近将每个炉的长度增加725英尺,使生产率得到进一步提高。面包从炉中出来后就被输送到高20英尺、宽3英尺的螺旋形冷却架上。当面包离开冷却架后,工人们就用手把它们放到箱子中,接着箱子被自动打包、密封并贴上标签。面包要按一定的顺序来烘烤,以使用于清洁处理的停工时间最短。例如,浅色面包要在深色面包之前烘烤,燕麦片面包应在葡萄干面包之前烘烤。这就使公司避免了每次在生产一种不同的面包前对加工设备必须进行的清洁处理。

(1)简述面包的生产过程体现了生产过程的哪些特点?

(2)为什么增加烘炉的长度可使产量更大,提高生产效率?

(3)该公司的生产组织方式是什么样的?

1. 生产过程组织的基本要求

生产过程组织,就是要对生产过程的各个阶段和各个环节进行合理安排,从而使产品在生产过程中行程最短、时间最省、耗费最小、效益最高。要达到这一目的,在生产过程组织必须达到几个基本要求:生产过程的连续性、平行性、比例性、均衡性和适应性。

（1）连续性。

生产过程组织最重要的要求是连续性要求。从时间上考察，对象处理的连续性，是影响生产周期长短的重要因素之一。从生产过程在空间上的组织，通常也可以根据提高对象处理的连续性和生产资源利用的连续性来布置，称为对象专业化原则和工艺专业化原则。

【小知识：关于生产资源利用的连续性】

生产资源在利用上的连续性会影响产品的成本。在每周五天工作制的情况下，一年有104个周末休息日，如果再加上9个法定假日，每年大约有113个假日。如果剩下的工作日只开两班，则252个工作日中还有相当于84天的停歇时间，也就是说，生产资源至少有一半时间是由于工作作息制度的原因而得不到利用。在制度规定的工作时间内，由于一些辅助工作而使设备或工人没有把时间用在加工工艺上，也是生产资源没有被连续利用的表现。在这些设备没有被利用的时间内，如果不是与加工对象的自然过程相重叠，也是延长生产周期的原因。工序之间的等待时间和零件成批加工的等待时间使加工对象不能连续得到处理，而延长了生产周期，但在一定的条件下，工序之间的等待和零件的成批加工有利于生产资源的连续利用。所以通常会根据对象专业化原则和工艺专业化原则，提高对象处理的连续性和生产资源利用的连续性。

（2）平行性。

当生产任务是一个可分解的系统时，把生产任务分解成若干个可以平行作业的任务链来同时处理，显然是可以缩短生产周期的。比如，有100页手稿要键入计算机，如果一个人每小时可以键入10页，共需要10小时；如果安排5个人分别在5个终端上键入，则2小时就可以完成。这就是提高作业平行性的好处。

（3）比例性。

在多数的生产中，各个可以平行作业的任务往往需要不同的生产能力资源，为了做到连续性，生产系统所配置的资源的构成必须与生产能力的需求成比例。这就是所谓的生产过程组织的比例性要求。生产任务是根据市场情况变动的，而根据特定任务配置均衡的生产能力，在市场变化或产品改进时，就可能不符合比例性要求。另外，工人技术水平与熟练程度的变化、设备的技术革新、工艺的改进等，都可以使比例性发生改变。因而，生产过程组织只能动态地保持其比例性。

（4）均衡性。

生产过程的均衡性，是指在不连续利用资源的情况下，资源的利用率能够做到各时期大致相同，避免生产时松时紧。不均衡地生产是造成工人纪律松弛、产品质量低劣、事故频繁的原因。

（5）适应性。

生产过程的均衡性和比例性，是通过保留原有的工艺和产品来实现的。为了能适应外部条件的变化，生产过程的组织必须提高适应性，即生产系统能在不破坏均衡性和比例性的条件下，迅速地对用户的需求改变作出响应。

2. 生产过程组织的基本内容

生产过程组织包括空间组织和时间组织两项基本内容。

(1)生产过程的空间组织。

生产过程的空间组织是指在一定的空间内,合理地设置企业内部各基本生产单位,如车间、工段、班组等,使生产活动能高效地顺利进行。生产过程的空间组织有两种典型的形式:

①工艺专业化形式。工艺专业化又称为工艺原则,即按照生产过程中各个工艺阶段的工艺特点来设置生产单位。在这种生产单位内,集中了同种类型的生产设备和同工种的工人,可完成各种产品的同一工艺阶段的生产,即加工对象是多样的。如机械制造业中的铸造车间、机加工车间、热处理车间及车间中的车工段、铣工段等,都是工艺专业化生产单位。

②对象专业化形式。对象专业化又称为对象原则,就是按照产品的不同来设置生产单位。在对象专业化生产单位里,集中了不同类型的机器设备、不同工种的工人,对同类产品进行不同的工艺加工,能独立完成一种或几种产品的全部或部分的工艺过程,而不用跨越其他的生产单位。如汽车制造厂中的发动机车间、底盘车间,机床厂中的齿轮车间等。

(2)生产过程的时间组织。

生产过程的时间组织是研究产品生产过程各环节在时间上的衔接和结合的方式。企业生产运作过程在时间上组织的好坏,表现为产品(或服务)生产周期的长短。生产过程各环节之间时间衔接越紧密,就越能缩短生产周期,从而提高生产效率,降低生产成本。

产品生产过程各环节在时间上的衔接程度,主要表现在劳动对象在生产过程中的移动方式。一批工件在工序间存在着三种移动方式,这就是顺序移动、平行移动、平行顺序移动。

①顺序移动方式。顺序移动方式指一批零件在前一道工序全部加工完毕后,整批转移到下一道工序进行加工的移动方式。采用这种方式,一批零件在各道工序上进行加工的时间集中,设备没有停歇,可以连续加工,但是,每个零件都有等待加工和等待运输而产生的中断,工艺周期较长。

②平行移动方式。平行移动方式指一批零件中的每个零件在每道工序完毕以后,立即转移到后道工序加工的移动方式。其特点是:一批零件同时在不同工序上平行加工,缩短了生产周期。但是如果后道工序的单件加工时间大于前道工序时,又会产生零件等待加工的现象,所以各工序单件加工时间彼此相等或成倍情况时(如流水生产)会比较理想。

③平行顺序移动方式。平行顺序移动吸收了上述两种移动方式的优点,避开了其短处,但组织和计划工作比较复杂。平行顺序移动的特点是:当一批制件在前道工序上尚未全部加工完毕,就将已加工的部分制件转到下道工序进行加工,并使下道工序能够连续地、全部地加工完该批制件。为了达到这一要求,要按下面规则运送零件:当前一道工序时间少于后道工序的时间时,前一道工序完成后的零件立即转送下道工序;当前道工序时间多于后道工序时间时,则要等待前一道工序完成的零件数足以保证后道工序连续加工时,才将完工的零件转送后道工序。这样就可将人力及设备的零散时间集中使用。

3. 生产过程组织的形式

在企业中,任何生产过程的组织形式都是生产过程的空间组织与时间组织的结合。企业必须根据其生产目的和条件,采用适合自己生产特点的生产组织形式。下面介绍几种效率较高的生产组织形式。

(1)流水线。

流水线是指劳动对象按照一定的工艺过程,顺序地、一件接一件地通过各个工作地,并按照统一的生产速度和路线，完成工序作业的生产过程组织形式。它将对象专业化的空间组织方式和平行移动的时间组织方式有机结合，是一种先进的生产组织形式。流水线具有如下特点：

①专业性。流水线上各个工作地的专业化程度很高，即流水线上固定地生产一种或几种制品，固定地完成一道或几道工序。

②连续性。流水线上的制品在各工序之间须用平行或平行顺序移动，尽量减少制品的延误时间。

③节奏性。流水线生产都必须按统一节拍或节奏进行。

④封闭性。生产工艺过程是封闭的，各工作按照制品的加工顺序排列，制品在流水线上做单向顺序移动完成工艺过程的全部或大部分加工。

⑤比例性。流水线上各工序之间的生产能力相对平衡，尽量保证生产过程的比例性和平行性。

【小知识：自动化流水线】

自动化流水线是流水线的高级形式，它依靠自动化机械体系实现产品的加工过程，是一种高度连续的，完全自动化的生产组织。同一般流水线相比，自动流水线减少了工人需要量，消除了繁重的体力劳动，生产效率更高，产品质量更容易保证。但投资较大，维修和管理要求较高。

（2）成组技术与成组加工单元。

成组技术的基本思想是：用大批量的生产技术和专业化方法组织多品种生产，提高多品种下批量的生产效率。成组技术以零部件的相似性（主要指零件的材质结构、工艺等方面）和零件类型分布的稳定性、规律性为基础，对其进行分类、归并成组并组织生产。

成组加工单元，就是使用成组技术，以“组”为对象，按照对象专业化布局方式，在一个生产单元内配备不同类型的加工设备，完成一组或几组零件的全部工艺的组织。采用成组加工单元，加工顺序可在组内灵活安排，多品种小批量生产可获得接近于大量流水生产的效率和效益。目前，成组技术主要应用于机械制造、电子、武器等领域。

（3）柔性生产单元。

柔性生产单元，即以数控机床或数控加工中心为主体，依靠有效的成组作业计划，利用机器人和自动运输小车实现工件和刀具的传递、装卸及加工过程的全部自动化和一体化的生产组织。它是成组加工系统实现加工合理化的高级形式。它具有机床利用率高、加工制造与研制周期短、在制品及零件库存量低的优点。

【案例分析3－1】

通过对生产过程组织的基本要求、基本内容和形式的学习可以看出：

（1）玛丽食品烘烤公司生产面包需要经过配料、搅拌、分切、烘干、包装等过程，充分体现生产组织过程的几个基本要求：连续性、平行性、均衡性、比例性和适应性；

（2）增加烘炉的长度，其实是对面包生产过程的一个空间组织和调整，使得设备生产量提高，同时也便于直接连接到冷却架，节省了时间；

（3）该公司采用流水线作业方式，整个生产过程是顺序进行，用两个大烘炉来加工面包，是典型成批加工系统模式。

二、现代生产运作方式

【小组讨论】

现代企业的生产经营正在发生着巨大的变化：产品的生产周期缩短，产品更新速度加快，产品的生产由少品种大批量向多品种小批量甚至是单件生产的生产类型过渡，产品上市时间缩短，产品质量日益提高，产品成本日趋降低，产品的售后服务日趋完善，这对现代生产管理提出了新的要求。近几年来企业生产管理出现了许多新的思想和新的趋势，一些新的生产运作方式，正日益广泛地为我国企业所采用，并在实践中逐步得到推广和应用。

（1）各小组列举出你们所知道的现代生产运作方式。

（2）各组选择一个生产运作方式，简述其含义、特点和构成。

（3）各组至少寻找使用某种现代生产运作方式的典型企业案例。

（一）计算机集成制造系统（computer integrated manufacturing system，CIMS）

据统计，1870～1970年的100年中，加工过程的效率提高了2000%，而生产管理的效率只提高了80%，产品设计的效率仅提高了20%左右。显然，后两种的效率已成为进一步发展生产的制约因素。因此，制造技术的发展就不能局限在车间制造过程的自动化，而要全面实现从生产决策、产品设计到销售的整个生产过程的自动化，特别是管理层次工作的自动化。这样集成的一个完整的生产系统就是计算机集成制造系统（CIMS）。计算机集成制造的概念于1973年由美国的约瑟夫·哈林顿博士首次提出，其主要思想有两点：

（1）由于产品从开始研制到最终售后服务的整个过程是一个不可分割的整体，各项活动存在着内在的联系，相互作用，不可分离。

（2）由于每项活动均伴随着相关的信息处理过程，整个生产制造过程是一个对信息数据收集、处理、传递的过程，必须充分利用信息资源，追求系统的整体优化。

【小资料：计算机集成制造系统（CIMS）】

从20世纪80年代初开始，美国的IBM等大企业在企业中尝试开发研究基于CIM思想的计算机集成制造系统（CIMS）。到20世纪80年代后期，CIMS成为制造业应用的热点，并逐渐向其他离散型生产企业发展，如电子仪器、通信设备、集成电路企业。如今，仅在美国就有10万家企业正在实施CIMS，并取得了相当的效果。

中国的计算机集成制造系统（CIMS）研究始于20世纪80年代中期，并被列入"高技术研究发展计划纲要"（简称"863"计划）。最早是在成都飞机制造公司、沈阳鼓风机厂等8家企业中进行典型试点，经过10年的艰苦努力，上述两家企业和另外几家试点单位均按时完成了CIMS的基本构造工作，取得了良好的效果，获得第一阶段初步实验的成功。

1. 计算机集成制造系统基本构成

计算机集成制造系统(CIMS)通常由管理信息系统、计算机辅助技术信息设计、计算机辅助制造和计算机辅助质量控制4个基本分系统构成。

(1)管理信息系统。

管理信息系统主要是利用计算机的信息处理功能,为企业提供完成五个大类的基本管理工作的各种有用的信息。其主要模块及功能如下:

①生产计划与控制模块。首先提供生产计划功能,根据市场预测和企业自身条件,安排年度生产的产品品种与数量;然后将年度生产计划分解到各季度、各周份,编排初步的主生产进度计划,并通过初步计划对设备能力与物资供应的需求情况进行初步测算,对照库存情况,反复修改初步的主生产进度计划,制订出原材料采购计划、外协件加工计划和零部件作业计划;最后进入生产控制阶段,完成作业分派与控制工作,包括决定工件的加工顺序、下达工人进行作业的指令、发放物料、控制加工过程和控制加工质量等一系列任务。

②销售管理模块。包括提供回复顾客询价、产品定价分析、市场行情预测和合同签约决策、合同进度管理、合同统计等方面的信息帮助。

③财务管理模块。完成制订利润计划、流动资金计划、固定资产计划等财务计划,进行成本核算与财务状况分析。

④库存供应管理模块。完成原材料的采购与保管工作以及相关信息的管理,监控厂外订货和供货情况以及产成品的装运情况。

⑤人力资源管理模块。

(2)计算机辅助技术信息设计分系统。

计算机辅助技术信息设计分系统由计算机辅助设计、计算机辅助工艺设计和数控程序自动编写三部分组成。

①计算机辅助设计系统。能够将零件的形状用几何方法在计算机上存储、显示,使设计者有的放矢地在图形终端上对产品或零部件的设计进行修改,设计的最终结果可以通过图形打印机打印出正式的图纸,并可以按照要求进行放大、缩小、旋转等特殊处理。

②计算机辅助工艺设计。根据计算机辅助设计的设计结果,利用计算机进一步完成用于指导零部件制造与装配的工艺,产生工艺流程、工艺参数、使用的设备、必须配备工艺装备等工艺信息。由于其在处理一个具体的工艺设计任务时,可以尽量参照已有的相似零件的工艺方案进行修改,所以,完成的生产工艺设计标准性强,可以节约大量的人力资源。

③数控程序自动编写。在计算机辅助工艺设计给定了各种工艺参数后,计算机通过分析完成该加工所必须进行的各种动作及其顺序,计算出合理的刀具运动轨迹和运动速度,并将这些信息直接转换成数控程序的整个过程。

(3)计算机辅助制造分系统。

计算机辅助制造是指利用计算机对生产设备进行直接控制,完成制造过程中的信息流对物流的控制与调整的整个生产过程。主要功能包括制造控制、进货管理、运输管理、仓库管理等方面的管理自动化,通常设有加工、装配、检验、装箱、发运、维修等功能模块。

(4)计算机辅助质量控制分系统。

计算机辅助质量控制分系统是利用计算机辅助完成质量的计划、实施、检查、处理的全过程，以达到提高产品质量目标的一整套工作体系，包括制订质量计划与检测计划、进行计算机监控与检测、进行质量分析与评价等主要工作。由于计算机控制的自动化设备具有及时准确收集质量数据的能力，并能对收集到的数据进行整理分析，因而极大地改善了管理人员在质量管理方面的工作环境。在实际生产中，人们经常使用计算机将收集到的各种数据整理成直方图、控制图、统计分析图以及各种统计表格，帮助管理人员迅速、直观地掌握质量的变化情况，及时进行质量分析，解决质量问题。

2. 计算机集成制造系统的基本优势与存在的问题

计算机集成制造系统基本优势体现在以下几个方面：

（1）降低成本。

从近期效益上分析，企业使用 CIMS 后，一方面，通过降低工人操作的失误，大幅度降低质量成本；另一方面，直接降低人工成本和管理费用。这样，企业就具有了较强的盈利能力。从长期效益上分析，企业在应用了 CIMS 后，可以减少雇用与培训工人的费用，提高企业的整体实力。

（2）增强市场适应能力。

CIMS 系统不仅适用于大批量生产的企业，同时也适应于生产批量较小、市场需求变化较大的企业。CIMS 系统能够帮助企业适应市场需求，具有迅速作出反应的竞争优势。

（3）能最大限度地发挥先进生产技术的综合优势，获得整个生产系统的最佳效益。

据美国国家研究会初步调查的结果，美国实施 CIMS 的企业通常能做到：减少的设计费用可达 30%，生产率可增加 40% ~70%，设备利用率可增加 2 ~3 倍，库存减少 30% ~60%，改进质量 3 ~4 倍，生产提前期减少 30% ~60%。

尽管企业使用 CIMS 可以取得如此之多的好处，但真正实施 CIMS 的企业仍然较少，主要是因为在 CIMS 的发展过程中还存在着许多问题：

①构成 CIMS 主体框架的各技术单元的发展尚不完全成熟。

②发展 CIMS 需要较雄厚的财力支持，建立一个 CIMS 是一项浩大的系统工程，耗时长、投资大，目前尚非一般企业财力所能负担。

③存在传统思想的障碍。

CIMS 的实施，必然要改变过去传统的管理方式与方法，这种转变往往是非常困难的，需要克服许多人为的障碍，需要得到全体员工的理解。

因此，CIMS 的发展路途还很长，还需要克服许多困难，为了搞好 CIMS 的开发工作，在其发展的整个过程中，应注意遵循以下几项原则：

①在评价 CIMS 的效益时，应强调 CIMS 发展战略的长期性、全局性，不能简单地从短期的财务分析的角度考虑问题。

②在制订 CIMS 发展计划时，必须在企业整体范围内进行统一计划、统筹安排，制订出的 CIMS 开发计划应包含企业所涉及的所有业务的每一个方面。

③在 CIMS 的正式实施前，必须对企业的管理组织结构和人员配备进行合理有效的调整，以便最大限度地发挥出 CIMS 的全部功效。

④在 CIMS 的实施过程中，必须对企业中的各种生产活动随时进行必要的调整，以适应新的生产环境。

总之,计算机集成制造系统(CIMS)已经成为生产运作管理现代化的发展方向,企业必须重视以计算机集成制造系统(CIMS)为代表的现代生产技术,强化现代生产技术的管理工作,才能跟上时代的步伐。

(二)柔性制造系统(flexible manufacturing system,FMS)

20世纪60年代末至70年代初,美国、日本、苏联、德国等发达国家先后开展了柔性制造技术以及装备的研制工作。70年代末期,柔性制造系统在技术上和数量上都有较大发展,80年代初期已进入实用阶段。据统计,国际上以柔性制造系统生产的制成品已经占到全部制成品生产的75%以上,而且比率还在继续增加。

柔性制造系统是由统一的信息控制系统、物料储运系统和一组数字控制加工设备组成,能适应加工对象变换的自动化机械制造系统,英文缩写为FMS。

【小资料】

某世界500强企业R公司在追求柔性制造的过程中,实现了多种生产方式并存,取得了巨大的经济效益,在同样的厂房设备条件下,复印机生产能力提高到原设计能力的3.5倍以上。另一家高科技跨国公司X公司在分析一条示范生产线的基础上,发现原流水线的60%是多余的,通过去除这些多余的部分并对生产线进行重新组合,短短四个月就使得场地利用率提高80%,同时通过利用拆下的设备复制出比现状高出一倍的生产能力,节省了大量的扩大再生产投资。

1. 柔性制造系统基本组成部分

(1)自动加工系统。

自动加工系统,指以成组技术为基础,把外形尺寸(形状不必完全一致)、重量大致相似,材料相同,工艺相似的零件集中在一台或数台数控机床或专用机床等设备上加工的系统。

(2)物流系统。

物流系统,指由多种运输装置构成,如传送带、轨道以及机械手等,完成工件、刀具等的供给与传送的系统,它是柔性制造系统主要的组成部分。

(3)信息系统。

信息系统,指对加工和运输过程中所需各种信息收集、处理、反馈,并通过电子计算机或其他控制装置,对机床或运输设备实行分级控制的系统。

(4)软件系统。

软件系统,指保证柔性制造系统用电子计算机进行有效管理的必不可少的组成部分。它包括设计、规划、生产控制和系统监督等软件。

【案例思考3-2】

某咨询公司在与客户接触的过程中,经常能够听到这样的抱怨:"现在生产的产品品种越来越多,用在换线上的时间越来越长,因此生产效率低,库存量也大。""现在的客户都是提早两天发指示，第三天就要出货，两天时间根本就出不了产品，只能增加产品库存来满足客户的需要。”“我们每台机器的最小生产批量是 200 公斤，而客户的订单却越来越小，有时候甚至是一两公斤，这样的订单每做一次就会增加剩余库存，而且越积越多，只能增加仓库来应对。”

某大型办公设备制造企业，在 20 世纪 90 年代投资数百万美元引进了一条装备生产线，每月生产 A 款打印机两万台，线上配置近 100 名工人，大批量生产方式显示了无比的威力。之后，A 款打印机的销售量逐年减少，为了确保市场占有率，又陆续投入了 B、C、D 等多款产品。目前该公司生产线存在的问题主要有：一是工位时间差或速度差损耗，生产线上每个工人作业速度不一样，速度最慢的决定了生产线速度；二是工位变更损耗，当生产量发生变更的时候，需要调整线上人数和各工位作业时间，重新进行员工训练，带来了大量的效率损耗；三是换线损耗，4 个产品之间的变换，都需要进行换线准备工作；四是场地损耗，即使产量降到一半或者更低，生产线长度不能改变，同样占用那份场地。

（1）当面对客户需求变化的时候，除了增加库存来解决问题，有没有更好的应对办法？

（2）柔性制造的柔性表现和实现方法有哪些？

（3）如何对某大型办公设备制造企业进行生产改造？

2. 柔性制造系统的柔性表现

“柔性”是相对于“刚性”而言的，传统的“刚性”自动化生产线主要实现单一品种的大批量生产，适合生产少数几个品种的产品，难以应付多品种中小批量的生产。如果想要获得其他品种的产品，则必须对其结构进行大调整，重新配置系统内各要素，其工作量和经费投入与构造一个新的生产线往往不相上下。随着社会进步和生活水平的提高，市场更加需要具有特色、符合顾客个人要求样式和功能千差万别的产品。一个制造自动化系统的生存能力和竞争能力在很大程度上取决于它是否能在很短的开发周期内，生产出较低成本、较高质量的不同品种产品的能力。柔性已占有相当重要的位置，柔性主要包括：

（1）机器柔性。

当要求生产一系列不同类型的产品时，机器随产品变化而加工不同零件的难易程度。

（2）工艺柔性。

一是工艺流程不变时自身适应产品或原材料变化的能力；二是制造系统内为适应产品或原材料变化而改变相应工艺的难易程度。

（3）产品柔性。

一是产品更新或完全转向后，系统能够非常经济和迅速地生产出新产品的能力；二是产品更新后，对老产品有用部分的继承能力和兼容能力。

（4）生产能力柔性。

当生产量改变，系统也能经济地运行的能力。对于根据订货而组织生产的制造系统，这一点尤为重要。

（5）扩展柔性。

当生产需要的时候，可以很容易地扩展系统结构，增加模块，构成一个更大系统的能力。

(6)运行柔性。

利用不同的机器、材料、工艺流程来生产一系列产品的能力,以及同样的产品换用不同工序加工的能力。

3. 柔性制造方法

(1)单元生产方式。

与传统的大批量生产方式比较,单元生产方式有两个特点,一个是规模小(生产线短,操作人员少),另一个是标准化之后的小生产单元可以简单复制。由于这两个特点,单元生产方式能够实现:

①简单应对产量的变化,通过复制一个或一个以上的单元就能够满足单元生产能力整数倍地提升。

②减少场地占用,单元是可以简单复制的(单元生产线可以在一天内搭建完成),因此不需要的时候可以简单拆除,节省场地。

③每一个单元的作业人数少,降低了平衡工位间作业时间的难度。

④通过合理组合员工,即由能力相当的员工组合成单元,可以发挥员工最高的作业能力水平。

(2)一人生产方式。

针对一些作业时间相对较短、产量不大的产品,如果能够打破常规(流水线生产),改由单个员工单独完成整个产品装配任务。同时,由于工作绩效(品质、效率、成本)与员工个人直接相关,一人生产方式除了具有细胞生产的优点之外,还能够大大地提高员工的品质意识、成本意识和竞争意识,促进员工成长。

(3)一个流生产方式。

一个流生产方式是这样实现的,即取消机器间的台车,并通过合理的工序安排和机器间滑板的设置让产品在机器间单个流动起来。它的好处是:①极大地减少了中间产品库存,减少资金和场地的占用;②消除机器间的无谓搬运,减少对搬运工具的依赖;③当产品发生品质问题时,可以及时将信息反馈到前部,避免造成大量中间产品的报废。

(4)台车生产方式。

我们经常看到一个产品在制造过程中,从一条线上转移到另一条线上,转移工具就是台车。台车生产线,即在台车上完成所有的装配任务,减少搬动及转移过程中的损耗。

(5)固定线和变动线方式。

根据某产品产量的变动情况,设置两类生产线,一类是满足某一相对固定的固定生产线;另一类是用来满足变动部分的变动生产线。通常,传统的生产设备被用作固定线,而柔性设备或细胞生产方式等被用作变动生产线。

4. 柔性制造系统的优点

柔性制造系统是一种技术复杂、高度自动化的系统,它将微电子学、计算机和系统工程等技术有机地结合起来,理想和圆满地解决了机械制造高自动化与高柔性化之间的矛盾。具体优点如下。

(1)设备利用率高。

一组机床编入柔性制造系统后,产量比这组机床在分散单机作业时的产量提高数倍。

(2)减少在制品。

在制品能够减少80%左右。

(3)生产能力相对稳定。

自动加工系统由一台或多台机床组成,发生故障时,有降低运转的能力,物料传送系统也有自行绕过故障机床的能力。

(4)产品质量高。

零件在加工过程中,装卸一次完成,加工精度高,加工形式稳定。

(5)运行灵活。

有些柔性制造系统的检验、装卡和维护工作可在第一班完成,第二、第三班可在无人照看下正常生产。在理想的柔性制造系统中,其监控系统还能处理诸如刀具的磨损调换、物流的堵塞疏通等运行过程中不可预料的问题。

(6)产品应变能力大。

刀具、夹具及物料运输装置具有可调性,且系统平面布置合理,便于增减设备,满足市场需要。

5. 柔性制造系统的发展趋势

柔性制造总的趋势是生产线越来越短,越来越简,设备投资越来越少;中间库存越来越少,场地利用率越来越高,成本越来越低;生产周期越来越短,交货速度越来越快;各类损耗越来越少,效率越来越高。

其发展趋势表现形式上主要有两个方面:

(1)与计算机辅助设计和辅助制造系统相结合,利用原有产品系列的典型工艺资料,组合设计不同模块,构成各种不同形式的具有物料流和信息流的模块化柔性系统。

(2)实现从产品决策、产品设计、生产到销售的整个生产过程自动化,特别是管理层次自动化的计算机集成制造系统。在这个大系统中,柔性制造系统只是它的一个组成部分。

【案例分析3-2】

(1)企业面临经营顾客和市场需求的多样化和不确定性、产品寿命的缩短、价格竞争的加剧等变化,这些变化都给企业现存的生产方式提出新的、更高的要求。仅仅靠被动地增加库存来解决问题已经不够,企业可以采用柔性制造这种生产方式来应对,达到低成本、减少库存并且能够快速满足顾客需求。

(2)柔性制造的柔性表现为机器柔性、工艺柔性、产品柔性、生产能力柔性、扩展柔性和运行柔性。柔性制造方法有细胞生产方式、一人生产方式、一个流生产方式、台车生产方式、固定线和变动线方式。

(3)对某大型办公设备制造企业进行生产改造,把现有长生产线进行柔性化改造或重新装备简易生产线,并根据产品和产量采用不同方式应对生产,如细胞生产、一个人生产等,将企业中存在的损耗降到最低。

(三)准时(just in time,JIT)生产方式

准时生产起源于日本丰田汽车公司。它是一种针对市场需求向多样化发展,有效地组织

多品种小批量生产而创造出来的高质量、低成本,并富有柔性的新的生产方式。它的基本思想可用一句话来概括,即"只在需要的时候,按需要的量生产所需的产品"。这也就是"JIT"一词所要表达的本来含义。它的核心是追求无库存,或库存达到最小,为此找到了包括"看板"在内的一系列具体方法,形成了一套独具特色的生产经营体系。

【小知识:"看板"管理】

看板是指某工序何时需要何数量的某种物料的卡片。看板管理方法是在同一道工序或者前后工序之间进行物流或信息流的传递。JIT 生产方式是一种拉动式的管理方式,它需要从最后一道工序通过信息流向上一道工序传递信息,这种传递信息的载体就是看板。看板管理是只对最后一道工序下达生产指令,而不进行将主生产计划按照物料清单分解到各个工序和原材料采购的方法。一旦主生产计划确定以后,就会向各个生产车间下达生产指令,然后每一个生产车间又向前面的各道工序下达生产指令,最后再向仓库管理部门、采购部门下达相应的指令。

1. JIT 生产方式的目标和基本方法

JIT 生产方式的最终目标是获取利润。为了实现这个最终目标,"降低成本"就成为基本目标。JIT 生产方式则力图通过"彻底排除浪费"(如生产过剩、人员利用以及不合格产品所引起的浪费)来达到这一目标。为了排除这些浪费,形成了与之对应的基本方法:

(1)适时适量生产。

适时适量生产,即"只在需要的时候,按需要的量生产所需的产品",以免由于生产过剩引起人员、设备、库存费用等一系列的浪费。JIT 这种思想与以往的有关生产及库存的观念截然不同。

(2)弹性配置作业人数。

在劳动费用越来越高的今天,降低劳动费用是降低成本的一个重要方面。达到这一目的的方法是"少人化",即根据生产量的变动,弹性地增减作业人数以及用较少的人力完成较多的生产。这就一反以往的"定员制"。具体方法是实施独特的设备布置,以便对各作业点作柔性调整,作业人员必须是具有多种技能的"多面手"。

(3)质量保证。

历来认为,质量与成本之间是一种负相关关系,即要提高质量,就得花人力、物力来加以保证。但在 JIT 生产方式中,将质量管理贯穿于每一工序之中来实现提高质量与降低成本的一致性。具体方法是"自动化"。这里所讲的"自动化"不是一般意义上的设备监控系统的自动化,而是指融入生产组织中的这样两种机制:第一,在设备或生产线安装自动检测和停止装置,一旦发现异常产品可以自动停止的设备运行机制;第二,生产第一线操作人员发现产品或设备有问题时,有权自行停止生产的管理机制。这样的机制,改变了"事后检验"的传统机制,避免了可能造成的大量浪费。

2. 实现适时适量生产的具体方法

(1)生产同步化。

为了实现适时适量生产,首先需要实现生产的同步化。生产的同步化是通过"后工序领取"这样的方法来实现的。即"后工序只在需要的时候到前工序领取所需要的加工品;前工序只按照被领取走的数量和品种进行生产”。这样制造工序的最后一道，即总装配线成为生产的出发点，生产计划只下达给总装配线，在需要的时候，向前工序领取必要的工件，而前工序提供该工件后，为了补充被领取走的量，再向更前一道工序去领取所需的零部件。这样一层一层向前工序领取，直至粗加工以及原材料部门把各个工序都连接起来，实现同步化生产。为此，采用以下三种具体方法：

①采取产品对象专业化的组织形式，按照工件加工顺序来布置设备。

②改善作业方法、改善作业工具、提高作业人员的作业更换速度，以及开发小型、简易设备等方法，以缩短作业更换时间。

③生产节拍随着生产量的变化而变化。

（2）生产均衡化。

这是实现适时适量生产的前提条件。所谓生产均衡化，是指总装配线向前工序领取零部件时，应均衡地使用各种零部件，混合生产各种产品。为此，在制订生产计划时必须安排好产品投产顺序；在制造阶段，通过专用设备通用化和作业标准化来实现。所谓专用设备通用化，是指在专用设备上增加一些工具，使其能加工多种不同的产品；作业标准化是指将作业节拍内作业人员所应担当的一系列作业内容标准化。

（3）采用看板管理。

在实现适时适量生产中具有极为重要意义的是作为其管理工具的看板。在 JIT 生产方式中，月度计划是集中制订并传达到各个工厂以及协作企业。而日生产指令只下达到最后一道工序或总装配线，对其他工序的生产指令均通过看板来实现。即后工序“在需要的时候”用看板向前工序领取“所需的量”时，同时向前工序发出了生产指令。日生产量的不均衡以及日生产计划的修改都通过看板来进行微调。看板就相当于工序之间、部门之间以及物流之间的联络神经。

3. JIT 生产方式中的生产计划与控制

对 JIT 生产方式，有这样的一种误解，即认为既然是“只在需要的时候，按需要的量，生产所需的产品”，那生产计划就无足轻重了。但实际上恰恰相反，以看板为其主要管理工具的 JIT 生产方式，是一种计划主导型方式，但它又在很多方面打破以往生产管理中的常识观念。在以往的生产计划方式中，生产指令同时下达给各个工序，即使前后工序出现变化或异常，也与本工序无关，仍按原指令不断地生产，其结果会造成工序间生产量的不平衡以及工序间的在制品库存。而在 JIT 生产方式中，由于生产指令只下达到最后一道工序，其余各前工序的生产指令是由看板在需要的时候向前工序传递，这就使得：第一，各工序避免生产不必要的产品；第二，减少了不急需品的库存量；第三，因为生产指令只下达给最后一道工序，最后的成品数量与生产指令所指示的数量是一致的，而在传统的生产中这两者往往是不同的。并且该生产顺序指令是以“天”为单位，可以做到在生产开始的前一两天才下达，从而能够反映最新的需求，大大缩短了生产与市场的距离。

（四）精益生产（lean production，LP）

精益生产方式是美国在全面研究 JIT 生产方式在不同国家应用情况的基础上，于 1990 年提出的一种较完整的生产经营管理理论。

【小资料:“精益生产”理论】

20 世纪 80 年代以后,一方面全球资源价格继续飞涨;另一方面消费者的选择性和市场需求多样化、个性化以及对产品质量的要求变得更高,产品的寿命周期变得越来越短。这种状况对企业提出的课题是:一方面必须设法使产品的开发设计周期和生产周期显著缩短;另一方面,必须使企业的生产经营方式能够快速响应市场的需求变化。日美欧各国 50 多位专家参加的一个研究小组,20 世纪 80 年代中期开始对在世界范围广泛传播的 JIT 生产方式做了详尽的实证考察和理论研究,进行了提炼、升华和理论总结,于 1990 年提出了“精益生产”理论。其内容不仅是生产系统内部的运营管理。而且包括市场预测、产品开发、生产制造管理(其中包括生产计划与控制、生产组织、质量管理、设备保全、库存管理、成本控制等)、零部件供应系统直至营销与售后服务等企业的一系列活动,形成了生产与经营一体化、制造与管理一体化的生产经营管理理论,被认为是对人类社会和人们的生活方式影响最大的一种生产方式,是新时代工业化的象征。

1. 精益生产的原理

精益生产的基本原理是:不断改进;消除对资源的浪费;协力工作;沟通。其中不断改进是精益生产的指导思想,消除浪费是精益生产的目标,协力工作和沟通是实现精益生产的保证。

(1)不断改进。

改进,就是永远不满足于现状,不断地发现问题,寻找原因,提出改进措施,改变工作方法,使工作质量不断提高。改进与创新都是进步和提高。改进是渐进式的进步,是细微的改变,其过程是连续的,日积月累会获得巨大的成功;创新是跃进式的进步,是显著的变化,其过程是不连续的。创新可为少数人所为,改进则必须依靠众人努力。如果创新之后无改进则实际成果会降低;创新之后继续改进,成果将更大。改进是众人之事,是每个职工的责任,应该成为每个职工的指导思想,成为职工生活的一部分。

(2)消除浪费。

对于库存和质量可以给出一个绝对的标准,即零库存和零缺陷。“零”是一种极限,可以无限地接近它,但永远不可能达到。“双零”标准使得改进永无止境,驱使员工不懈努力,在质量与库存方面消除浪费。

(3)协力工作。

协力工作是将职业、专长不同的人组织到一起,以小组的形式完成特定任务的工作方式。它是对传统的分工方式的革命。大量生产将分工推向极端,致使每个人只能从事极其简单而专门的工作,极大地妨碍人的创造力的发挥,使“人”这一最重要的资源只能发挥简单机械设备所发挥的功能,是对人力资源的一种极大的浪费。

协力工作集中不同职业不同专长的人的意见,使得改进不断进行。操作工、维修工、工程师管理人员协力工作,可使生产现场的问题迅速得到解决;设计人员、工艺人员、销售人员和管理人员协力工作,能使并行工程得以实现,能使新产品开发周期大大缩短。要对市场作出快速响应,不仅企业内部要协力工作,还必须与供应商、顾客协力工作。

(4)沟通。

人员之间,部门之间,本企业与顾客、供应商之间都需要沟通。没有沟通谈不上协力工作。

为此,小组的成员都必须了解其他成员的专业和工作内容。这样,才能有共同语言,才能将自己的工作放到全局中去考虑,才能避免片面性。沟通可以面对面进行,也可以通过各种通信手段来实现。现代化的通信设备是实现组织之间沟通的物质条件。

2. 精益生产的主要内容

精益生产是对 JIT 生产方式的进一步提炼和理论总结,是一种扩大了的生产管理、生产方式的概念和理论。其主要内容可概括如下:

(1)在生产系统方面,一反大量生产方式下的作业组织方法,以具有高度工作热情的、多种技能的"多面手"和独特的设备配置为基础,将质量控制融会到每一生产工序中去,能够灵活敏捷地适应产品的设计变更、产品变换以及多品种混合生产的要求。

(2)在零部件供应系统方面,采取与大量生产方式截然不同的方法,在运用竞争原理的同时,与零部件供应厂家保持长期稳定的全面合作关系,包括资金合作、技术合作以及人员合作,使零部件供应系统也能够灵活敏捷地适应产品的设计变更以及产品交换。并通过管理信息系统的支持,使零部件供应厂家也共享企业的生产管理信息,从而保证及时、准确地交货。

(3)在产品的研究与开发方面,以并行工程和团队工作方式为研究开发的主要组织形式和工作方式,以"主查"负责制为领导方式。在一系列开发过程中,强调产品开发、设计、工艺、制造等不同部门之间的信息沟通和同时并行开发。这种并行开发还扩大至零部件供应厂家,促使它们从早期开始参加开发,由此而大大缩短开发周期和降低成本。

(4)在流通方面,与顾客以及零售商、批发商建立一种长期的关系,使来自顾客和零售商或批发商的订货与工厂的生产系统直接挂钩,销售成为生产活动的起点;以迅速、周到的服务来最大限度地满足顾客的需要;并极力减少流通环节的库存。

总而言之,这是一种在降低成本的同时使质量显著提高,在增加生产系统柔性的同时,也使人增加对工作的兴趣和热情的生产经营方式。与资源消耗型的大量生产方式相比,这是一种资源节约型、劳动力节约型的生产方式。可以看出,如果说 JIT 生产方式是以生产制造系统为中心展开的,那么,精益生产是涉及企业整体的一种扩大了的生产经营模式。

(五)敏捷制造(agile manufacturing,AM)

敏捷性反映的是企业驾驭变化的能力,企业要实现的任何战略转移都可以从它具有的善于转变的能力中获益。敏捷制造强调通过联合来赢得竞争,通过产品制造、信息处理和现代通信技术的集成来实现人、知识、资金和设备(包括企业内部的和分布在全球各地合作企业的)的集中管理和优化利用。

从系统工程的角度,可以把敏捷制造系统(agile manufacturing system,AMS)定义为:敏捷制造过程及其所涉及的硬件(包括人员、生产设备、材料、能源和各种辅助装置),以及有关软件(包括敏捷制造理论、敏捷制造技术和信息技术等)组成的可以有效实现制造业敏捷性的一个有机整体。

【小资料:敏捷制造】

敏捷制造是美国亚科卡研究所 1991 年受美国国防部委托主持开展的。期间邀请了国防部、工业界和学术界的代表;以及包括以通用汽车公司、波音公司等 13 家大公司为核心,并有 100 多家公司参加的联合研究组,于 1994 年在题为《21 世纪制造企业战略》的报告中提出的。信息技术突飞猛进,给美国制造业改变生产方式提供了强有力的支持,为使美国重新夺回20世纪80年代被日本、德国等国的企业所夺去的在制造领域的领先地位,提出了这一基本思想和结构体系。它认为,必须"将柔性生产技术,有技术、有知识的劳动力与能够促进企业内部和企业之间合作的灵活管理集成在一起,通过所建立的共同基础结构,对迅速改变的市场需求和市场时机作出快速响应"。

1. 敏捷制造的目标及其构成

敏捷制造的目标为:"将柔性生产技术,有技术、有知识的劳动力与能够促进企业内部和企业之间合作的灵活管理(三要素)集成在一起,通过所建立的共同基础结构,对迅速改变的市场需求和市场时机作出快速响应。"从此目标中可以看出,敏捷制造实际上主要包括三个要素:生产技术、管理和人力资源。

(1)敏捷制造的生产技术。

①设备。具有高度柔性的生产设备是创建敏捷制造企业的必要条件。

②产品。在产品开发和制造过程中,能运用计算机的知识基础,用数字计算方法设计复杂产品;能可靠地模拟产品的特性和状态,精确地模拟产品制造过程。其间,各项工作是同时进行的,即能同时开发新产品,编制生产工艺规程,进行产品销售。另外,设计工作从选材料、制造产品到产品最终报废的整个产品生命周期内,每一个阶段的代表都要参加产品设计。

③组织系统。敏捷制造企业是一种高度集成的组织。信息在制造、工程、市场研究、采购、财务、仓储、销售、研究等部门之间连续地流动。各项工作是同时进行的,而不是按顺序进行的。企业开发新产品,同时编制生产工艺规程,并进行产品销售。设计工作不仅属于工程领域,也不只是工程与制造的结合。在从用材料制造产品到产品最终报废的整个产品生命周期内,每一个阶段的代表都要参加产品设计。

④沟通。信息不仅要在敏捷制造企业与其用户之间连续地流动,而且在敏捷制造系统中,用户和供应厂家之间也是连续流动的。在敏捷制造系统中,用户和供应厂家在产品设计和开发中都应起积极作用。每一个产品都可能要使用具有高度交互性的网络。同一家公司的、在实际上分散在组织上的人员可以彼此合作,并且可以与其他公司的人员合作。把企业中分散的各个部门集中在一起靠的是:严密的通用数据交换标准;坚固的"组件"(许多人能同时使用统一文件的软件);宽带通信信道(传递需要交换的大量信息)。

(2)敏捷制造的管理。

①虚拟公司。敏捷制造在管理上所提出的最创新思想之一是"虚拟公司"。敏捷制造认为新产品投放市场的速度是当今最重要的竞争要素。推出新产品最快的办法是利用不同公司的资源,使分布在不同公司内的人力资源和物质资源能随意互换,然后把它们综合成单一的靠电子手段联系的经营实体——虚拟公司,以完成特定的任务。也就是说,虚拟公司就像专门完成特定计划的一家公司一样,只要市场机会存在,虚拟公司就存在;该计划完成了,市场机会消失了,虚拟公司就解体。能够经常形成虚拟公司的能力将成为企业一种强有力的竞争武器。

②柔性。敏捷制造企业应具有组织上的柔性。因为,先进工业产品及服务的激烈竞争环境已经形成,越来越多的产品要投入瞬息万变的世界市场上去参与竞争。在这种环境中,采用传统的纵向集成形式,企图"关起门来"什么都自己做,是注定要失败的,必须采用具有高度柔

性的动态组织结构,动用分布在世界各地的资源(公司、人才、设备、物料等)来完成产品的设计、制造、分配和服务。

(3)敏捷制造的人力资源。

敏捷制造在人力资源上的基本思想是,在动态竞争环境中,最关键的因素是人员。柔性生产技术和柔性管理要使敏捷制造企业的人员能够实现他们自己提出的合理建议和创新。企业的运行原则是提供必要的物质资源和组织资源,支持人员的创造性和主动性。因此,有知识的人员是敏捷制造企业中最宝贵的财富。不断对人员进行教育,不断提高人员素质,是企业的一项长期投资。敏捷制造企业在人员管理上的态度完全不同于大量生产企业,管理者与雇员之间必须建立互相信赖的关系,信息必须完全公开。

2. 敏捷制造系统的特征

(1)速度是 AMS 的基本特征。

统计表明如果产品上市时间推迟 6 个月,则利润要损失 30%,这充分说明了“速度”的重要性。AMS 中的速度包括市场反应速度、新产品开发速度、生产速度、信息传播速度、组织结构调整速度等。

(2)全生命周期顾客满意度是 AMS 的直接目标。

通过并行设计、质量功能配置、价值分析、仿真等手段在产品整个生命周期内的各个环节使顾客满意。

(3)灵活的动态组织机构是 AMS 的组织形式。

企业内部将多级管理模式转变为扁平结构的管理方式;企业外部将企业之间的竞争变为协作。

(4)开放的基础结构和先进制造技术是 AMS 的重要保证。

敏捷制造要把全世界范围内的优势力量集成在一起,因此敏捷制造系统必须采取开放结构。

3. 敏捷制造企业的构想

按照敏捷制造目标及其构成以及敏捷制造系统的特征,构想中的敏捷制造企业应具有以下特征:

(1)敏捷制造企业的产品。

未来的敏捷制造企业能够迅速推出全新产品,或消化吸收外单位的经验和技术成果,不断改进它们的产品,或随着用户需求的变化重新组合产品、更新换代产品。因此,敏捷制造企业必须同其用户和商界建立长远关系,不断了解产品的状况,其中包括交换信息、发展软件、进行对话服务、保存产品变化的记录等,给予用户产品、服务和附加信息的不断变化的组合体。

(2)敏捷制造企业的生产系统。

未来的敏捷企业通过将一些可重新编程、可重新组合、可连续更换的生产系统结合成为一个新的、信息密集的制造系统,可做到使生产成本与批量无关,生产 1 万件同一型号的产品与生产 1 万件不同型号的产品所花费的成本相同。因此,敏捷制造系统将按照订单进行生产,而不是像大量生产方式那样,按照市场预测进行生产。产品的重大创新将伴随着对制造过程的相应改进,以便使成本的增加能够在内部得到抵销,而不是导致产品价格提高。同时,敏捷制造系统生产的产品在质量上也将有明显提高,要使产品在整个使用寿命周期内使买主感到满意。

（3）敏捷制造企业的组织与人员。

在敏捷制造企业中，权力是分散的，而不是集中在指挥链上。敏捷制造公司不是采用以固定的专业部门为基础的静态结构，而是采用动态结构，以满足多功能项目组的需求。在大量生产方式中，人们把技术作为解决制造问题和销售问题的关键，而在敏捷制造系统中，以能运用最佳方式使用技术的人才作为解决问题的关键。企业的工作人员将成为企业最宝贵的财富，为保持人员的技术基础，必须连续进行智力投资。

（六）清洁生产（cleaner production）

【案例思考3－3】

山东省蓬莱啤酒厂位于经济发展迅速的胶东半岛烟台地区，企业现有职工320人，年产“八仙啤酒”20 000吨，工艺设备先进，拥有完整的质量检测机构，啤酒具有青岛啤酒之风味。啤酒厂自投产以来，先后投资40余万元，建废水库（池）5座，储废水能力250 000m^3，废水经一级沉淀后，用于农田灌溉，基本解决了啤酒生产所产生的废水，厂内现有锅炉两台，均设有除尘装置。

该厂与同类厂比较，吨酒耗水高，啤酒生产过程中啤酒损失严重，从而增加了污染负荷，另外，在生产过程中，其他废物和废酵母、废硅藻土的排放更增加了外排的围绕负荷。厂领导对此非常重视，认识到企业实行清洁生产是企业生存发展的总趋势，因此，决定在厂内开展企业清洁生产的审计工作。

厂里成立了清洁生产审计小组，制订出工作计划，对职工广泛开展宣传、教育。对厂内生产车间等进行了调查，收集了大量的资料，统计汇总了厂内物料、能源消耗的一些数据，绘制了各工序流程图，收集了生产工艺操作规程，有关数据、工艺技术等方面资料。通过现场考察发现，啤酒厂用水消耗量大，啤酒损失高，从而增加了排污量及排污浓度，在有关专家的指导下，确定了削减目标。除了通过管理措施的建立健全，每年可节约水20 000余吨，每年可减少啤酒损失60吨以上，厂里对各方案进行了筛选和可行性分析后，决定实施“酵母压榨、回收酒液”清洁生产方案。

发酵过程排放啤酒酵母时，浆状酵母泥中含有大量酒液，排放时带走的酒液在全厂总的酒损中占相当大的比例，在排放酵母时造成的酒损约为2.2%，这些酒液的回收，对降低生产成本，减少啤酒损失及削减污染方面有重大意义，同时如果直接排放至地沟内，给环境带来了危害。在借鉴同行厂家经验后，决定采用压榨方法回收废酵母中啤酒的方案。

酵母压榨，回收酒液方案可减少啤酒损失2%，按年产20 000吨啤酒计，年可回收啤酒400吨，按每吨啤酒1 400元的价格计，年可增加经济收益56万元，年减少污染排放6吨，并将可回收的酵母出售，减少废酵母排放给环境造成的危害，大大削减了污染负荷，取得了良好的经济、环境和社会效益。总的投资费用为275万元，年运行费节省80万元，年增加现金流量90万元左右，投资偿还期不大于4年。

（1）山东省蓬莱啤酒厂采用什么方式减少污染，增加效益？

（2）什么是清洁生产？

（3）清洁生产给该厂带来了哪些具体效益？对整个社会带来哪些益处？

1. 清洁生产的概念

清洁生产在不同的发展阶段或者不同的国家有不同的叫法,例如“废物减量化”“无废工艺”等。

联合国环境规划署与环境规划中心综合各种说法,采用了“清洁生产”这一术语,并对其给出了以下定义:清洁生产是一种新的创造性的思想,该思想将整体预防的环境战略持续应用于生产过程、产品和服务中,以增加生态效率和减少人类及环境的风险。

对生产过程,要求节约原材料与能源,淘汰有毒原材料,减降所有废弃物的数量与毒性;对产品,要求减少从原材料提炼到产品最终处置的全生命周期的不利影响;对服务,要求将环境因素纳入设计与所提供的服务中。

《中国21世纪议程》的定义:清洁生产是指既可满足人们的需要又可合理使用自然资源和能源并保护环境的实用生产方法和措施,其实质是一种物料和能耗最少的人类生产活动的规划和管理,将废物减量化、资源化和无害化,或消灭于生产过程之中。

综上所述,清洁生产的定义包含了两个全过程控制:

(1)生产全过程。

对生产过程而言,清洁生产包括节约原材料与能源,尽可能不用有毒原材料或在生产过程中就减少它们的数量和毒性。

(2)产品整个生命周期全过程。

对产品而言,则是从原材料获取到产品最终处置过程中,尽可能将对环境的影响减少到最低。

2. 清洁生产的内涵

清洁生产的观念主要强调三个重点:

(1)清洁能源。

尽可能开发利用可再生能源以及合理利用常规能源,包括开发节能技术。

(2)清洁生产过程。

包括尽可能不用或少用有毒有害原料和中间产品。对原材料和中间产品进行回收,改善管理、提高效率。

(3)清洁产品。

包括以不危害人体健康和生态环境为主导因素来考虑产品的制造过程甚至使用之后的回收利用,减少原材料和能源使用。

3. 清洁生产的意义

清洁生产是生产者、消费者、社会三方面谋求利益最大化的集中体现:

(1)它是从资源节约和环境保护两个方面对工业产品生产从设计开始,到产品使用后直至最终处置,给予了全过程的考虑和要求。

(2)它不仅对生产,而且对服务也要求考虑对环境的影响。

(3)它对工业废弃物实行费用有效的削减,一改传统的不顾费用有效或单一末端控制办法。

(4)它可提高企业的生产效率和经济效益,与末端处理相比,成为受到企业欢迎的新事物。

(5)它着眼于全球环境的彻底保护,为人类社会共建一个洁净的地球带来了希望。

【案例分析3-3】

(1)山东省蓬莱啤酒厂以清洁生产理念为指导,具体来说通过“酵母压榨、回收酒液”清洁生产方案,降低了企业排放污染,提高了企业效率。

(2)清洁生产在不同国家、不同时期说法不太一致,但其基本内涵是一致的,即对产品和产品的生产过程采取预防污染的策略来减少污染物的产生。清洁生产已经成为企业生存发展的总趋势。

(3)通过清洁生产方案,该厂每年可减少啤酒损失400吨,增加经济效益56万元,减少污染排放6吨/年;回收的酵母出售,减少废酵母排放给环境造成的危害,大大降低了污染,取得了良好的经济、环境和社会效益;年运行费总的节省金额为80万元,年增加现金流量90万元左右。

(七)循环经济

1. 循环经济的定义和内涵

循环经济的思想萌芽诞生于20世纪60年代的美国。“循环经济”一词,首先由美国经济学家K. 波尔丁提出,主要指在人、自然资源和科学技术的大系统内,在资源投入、企业生产、产品消费及其废弃的全过程中,把传统的依赖资源消耗的线性增长经济,转变为依靠生态型资源循环来发展的经济。“循环经济”这一术语于90年代中期在中国出现,学术界在研究过程中已从资源综合利用的角度、环境保护的角度、技术范式的角度、经济形态和增长方式的角度、广义和狭义的角度等不同角度对其作了多种界定。

当前,社会上普遍推行的是国家发改委对循环经济的定义:“循环经济是一种以资源的高效利用和循环利用为核心,以‘减量化、再利用、资源化’为原则,以低消耗、低排放、高效率为基本特征,符合可持续发展理念的经济增长模式,是对‘大量生产、大量消费、大量废弃’的传统增长模式的根本变革。”这一定义不仅指出了循环经济的核心、原则、特征,同时也指出了循环经济是符合可持续发展理念的经济增长模式,抓住了当前中国资源相对短缺而又大量消耗的症结,对解决中国经济发展的瓶颈制约具有迫切的现实意义。

循环经济,本质上是一种生态经济,循环经济的理论基础应当说是生态经济理论。与传统经济相比,循环经济的不同之处在于:传统经济是一种由“资源—产品—污染排放”单向流动的线性经济,其特征是高开采、低利用、高排放。在这种经济中,人们高强度地把地球上的物质和能源提取出来,然后又把污染和废物大量地排放到水系、空气和土壤中,对资源的利用是粗放的和一次性的,通过把资源持续不断地变成为废物来实现经济的数量型增长。与此不同,循环经济倡导的是一种与环境和谐的经济发展模式。它要求把经济活动组织成一个“资源—产品—再生资源”的反馈式流程,其特征是低开采、高利用、低排放。所有的物质和能源要能在这个不断进行的经济循环中得到合理和持久的利用,以把经济活动对自然环境的影响降低到尽可能小的程度。

循环经济是一种以资源高效利用和循环利用为核心,以“3R”(减量化 reduce、再使用 reuse、再循环 recycle)为原则;以低消耗、低排放、高效率为基本特征;以生态产业链为发展载体;

以清洁生产为重要手段，达到实现物质资源的有效利用和经济与生态的可持续发展。

【小资料】

现在学术界提出了“4R”“5R”“6R”原则，除“3R”外加上“再组织”“再思考”“再制造”“再修复”等，这些原则是针对某些不同层面或领域，如管理层面、意识层面或某些行业领域提出的更加具体、具有针对性的原则，具有合理性，但不能取代“3R”原则的基本性和普遍性。

2. 循环经济的主要特征

传统经济是“资源—产品—废弃物”的单向直线过程，创造的财富越多，消耗的资源和产生的废弃物就越多，对环境资源的负面影响也就越大。循环经济则以尽可能小的资源消耗和环境成本，获得尽可能大的经济和社会效益，从而使经济系统与自然生态系统的物质循环过程相互和谐，促进资源永续利用。在资源开采环节，注重提高资源综合开发和回收利用率；在资源消耗环节，注重提高资源利用效率；在废弃物产生环节，注重资源综合利用；在再生资源产生环节，注重回收和循环利用各种废旧资源；在社会消费环节，提倡绿色消费。

循环经济作为一种科学的发展观，一种全新的经济发展模式，具有其自身的独立特征，主要体现在以下几个方面：

（1）新的系统观。循环经济观要求人在考虑生产和消费时不再置身于这一大系统之外，而是将自己作为这个大系统的一部分来研究符合客观规律的经济原则。

（2）新的经济观。在传统工业经济的各要素中，资本在循环，劳动力在循环，而唯独自然资源没有形成循环。循环经济观要求运用生态学规律，不仅要考虑工程承载能力，还要考虑生态承载能力。

（3）新的价值观。循环经济观在考虑自然时，将其作为人类赖以生存的基础，是需要维持良性循环的生态系统；在考虑科学技术时，不仅考虑其对自然的开发能力，而且要充分考虑到它对生态系统的修复能力，使之成为有益于环境的技术；在考虑人自身的发展时，不仅考虑人对自然的征服能力，而且更重视人与自然和谐相处的能力，促进人的全面发展。

（4）新的生产观。循环经济的生产观念是要充分考虑自然生态系统的承载能力，尽可能地节约自然资源，不断提高自然资源的利用效率，循环使用资源，创造良性的社会财富。

（5）新的消费观。循环经济观提倡物质的适度消费、层次消费，在消费的同时就考虑到废弃物的资源化，建立循环生产和消费的观念。

3. “3R”原则的内涵

从理论上讲，3R——“减量化、再利用、再循环”可包括以下三个层次的内容：

（1）产品的绿色设计中贯穿“减量化、再利用、再循环”的理念。绿色设计具体包含了产品从创意、构思、原材料与工艺的无污染、无毒害选择到制造、使用以及废弃后的回收处理、再利用等各个环节的设计，也就是包括产品的整个生命周期的设计。要求设计师在考虑产品基本功能属性的同时，还要预先考虑防止产品及工艺对环境的负面影响。

（2）物质资源在其开发、利用的整个生命周期内贯穿“减量化、再利用、再循环”的理念。即在资源开发阶段考虑合理开发和资源的多级重复利用；在产品和生产工艺设计阶段考虑面向产品的再利用和再循环的设计思想；在生产工艺体系设计中考虑资源的多级利用、生产工艺的集成化标准化设计思想；生产过程、产品运输及销售阶段考虑过程集成化和废物的再利用；在流通和消费阶段考虑延长产品使用寿命和实现资源的多次利用；在生命周期末端阶段考虑资源的重复利用和废物的再回收、再循环。

(3)生态环境资源的再开发利用和循环利用。即环境中可再生资源的再生产和再利用，空间、环境资源的再修复、再利用和循环利用。

【案例思考3－4】

走进江苏永钢集团，有精致清爽的厂房，宽阔洁净的道路，郁郁葱葱的绿化，清澈的河道里，还有野鸭、白鹭嬉戏水面，俨然一座"花园"钢厂。而在人们传统的印象中，钢厂一般是管网多杂，黑灰遍地。现在，这个印象要改变了。

走循环经济的道路，使钢厂获得发展。2009年，永钢实现了炼钢446万吨、轧钢445万吨，销售收入260亿元、利税23.5亿元的成绩。永钢各类能耗指标均达到全国同行业先进水平，获得各类节能减排专项奖金1 090万元。

目前，永钢更倾向于资源节约、循环利用和产业升级等方面发展。2009年先后投入5.9亿元，开工建设了技术改造、节能减排等54个项目，使企业产能进一步扩大，发展后劲得到了增强。

废水、废气、废渣，是传统工业中的"三废"，但永钢管它们叫工业的"小三宝"。污水处理厂，永钢有两个，废水进来再出去，可达城镇污水处理1级A排放标准。10万立方米的高炉煤气柜，永钢也有两个，废气回收净化后，通过管道再送往各个生产车间作为加热燃料。高炉水渣，永钢建了矿渣微粉厂，用作水泥原料；钢渣，破碎磁选后，送到烧结厂做原料；尾渣，永钢自己的建筑公司拿来做建筑用砖；就连灰尘，永钢也不放过，用布袋除尘系统回收起来后，送到烧结厂做原料。

2009年，永钢回收利用废气总量47.73亿立方米，高炉水渣130万吨，钢渣80万吨，尾渣4万吨，除尘灰3.5万吨。变工业"三废"为工业"小三宝"的同时，生产成本有效降低，全年吨钢综合能耗低于全国平均值，位列全国大中型钢铁企业第9名。

(1)江苏永钢集团为什么能成为"花园"钢厂？

(2)什么是循环经济？

(3)该集团如何变工业"三废"为工业"小三宝"？

4. 发展有中国特色的循环经济

面对经济发展中如影随形的高消耗、高污染和资源环境约束问题，中国开始寻求经济增长模式的全面转变，走节约型发展道路。我国循环经济的发展要注重从不同层面协调发展。即小循环、中循环、大循环和资源再生产业。

(1)小循环——在企业层面选择典型企业和大型企业，根据生态效率理念，通过产品生态设计、清洁生产等措施进行单个企业的生态工业试点。

(2)中循环——在区域层面按照工业生态学原理，通过企业间的物质集成、能量集成和信息集成，在企业间形成共生关系，建立工业生态园区。

(3)大循环——在社会层面进行循环型城市和省区的建立，最终建成循环经济型社会。

(4)资源再生产业——建立废物和废旧资源的处理、处置和再生产业，从根本上解决废物和废旧资源在全社会的循环利用问题。

【案例分析 3-4】

(1)江苏永钢集团走资源节约、循环利用资源的发展道路,在取得企业经济效益的同时,把经济活动对自然环境的影响降低到尽可能小的程度。

(2)循环经济是一种以资源的高效利用和循环利用为核心,以“减量化、再利用、资源化”为原则,以低消耗、低排放、高效率为基本特征,符合可持续发展理念的经济增长模式,是对“大量生产、大量消费、大量废弃”的传统增长模式的根本变革。

(3)在整个生产过程中坚持 3R 原则,通过污水处理厂,废水进来再出去,可达城镇污水处理 1 级 A 排放标准。通过 10 万立方米的高炉煤气柜,废气回收净化后,通过管道再送往各个生产车间作为加热燃料。高炉水渣,被用作水泥原料;钢渣被送到烧结厂做原料;尾渣用来做建筑用砖。

小　结

本节介绍了一些先进的生产方式和理念:计算机集成制造系统、柔性制造系统、准时生产方式、精益生产、敏捷制造、清洁生产和循环经济。从而达到能够为企业优化生产运作、选择和实施合适生产方式的能力。

课外实训项目

(1)某企业设备组共有 12 台机器,每台机器全年有效工作时间为 8 860 小时。生产甲乙丙丁四种产品,其计划产量分别是 400 件、1 000 件、600 件、200 件,单位产品台时定额(台时/台)分别是 18、60、30、90,试用代表产品法求该企业设备组生产能力。

(2)找一家熟悉的企业,分析其生产管理过程,对存在的问题提出自己的建议。

第二节　企业物流管理

知识目标

※了解物流管理

※了解企业物流过程

※熟悉企业物流工作

能力目标

※能够为企业进行物流管理

※能够实践和运作企业物流管理

相关知识

一、物流管理概述

(一)物流管理

1. 物流的定义

物流是一门新兴的学科。第二次世界大战期间,美军运用了一套将各种战略物资及时、准确地送至全球各地的科学方法,这套方法称为logistics(后勤)。战后,这套方法被发展、运用在企业的采购、生产与销售的业务流程中,物流活动在"有效性"与"计划、执行、控制"方面有了根本性改观,取得了良好的经济效益,logistics成为物流公司的代名词。

现代物流是指基于满足顾客需求以及对成本与效益的考虑而进行的涉及生产、销售、消费全过程的物资及其信息的系统流动过程。

2. 物流的特点

(1)现代物流是指生产、流通、消费过程的全部物流活动,包括原材料采购与供应、生产、销售、退货以及废弃物处理各个阶段的物流。

(2)现代物流不仅重视效率,更重视效果,即强调物流过程中的投入(成本)与产出(增加销售额或利润)之间的对比关系。

(3)现代物流不仅强调物流各构成要素的整体最佳,而且还强调物流活动与其他生产经营活动之间的整体最佳,如库存的一体化管理、信息管理及按需生产。

(4)重视物流顾客的服务。

【小资料】

国际上物流管理的发展经历了三个阶段:

(1)运输管理阶段。在这个初级阶段,物流管理只是在既定数量的成品生产出来后,被动地去迎合客户需求,将产品运到客户指定的地点,并在运输的领域内去实现资源最优化使用,合理设置各配送中心的库存量。

(2)物流管理阶段。在这个阶段,物流管理的范围扩展到除运输外的需求预测、采购、生产计划、存货管理、配送与客户服务等,以系统化管理企业的运作,达到整体效益的最大化。

(3)供应链管理阶段。20世纪90年代随着全球一体化的进程,企业分工越来越细化。它要求与各级供应商,分销商建立紧密的合作伙伴关系,共享信息,精确配合,集成跨企业供应链上的关键商业流程,才能保证整个流程的畅通。只有实施有效的供应链管理,方可达到同一供应链上企业间协同作用的最大化。

3. 物流管理的目的

实施物流管理的目的就是要在尽可能低的总成本条件下实现既定的客户服务水平,即寻求服务优势和成本优势的一种动态平衡,并由此创造企业在竞争中的战略优势。根据这个目标，物流管理要解决的基本问题，简单地说，就是把合适的产品以合适的数量和合适的价格在合适的时间和合适的地点提供给客户。故物流管理的基本功能要求包括快速反应、最小变异、最低库存、整合运输、产品质量以及生命周期支持等。

（1）快速反应。

快速反应关系到企业能否及时满足客户的服务需求的能力。信息技术提高了在尽可能短的时间内完成物流作业，并尽快交付所需存货的能力。快速反应的能力把物流作业的重点从根据预测和对存货储备的预期，转移到从装运到装运方式对客户需求作出迅速反应上来。

（2）最小变异。

就是尽可能控制任何会破坏物流系统表现的、意想不到的事件。这些事件包括客户收到订货的时间被延迟、制造中发生意想不到的损坏、货物交付到不正确的地点等。传统解决变异的方法是建立安全储备存货或使用高成本的溢价运输。信息技术的使用使积极的物流控制成为可能。

（3）最低库存。

其目标是减少资产负担和提高相关的周转速度。保持最低库存就是要把存货减少到与客户服务目标相一致的最低水平。

（4）整合运输。

最重要的物流成本之一是运输。一般来说，运输规模越大即需要运输的距离越长，每单位的运输成本就越低。这就需要有创新的规划，把小批量的装运聚集成集中的、具有较大批量的整合运输。

（5）产品质量及生命周期支持。

由于物流作业必须在任何时间，跨越广阔的地域来进行，对产品质量的要求被强化，因为绝大多数物流作业是在监督者的视野之外进行的。由于不正确的装运或运输中的损坏导致重做客户订货所花的费用，远比第一次就正确地履行所花费的费用多。物流管理要维持全面质量管理。

（6）其他。

某些对产品生命周期有严格要求的行业，回收产品和存货也是构成物流作业成本的重要部分。

4. 物流管理的分类

根据不同分类标准，可以将物流管理作如下分类：

（1）宏观物流与微观物流。

宏观物流是指社会再生产总体的物流活动，是从社会再生产总体的角度来认识和研究物流活动。宏观物流主要研究社会再生产过程物流活动的运行规律以及物流活动的总体行为。微观物流是指消费者、生产者企业所从事的实际的、具体的物流活动。在整个物流活动过程中，微观物流仅涉及系统中的一个局部、一个环节或一个地区。

（2）社会物流和企业物流。

社会物流是以面向社会为目的的物流，超越单个企业物流界限。这种物流的社会性很强，经常是由专业的物流承担者来完成。企业物流是从企业角度上研究与之有关的物流活动，是具体的、微观的物流活动的典型领域，它由企业生产物流、企业供应物流、企业销售物流、企业回收物流、企业废弃物物流几部分组成。

(3)国际物流和区域物流。

国际物流是不同国家之间的物流，这种物流是国际间贸易的一个必然组成部分，各国之间的相互贸易最终通过国际物流来实现。区域物流是相对于国际物流而言的概念，指一个国家范围之内的物流，如一个城市的物流，一个经济区域的物流均属于区域物流。

5. 物流管理的意义

事实与实践已经证明，由于物流能够大幅度降低企业的总成本，加快企业资金周转，减少库存积压，促进利润率上升，从而给企业带来可观的经济效益，国际上普遍把物流称为"降低成本的最后边界"，排在降低原材料消耗、提高劳动生产率之后的企业的"第三利润源泉"。

(1)物流管理能够在提供给顾客"合适"而满意的商品的整个过程中起到重要作用，尤其是合适的地点、时间、包装、价格及信息等。从现代意义说，这些"合适"与合适的产品与质量同等重要。

(2)物流管理对于企业及整个供应链上的企业联盟大幅度降低成本具有极其重要的意义。传统的企业管理中，产品的整个生产周期和流通周期拉得很长。实际上，在从原材料开始到产品交到顾客手中的整个周期中，产品加工生产所需时间只是很少的一部分，其余的大部分时间都处于运输、存储、等待的状态。可见，在配送、流通环节降低成本将大有潜力，而这主要取决于物流管理。

(3)生产运作全球化的发展趋势使物流管理在竞争中更为重要。全球生产运作的最主要特点是全球布置生产设施，全球采购物料，产品全球流动。全球生产、全球运作的好处是显而易见的：物料的全球采购通过选择具有最低成本的供应商可以降低物料费用，全球范围内选择生产设施可通过在劳动力成本最低的地区建厂降低生产成本，产品的全球流动可开拓新的消费者地区等。

(二)典型的企业物流过程

从企业角度研究物流，典型的物流过程包括供应物流、生产物流、销售物流、回收物流和废弃物物流。

1. 供应物流

供应物流是物资从其生产者或持有者流转到购买者或使用者的物流过程。这里的"生产者"是指生产企业；"持有者"一般指物资供销企业、商业企业等；"购买者或使用者"主要是直接消耗物资的生产企业；"物资"主要是指原材料、辅助材料、机器设备等生产资料。"流转"主要是指物资的采购、运输、储存、加工、分类或包装、装卸搬运、配送等活动。

供应物流管理是为保障企业物料供应而对供应物流全过程进行控制和管理的活动。它不仅仅是要保证实现供应的目标，而且要在低成本、少消耗、高可靠性的限制下来组织供应物流活动。

(1)供应物流的组成。

①采购。采购工作是供应物流与社会物流的衔接点，是依据生产企业"生产—供应—采购"计划来进行原材料外购的作业层，负责市场资源、供货厂家、市场变化等信息的采集和反馈。

②生产资料供应。供应工作是供应物流与生产物流的衔接点，是依据"供应计划和消耗

定额"进行生产资料供给的作业层,负责原材料消耗的控制。

③仓储、库存管理。仓储管理工作是供应物流的转换点,负责生产资料的接货和发货以及物料保管工作;库存管理工作是供应物流的重要部分,依据企业生产计划制订供应和采购计划,并负责制订库存控制策略及计划的执行与反馈修改。

④装卸、搬运。装卸、搬运工作是对原材料接货、发货、堆码时进行的操作。虽然装卸、搬运是随着运输和保管而产生的作业,却是衔接供应物流中其他活动的重要组成部分。

(2)供应物流管理功能。

供应物流管理是企业管理的重要组成部分。物资的采办、仓储、供应是供应物流管理的核心,运输是连接各个节点的手段。从供应物流管理活动的顺序看,供应物流管理从原材料供应计划开始,包括物资需用量的确定、采购、接运、验收入库、库存、内部搬运、发料、配送等一系列业务活动。从管理的主要对象看,供应物流管理涵盖了仓储设施、机具设备、材料、仪器等的管理,以及对从事供应物流管理的人员、效益、信息等的管理。但主要功能如下:

①准确预测物流需求。在供应物流环节,物流需求依附于生产需求。同时,物流资源现状、安排,物流能力等,是生产和供应计划能否顺利执行以及库存储备安排的基础。这就需要生产、供应、库存和物流各部门协同制订一体化的整体计划。

②合理控制库存。供应物流一旦中断,将会使企业生产陷入停顿,为保障生产的正常进行并能应对紧急情况,企业往往需要持有一定的安全储备。对于采用 JIT 生产方式的企业,对物料供应时序要求严格,需要物流部门和生产部门的即时协同,才能完成各种物料按时、按地、按量送达,以保证库存量的减少。

③科学制定采购决策。采购决策是在前述两项安排的基础上进行的,其主要内容包括市场资源调查分析、制订采购计划、执行采购计划、采购监管和采购评价。

④优化供应物流保障。在物流运作中,市场环境是动态的,诸多不确定性因素都有可能对物流运作造成影响。因此,在供应物流运作启动前,尽可能对未来可能出现的不确定性因素进行估测,以优化供应物流保障。

2. 生产物流

生产物流是制造产品的企业所特有的,它与生产流程同步。原材料、半成品等按照工艺流程在各个加工点之间不停顿地移动、流转形成生产物流。如果生产物流中断,生产过程也将随之停顿。生产物流合理化对生产秩序和生产成本有很大影响。生产物流均衡稳定,可以保证在制品的顺畅流转,缩短生产周期。

企业生产物流既是生产对物流的需求,也是企业供应物流在企业内的延续。企业生产物流是社会物流系统在企业内部的延续和表现形式。

(1)物流对生产制造的作用。

物流为生产制造的连续性提供了保障;通过物流系统的改善降低成本,企业从内部挖掘潜力,开辟新的利润源泉;物流状况对生产环境和生产秩序起着决定性的影响。

(2)生产物流管理的基本要求。

生产物流管理是指对生产过程中的物料流和信息流进行科学的规划、组织和控制在制品的形态,从一个生产单位流入另一个生产单位,按照规定的工艺过程进行制造、储存和流转。

生产物流区别于其他物流系统的最显著特点是它和企业生产紧密联系在一起。只有合理进行生产物流管理，才有可能使生产过程始终处于最佳状态。如果生产物流管理水平低，达不到基本要求，即使生产条件、设备再好，也不可能顺利完成生产过程，更谈不上取得较高的经济效益。

合理的生产物流管理和企业生产特性相一致，其基本要求包括五个方面：

①生产物流的连续性。

②生产物流的平行性。

③生产物流的节奏性。

④生产物流的比例性。

⑤生产物流的适应性。

(3)生产物流管理的内容。

①生产物流的成本管理。加强生产物流费用的管理对降低成本、提高生产物流活动的经济效益具有非常重要的意义。通过对生产物流成本的设计，可以理解生产物流成本的大小和它在生产成本中所占的地位，从而提高企业内部对生产物流重要性的认识，并且从生产物流成本的分布，可以发现生产物流中存在的问题。

②生产物流的质量管理。生产物流质量管理既包含生产物流对象质量，又包含生产物流手段和方法的质量，还包含工作质量，是一种全面的质量观。

③生产物流的库存管理。组织物资储存对生产是非常重要的。储存应以保证生产的需要为限度。不是越多越好，也不是越少越好，多了会造成积压，少了又会影响生产。因此，要求进行合理储存。

3. 销售物流

企业的产品只有通过销售才能实现其价值，从而创造利润，实现企业价值。销售物流是企业在销售过程中，将产品的所有权转移给用户的物流活动，是产品从生产地到用户的时间和空间的转移。它与企业销售系统相配合共同完成产成品的销售任务。企业的销售系统通过一系列营销手段出售产品，利用物流服务满足消费者的需求，实现产品的价值和使用价值。

(1)销售物流的主要环节。

企业在产品制造完成后，需要及时组织销售物流，使产品能够及时、准确、完好地送达客户指定的地点。为了保证销售物流的顺利完成，实现企业以最少的物流成本满足客户需要的目的，企业需要在产成品包装、储存、发送运输、订单及信息处理、装卸搬运等方面做好工作。

①产品包装。包装是企业生产物流系统的终点，也是销售物流系统的起点。产品包装包括销售包装和运输包装，其中产成品的运输包装在销售物流过程中要起到便于保护、仓储、运输、装卸搬运的作用。因此，在包装材料、包装形式上，既要考虑储存、运输等环节的方便，又要考虑材料及工艺的成本。

②产品储存。保持合理库存水平，及时满足客户需求。

③订单处理。企业在订单处理过程中，既要考虑订单的产销协调，又要考虑与物流的协调，同时最大限度地为客户提供方便。企业为客户提供的订货方式越方便、越经济，就越能吸引客户。

④发送运输。不论销售渠道如何，也不论是消费者直接取货，还是生产者或供应者直接发货给客户，企业的产成品都要通过运输才能到达客户指定的地点。而运输方式的确定需要参

考产成品的批量、运送距离、地理等条件。

⑤装卸搬运。客户希望在物料搬运设备方面的投资最小化，例如，客户要求供应商以其使用尺寸的标准交货，也有可能要求将特殊货物集中在一起装车，这样他们就可以直接再装运，而不需要重新分类。

【小资料】

目前很多企业对物流服务要求的标准水平，已经从“97－3”提高到“98－2”，其含义是：97%的企业要求物流服务的时效从3天72小时，提高到98%的企业要求时效为2天48小时。还有一个意思就是差错率由3%下降到2%，也就是说目前销售商要求制造企业的供货差错率低于2%。因此制造企业在销售物流整个过程中要保证产品在预定的时间、以足够的数量及承诺的质量送到销售商手中。

（2）销售物流管理的观念转变。

对企业销售渠道中的物流、信息流进行高效协调和集成是销售物流管理成功的关键。现代管理观念面临的以下几个重要转变将对企业的销售物流管理实践活动具有指导意义。

①从功能管理向过程管理的转变。传统的管理将销售渠道中的采购、制造、市场营销、配送等功能活动分割开来独立运作，现代管理将销售渠道中的物流活动进行有效集成，实现以提高客户服务水平以及客户价值最大化为目标的面向过程的管理。

②从利润管理向营利性管理转变。传统的管理将利润作为企业管理的重点，利润只是一个绝对指标；现代管理应该用相对指标“营利性”来衡量企业的经营业绩。

③从产品管理向客户管理转变。在买方市场上，销售物流管理的中心是由生产者向消费者倾斜，客户管理就成为销售物流管理的重要内容。

④从交易管理向关系管理转变。传统的分销渠道成员之间的关系是交易关系，现在强调协调分销渠道成员之间的关系，并以此为基础进行交易，以使分销渠道整体的交易成本最小化、收益最大化。

⑤从库存管理向信息管理转变。用信息代替库存，企业持有的是“虚拟库存”，而不是实物库存，只有到销售渠道的最后一个环节才交付实物库存，从而可以大大降低企业持有库存的风险。用及时、准确的信息代替实物库存成为销售物流管理的重要观点。

（3）销售物流管理原则。

对制造企业来说，销售物流管理获得成功的基础是不断加强企业内部管理，即整合企业内部的产品设计、供应、订单执行、生产制造、运输、库存、销售及服务等各个环节。只有实现了企业内部业务流程的集成，才能更好地实现企业之间的协作，将企业内部的业务流程同分销渠道成员的业务流程有机地连接在一起，共享有关信息，缩短距离，提高业务运作及决策的准确性与快速性。企业实施销售物流管理应遵循以下原则：

①根据客户所需的服务特性来划分客户群。

②根据客户需求和企业可获利情况设计企业的物流网络。

③倾听市场的需求信息，及时发现需求变化的早期警报，并据此安排和调整计划。

④与渠道成员建立双赢的合作策略。

⑤在整个分销渠道领域构筑高效的信息平台。

(4)销售物流管理的方法。

在市场日益规范、竞争日趋激烈的情况下,企业可以采取以下方法来提高销售物流管理的水平:

①明确自己在分销渠道中的定位。分销渠道中任何企业都不可能具备分销渠道的所有功能,必须根据自己的相对优势来确定其在分销渠道中的位置,并且依据在渠道中的地位与作用制定相关的发展战略。

②建立物流网络、配送网络。企业的产品能否通过分销渠道快速地分销到目标市场上,实现仓储、运输、配送等物流活动在渠道中的高效运作,其物质基础主要取决于分销渠道中物流网络、配送网络的构建。

③广泛采用信息技术。销售物流高效的管理依赖于信息技术。

4. 回收物流和废弃物物流

回收物流是指不合格物品的返修、退货以及周转使用的包装容器从需方返回到供方的物流活动。回收物流是与传统的正向物流方向正好相反,它的作用是将消费者不再需求的废旧产品运回到生产和制造领域,重新变成新商品或者新商品的一部分。

在可持续经济或生产系统中,回收物流和正向物流一起构成了资源、产品循环流动的渠道。通过正向物流到达消费者手中的产品在失去使用价值后,又通过回收物流重新回到生产者手中,变成了新商品。这样周而复始,使资源达到了最大程度的利用。

按回收物品的渠道来分,回收物流分为退货逆向物流和回收逆向物流,见图 3-5。

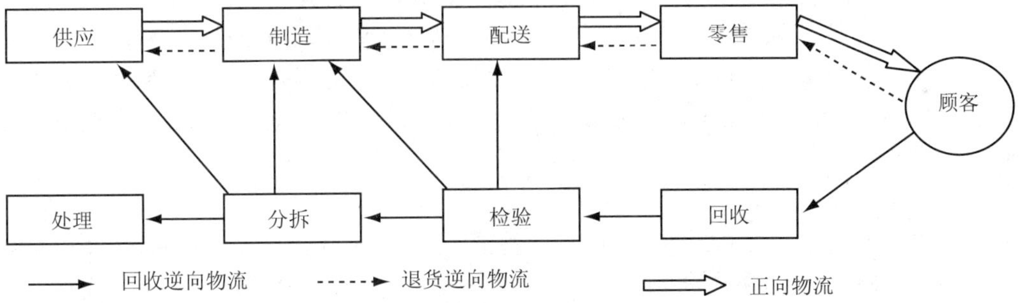

图 3-5 回收物流

5. 废弃物物流

废弃物物流是指将经济活动中失去原有使用价值的物品,根据实际需要进行收集、分类、加工、包装、搬运、储存等,并分别送到专门处理场所时所形成的物品实体流动。它仅从环境保护的角度出发,不管对象物有没有价值或利用价值,而将其妥善处理,以免造成环境污染。

在一个企业中,产品的生产加工过程所产生的余料和废料是不可避免的,如果对上述回收物品的处理不当,往往会影响企业的整个生产环境,例如要占用企业很大的场地和空间,造成浪费和不便;更严重的甚至会造成企业产品的质量问题,影响产品的销售。另外,许多生产企业在进行商品生产的过程中会产生各种无用甚至有害的物质,对这些物质处置得妥当与否将直接影响企业的正常生产,甚至会影响企业的生存和社会的环境。因此,妥当处置企业废弃物物流对企业来讲也是至关重要的。

二、企业主要物流工作

根据上述物流定义和典型的企业物流管理过程,不难看出物流的基本功能包括物质材料的运输、仓储、配送、包装、装卸搬运、流通加工,以及与之相关联的物流信息管理。这也是企业主要的物流工作。

(一)运输管理

运输是物流的中心活动,运输不改变产品的实物形态,不增加其数量,它所完成的是物质材料在产地和所需地间的空间移动,创造商品的空间效用,实现其使用价值。一般将由生产厂经由物流中心向用户提供商品时,生产厂到配送中心的物品空间移动称为“运输”,而从配送中心到用户的物品空间移动则称为“配送”。随着社会经济的发展,特别是连锁经营的发展,“配送”已经从运输中剥离出来成为相对独立的物流活动,在后面将详细介绍。

【案例思考3-5】

罗非鱼是一种热带鱼类,具有生长快、肉质好、没有肌间刺的特点,所以深受广大消费者的欢迎。罗非鱼的一个特点是最低致死温度为8℃~10℃,冻伤后的罗非鱼很容易得水霉病死亡。5月份新疆南部池塘水温已升到20℃以上,适宜罗非鱼的投入,新疆生产建设兵团农一师水产技术推广站要在5月上旬从新疆石河子运输3万尾罗非鱼苗到阿克苏,运距1 200公里,横跨天山南北。本次运输有两个难点:一个是罗非鱼是热带鱼,运输时温度不能低于15℃,但水温又不能太高,水温太高会导致罗非鱼活动加剧,新陈代谢加快,容易引起缺氧;另一个是运输路途长,气候多变,可能引起水温下降太多。经过精心准备,本次运输比较成功,成活率达到了99.8%,投入池塘后也很少看到鱼苗死亡。

一、运输方案的制订

(1)运输时间:下午6:00从石河子出发,第二天中午到达阿克苏市,用时20小时左右。选择这个时间段运输,主要考虑到运达目的地是白天,便于卸鱼;另外则是可避开最高温段,避免水温上升太快。

(2)承运方:找有过长途运输鱼苗经验的卡车司机,并且车况要良好。

(3)运输途中所需物品的准备:准备充足的氧气是关键,另外准备3袋增氧灵,以备急需。其他备用物品有温度计、手电筒等。

(4)关注两地及沿途的天气预报。由于新疆昼夜温差大,5月份天气变化较大,两地距离远等诸多影响因素存在,因此要密切关注天气变化,选择最佳时间运输。

二、运输方案的实施

(1)鱼苗停食两天以上,保证鱼苗在运输前排泄掉大部分有机物,保持运输途中的水质良好。

(2)据天气预报5月9日至10日两地沿途天气晴好,气温在15℃~27℃之间,适宜运输,因此选定在5月9日运输。

(3)运输车辆及所需物品齐备,符合运输要求。

(4)5月9日下午2:00装车,运输用水取自温室大棚池内,水温23℃。

(5)6:00从石河子出发,气温25℃,沿途每隔3~4小时,停车观察鱼的状况和测量水温。在运输途中约300公里的地方,气温急降到12℃,水温降到20℃;约500公里的途中,发现有轻微缺氧现象,采取增大氧气的措施后,鱼苗恢复正常。

(6)5月10日下午4:00到达阿克苏,水温17℃,池塘水温19℃,鱼苗死亡数量不到50尾,成活率99.8%。

思考:

(1)罗非鱼苗为何能成功运输?

(2)谈谈你对如何选择运输方式的看法。

1. 运输方式

运输方式是指为完成客货运输任务而采取的一定性质、类别的技术装备(运输线路和运输工具)和一定的管理手段。现代运输方式有铁路运输、公路运输、水上运输、航空运输和管道运输等。它们的性质、技术经济特点和运用范围也不相同。铁路运输载运量大,连续性强,行驶速度较高,运费较低,运行一般不受气候、地形等自然条件的影响,适合于中长途客货运输;公路运输虽载运量较小,运输成本较高,但机动灵活性较大,连续性较强,适合于中、短途客运和高档工农业产品的运输;水运具有载运量大、运输成本低、投资省、运行速度较慢、灵活性和连续性较差等特点,适于大宗、低值和多种散装货物的运输;航空运输具有速度快、投资少、不受地方地形条件限制、能进行长距离运输等优点,也存在载运量小、运输成本高、易受气候条件影响等缺点,适合于远程客运及高档、外贸货物与急需货物的运输;管道运输具有运量大、运输成本低、灵活性较差等特点,适合于输送量大、货源比较稳定的原油、成品油、天然气和其他液态、气态物资。各种运输方式都有其长处与短处,在充分发挥它们各自优势的同时,需注意相互补充与共同协作。

2. 如何选择合适的运输方式

在各种运输方式中,如何选择适当的运输方式是物流合理化的重要问题。一般来讲,应从物流系统要求的服务水平和允许的物流成本来决定。可以使用一种运输方式也可以使用联运方式。决定运输方式,可以在考虑具体条件的基础上,对下述五个具体项目认真研究考虑:

(1)货物品种。

关于货物品种及性质、形状,应在包装项目中加以说明,选择适合这些货物特性和形状的运输方式,货物对运费的负担能力也要认真考虑。

(2)运输时间。

必须调查各种运输工具所需要的运输时间,根据运输时间来选择运输工具。运输时间的快慢顺序一般情况下依次为航空运输、汽车运输、铁路运输、船舶运输。各运输工具可以按照它的速度编组来安排日程,进行有计划的运输,保证准时交货。

(3)运输成本。

运输成本因货物的种类、重量、容积、运距不同而不同。而且,运输工具不同,运输成本也会发生变化。在考虑运输成本时,必须注意运费与其他物流了系统之间存在着互为利弊的关系,不能只考虑运输费用来决定运输方式,要由全部总成本来决定。

(4)运输距离。

从运输距离看,一般情况下可以依照以下原则:300 公里以内,用汽车运输;300 ~ 500 公里的区间,用铁路运输;500 公里以上,用船舶运输。一般采取这样的选择是比较经济合理的,但是还要综合考虑运输实际情况。

(5)运输批量。

因为大批量运输成本低,应尽可能使商品集中到最终消费者附近,选择合适的运输工具进行运输是降低成本的良策。一般来说,15 ~ 20 吨以下的商品用汽车运输;15 ~ 20 吨以上的商品用铁路运输;数百吨以上的原材料之类的商品,应选择船舶运输。

在上述五个选择条件中,输送货物品种、输送批量和运输送距离三个条件是由物品自身的性质和存放地点决定的,因而属于不可变量。与此相反,运输时间和运输成本是不同运输方式相互竞争的重要条件,运输时间和运输成本必然带来所选择的运输方式的改变,换句话说,这两个因素作为运输机构竞争要素的重要性日益增强。

缩短运输时间与降低运输成本是一种此长彼消的关系。如果要利用快速的运输方式,就有可能增加运输成本;同样,运输成本下降有可能导致运输速度减缓。所以,如何有效地协调这两者间的关系,使其保持一种均衡状态,是企业选择运输方式时必须考虑的重要因素。

【案例分析 3 -5】

(1)充分考虑了罗非鱼苗这样一个特殊的运输对象,选择了适合的运输时间,考虑了运输距离遥远可能带来的问题。总之制定了详细适合的运输方案,并且切实有效地执行了方案。

(2)一个好的运输方案,无论对需求方还是运输方,都会获得好的成本收益。运输服务方式的选择取决于运输服务的众多特性。在这些条件中,主要包括输送货物品种、运输批量、运输距离、运输成本和运输时间。需要综合考虑这些条件,制定和实施合理的运输方案。

(二)仓储管理

仓储就是在特定的场所储存物品的行为。仓储管理就是对仓库及仓库内的物资所进行的管理,是仓储机构为了充分利用所具有的仓储资源提供高效的仓储服务所进行的计划、组织、控制和协调过程。具体来说,仓储管理包括仓储资源的获得、仓储商务管理、仓储流程管理、仓储作业管理、保管管理、安全管理多种管理工作及相关的操作。

1. 仓储的基本经济功能

(1)整合。

装运整合是仓储的一个经济利益,仓库接收来自一系列制造工厂指定送往某一地的材料,然后把它们整合成单一的一票装运,其好处是,有可能实现最低的运输费率,并减少在顾客的收货站台处发生拥塞。

(2)分类和交叉站台。

除了不对产品进行储存外,分类和交叉站台的仓库作业与整合仓库作业相类似。分类仓库或分类站把组合订货分类或分割成个别的订货,并安排当地的运输部门负责递送。交叉站台先从多个制造商处运来整车的货物；收到产品后，如果有标签的，就按顾客进行分类，如果没有标签的，则按地点进行分配；然后，产品穿过"站台"装上指定去适当顾客处的拖车；一旦该拖车装满了来自多个制造商的组合产品后，它就被放行运往零售店去。由于产品不需要储存，降低了搬运成本。

（3）加工/延期。

仓库还可以通过承担加工或参与少量的制造活动，被用来延期或延迟生产。具有包装能力或加标签能力的仓库可以把产品的最后一道生产一直推迟到知道该产品的需求时为止。例如，等到按具体的顾客订单，仓库给产品加上标签，完成最后一道加工，并最后敲定包装。

（4）堆存。

这是仓储服务的直接经济利益，对于所选择的业务来说储存是至关重要的。例如，家具和玩具是全年生产的，但主要是在非常短的一段市场营销期内销售的。与此相反，农产品是在特定的时间内收获的，但底层的消费则是在全年进行的。这两种情况都需要仓库的堆存来支持市场营销活动。堆存提供了存货地点，使生产活动在受到材料来源和顾客需求的限制条件下提高效率。

2. 仓储的保管原则

（1）面向通道进行保管。

为使物品出入库方便，容易在仓库内移动，基本条件是将物品面向通道保管。

（2）尽可能地向高处码放，提高保管效率。

有效利用库内容积，应尽量向高处码放，为防止破损，保证安全，应当尽可能使用棚架等保管设备。

（3）根据出库频率选定位置。

出货和进货频率高的物品，应放在靠近出入口，易于作业的地方；流动性差的物品放在距离出入口稍远的地方；季节性物品则依其季节特性来选定放置的场所。

（4）同一品种在同一地方保管。

为提高作业效率和保管效率，同一物品或类似物品应放在同一地方保管，员工对库内物品放置位置的熟悉程度直接影响着出入库的时间，将类似的物品放在邻近的地方也是提高效率的重要方法。

（5）根据物品重量安排保管的位置。

安排放置场所时，把重的物品放在下边，轻的物品放在货架的上方。需要人工搬运的大型物品则以堆放到腰部的高度为基准。这对提高效率、保证安全是一项重要的原则。

（6）依据形状安排保管方法。

依据物品形状来保管也是很重要的，如标准化的商品应放在托盘或货架上来保管。

（7）依据先进先出的原则。

对于易变质、易破损、易腐败的物品；对于机能易退化、老化的物品，应尽可能按先入先出的原则，加快周转。

3. 库存的分类管理——ABC 分类管理法

仓储的重要功能之一是在物流过程中所有阶段存储库存。仓储为企业在原产地、消费地或者这两地之间存储物品（原材料、部件、在制品、产成品），并向管理者提供有关存储物品的状态、条件和处理情况等信息。

存货有两种基本类型:一种是原材料、部件、零件(实物供应);另一种是产成品(实物分销)。此外,也存在着在制品库存。在管理库存过程中,需要借助于一些设施和管理技术,ABC分类管理法就是最常见的一种库存管理方法。

ABC分析法又称"ABC分类管理法""ABC重点管理法"。一般说来,企业库存物资的品种规格繁多,各种物资的效用、价格及数量也有很大差异,有的物资品种不多但价值很大,而有的物资品种很多但价值不高。而企业资源有限,因此,要根据具体情况,区分轻重缓急,对库存物资进行有选择、有重点的控制与管理。ABC库存物资分类管理法就是这样一种方法。

(1)基本原理。

将品种繁多的物资按其重要程度分为特别重要库存(A类库存)、一般重要的库存(B类库存)和不重要的库存(C类库存)三个等级,然后针对不同级别的库存进行不同形式的管理和控制。

(2)具体分类方法。

将所有库存物资按其所占总库存资金的比例和所占库存总品种数目的比例这两个指标来分类。

①A类库存。品种数目少但资金占用大,A类库存品种占库存品种总数的5%~15%,而其占用资金金额占库存占用资金总额的60%~70%。

②B类库存。品种数目占库存品种总数的20%~30%,其占用资金金额占库存占用资金总额的20%左右。

③C类库存。品种数目大但资金占用小,C类库存品种占库存品种总数的0~70%,而其占用资金金额占库存占用资金总额的15%以下。

以上比例只是近似值,可根据实际情况具体确定。

(3)具体管理。

对库存进行ABC分类之后,便是根据企业的经营策略对不同级别的库存进行不同的管理和控制。

①对A类库存实行严格的集中管理,进行经常性的盘点检查,应尽量控制订货批量,每次批量按下一期的实际需要订购。尽量减少安全库存,以避免过多占用资金。

②对B类库存在管理上实行集中管理与分散管理相结合的管理方式,采用一般管理方法,适当建立安全库存。

③对C类库存进行简单的管理,一般可进行较大批量进货,减少这类库存的管理人员和设施、库存检查时间间隔长,以便有更多的精力集中抓好A类物资的管理。

4. 仓储的一般业务程序

(1)签订仓储合同。

(2)验收货物。

(3)办理入库手续。

(4)货物保管。

(5)货物出库。

(三)配送管理

【案例思考3-6】

沃尔玛公司是全美零售业年销售收入位居第一的著名企业,其前任总裁大卫·格拉斯这样总结:“配送设施是沃尔玛成功的关键之一,如果说我们有什么比别人干得好的话,那就是配送中心。”

其配送中心的基本流程是:供应商将商品送到配送中心后,经过核对采购计划、进行商品检验等程序,分别送到货架的不同位置存放。提出要货计划后,电脑系统将所需商品的存放位置查出,并打印有商店代号的标签。整包装的商品直接由货架上送往传送带,零散的商品由工作台人员取出后也送到传送带上。一般情况下,商店要货的当天就可以将商品送出。

沃尔玛共有六种形式的配送中心:第一种是“干货”配送中心,主要用于生鲜食品以外的日用商品进货、分装、储存和配送,该公司目前这种形式的配送中心数量最多。第二种是食品配送中心,包括不易变质的饮料等食品,以及易变质的生鲜食品等,需要有专门的冷藏仓储和运输设施,直接送货到店。第三种是山姆会员店配送中心,批零结合,有三分之一的会员是小零售商,配送商品的内容和方式同其他业态不同,使用独立的配送中心。第四种是服装配送中心,不直接送货到店,而是分送到其他配送中心。第五种是进口商品配送中心,为整个公司服务,主要作用是大量进口以降低进价,再根据要货情况送往其他配送中心。第六种是退货配送中心,接收店铺因各种原因退回的商品,其中一部分退给供应商,一部分送往折扣商店,一部分就地处理,其收益主要来自出售包装箱的收入和供应商支付的手续费。

(1)根据沃尔玛配送流程思考配送的基本要素有哪些?

(2)配送中心在连锁行业的地位如何?沃尔玛配送中心有哪些类型?

配送是指在经济合理区域范围内,根据客户要求,对物品进行拣选、加工、包装、分割、组配等作业,并按时送达指定地点的物流活动。

配送是物流中一种特殊的、综合的活动形式,是商流与物流紧密结合,包含了商流活动和物流活动,也包含了物流中若干功能要素的一种形式。

从物流来讲,配送几乎包括了所有的物流功能要素,是物流的一个缩影或在某小范围中物流全部活动的体现。一般的配送集装卸、包装、保管、运输于一身,通过这一系列活动完成将货物送达的任务。特殊的配送则还要以加工活动为支撑,所以包括的方面更广。但是,配送的主体活动与一般物流却有所不同,一般物流是运输及保管,而配送则是运输及分拣配货,分拣配货是配送的独特要求,也是配送中有特点的活动,以送货为目的的运输则是最后实现配送的主要手段,因此,常常将配送简化地看成运输中的一种。

1. 配送概念的内涵

(1)配送提供的是物流服务,因此满足顾客对物流服务的需求是配送的前提。在买方市场条件下,顾客的需求是灵活多变的,消费特点是多品种、小批量的,因此单一的送货功能,无法较好地满足广大顾客对物流服务的需求,因此配送活动是多项物流活动的统一体。

(2)配送是“配”与“送”的有机结合。配送与一般送货的重要区别在于,配送利用有效的分拣、配货等理货工作,使送货达到一定的规模,以利用规模优势取得较低的送货成本。只有有组织有计划地“配”才能实现“低成本、快速度”地“送货”,进而有效满足顾客的需求。

(3)配送是在积极合理区域范围内的送货。配送不宜在大范围内实施,通常仅局限在一个城市或地区范围内进行。

2. 配送的要素

(1)集货。

即将分散的或小批量的物品集中起来,以便进行运输,配送的作业。集货是配送的重要环节,为了满足特定客户的配送要求,有时需要把从几家甚至数十家供应商处预订的物品集中,并将要求的物品分配到指定容器和场所。

(2)分拣。

分拣是将物品按品种、出入库先后顺序进行分门别类堆放的作业。分拣是配送不同于其他物流形式的功能要素,也是配送成功的一项重要支持性工作。

(3)配货。

配货是使用各种拣选设备和传输装置,将存放的物品,按客户要求分拣出来,配备齐全,送入指定发货地点。

(4)配装。

在单个客户配送数量不能达到车辆的有效运载负荷时,就存在如何集中不同客户的配送货物,进行搭配装载以充分利用运能、运力的问题,这就需要配装。跟一般送货不同之处在于,通过配装送货可以大大提高送货水平及降低送货成本。

(5)配送运输。

配送运输是短距离、小规模、高频度的运输形式,一般使用汽车做运输工具。配送运输由于配送客户多,一般城市交通路线又较复杂,如何组合成最佳路线,如何使配装和路线有效搭配等,是配送运输的特点,也是难度较大的工作。

(6)配送加工。

配送加工是按照配送客户的要求所进行的流通加工。在配送中,配送加工这一功能要素不具有普遍性,但往往是有重要作用的功能要素。

3. 配送中心

配送中心是接受并处理末端用户的订货信息,对上游运来的多品种货物进行分拣,根据用户订货要求进行拣选、加工、组配等作业,并进行送货的设施、场所和机构。

按照配送中心的内部特性可分为储存型配送中心、流通型配送中心、加工配送中心。储存型配送中心有很强储存功能,美国赫马克配送中心拥有一个有 163 000 个货位的储存区,可见存储能力之大。流通型配送中心基本上没有长期储存功能,仅以暂存或随进随出方式进行配货、送货。日本的阪神配送中心,中心内只有暂存,大量储存则依靠一个大型补给仓库。加工配送中心根据用户的需要或者市场竞争的需要,对配送货物进行加工之后进行配送,世界著名连锁服务店肯德基和麦当劳的配送中心,就是属于这种类型的配送中心。

按照配送中心承担的流通职能可分为供应配送中心、销售配送中心。供应配送中心专门为某个或某些用户(例如连锁店、联合公司)组织供应。销售配送中心以销售经营为目的,以配送为手段。

按运营主体分以生产厂为主的配送中心、以批发商为主的配送中心、以零售商为主的配送中心、以商业企业集团为主的配送中心和以物流企业为主的配送中心。以生产厂为主的配送中心是以家用电器、汽车、化妆品、食品等国有工厂为主。以批发商为主的配送中心是指专职流通业的批发商把多个生产厂的商品集中起来,作为批发商的主体商品。以零售商为主的配送中心一般是指特大型零售店或集团联合性企业所属的配送中心。以商业企业集团为主的配送中心是由商业企业集团组建的完成本企业集团商品供应或销售的配送中心。以物流企业为主的配送中心是为批发企业服务的综合性物流中心。

【小资料】

配送作为连锁业物流的基本功能之一,在其中占有相当重要的地位。大型连锁企业都比较重视配送中心建设,目前连锁企业采用的配送方式主要有:

(1)自建配送中心。此方法适用于已达到一定规模的连锁企业。

(2)社会化的物流配送中心。一些连锁店规模较小,自建配送中心不能取得规模效应,使用专门承担配送任务的社会化物流配送中心。

(3)综合性物流配送中心。许多大型连锁企业的配送中心在自建物流配送系统的基础上,还同时为社会上其他企业配送商品。

4. 配送的作用

(1)推行配送有利于物流运动实现合理化。

(2)完善了运输和整个物流系统。

(3)提高了末端物流的效益。

(4)通过集中库存使企业实现低库存或零库存。

(5)简化事务,方便用户。

(6)提高供应保证程度。

【案例分析3-6】

(1)配送的基本要素:集货、分拣、配货、配装、配送运输、配送加工。

(2)连锁企业一般面向城市或小范围顾客,所以其物流运输要求主要体现在配送方面,配送中心是连锁企业的生命之线。沃尔玛通过设置不同功能配送中心满足其全球零售类型。沃尔玛共有六种形式的配送中心:“干货”配送中心、食品配送中心、山姆会员店配送中心、服装配送中心、进口商品配送中心、退货配送中心。

(四)包装管理

包装是为在流通中保护产品、方便储运、促进销售,按一定的技术方法所采用的容器、材料和辅助物的总称。包装分为为保持商品的品质而进行的工业包装和为使商品能顺理抵达消费者手中、提高商品价值、传递信息等以销售为目的的商品包装。包装既是生产的终点,又是企业物流的起点。

在物流中包装主要有以下四种功能:

1. 保护功能

保护功能,也是包装最基本的功能,即使商品不受各种外力的损坏。一件商品,要经多次流通,才能走进商场或其他场所,最终到消费者手中,这期间,需要经过装卸、运输、库存、陈列、销售等环节,这些环节都会威胁到商品的安全。因此,包装保证商品在流通过程中的安全。

2. 便利功能

包装使得商品便于使用、携带、存放等,在物流过程中更加方便装卸搬运、存储和运输。

3. 销售功能

产品最终要直接面向消费者。好的包装,能直接吸引消费者的视线,让消费者产生强烈的购买欲。

4. 信息传输

包装是现代物流各项活动的信息载体。可以通过条码、射频等技术将物流、产品信息附着在包装上,然后在物流活动中快速准确地读取信息。

(五)装卸搬运管理

装卸搬运是伴随输送和保管产生的,它是对运输、保管、包装、流通加工等物流活动进行衔接的中间环节,包括装、卸、堆垛、入库、出库以及连接以上各项动作的短程搬运。

装卸搬运在物流活动过程中频繁发生,每次都要花费很长时间,所以往往成为决定物流速度的关键。装卸活动所消耗的人力也很多,所以装卸费用在物流成本中所占的比重也较高。因此,为了降低物流费用,装卸是个重要环节。

【小资料】

据统计,火车货运以500公里为分歧点,运距超过500公里,运输在途时间多于起止的装卸时间;运距低于500公里,装卸时间则超过实际运输时间。

美国与日本之间的远洋船运,一个往返需25天,运输时间13天,装卸时间12天。

我国对生产物流的统计,机械工厂每生产1吨成品,需进行252吨次的装卸搬运。

装卸搬运具备以下几个特点:

1. 装卸搬运是附属性、伴生性的活动

装卸搬运是物流每一项活动开始及结束时必然发生的活动,因而有时被人忽视,有时被看作其他操作不可缺少的组成部分。例如,一般而言的“汽车运输”,就实际包含了相随的装卸搬运;“仓库中”即泛指的保管活动,也含有装卸搬运活动。

2. 装卸搬运是支持、保障性活动

装卸搬运的附属性不能理解成被动的,实际上,装卸搬运对其他物流活动有一定决定性。装卸搬运会影响其他物流活动的质量和速度,例如,装车不当,会引起运输过程中的损失;卸放不当,会引起货物转换成下一步运动的困难。许多物流活动在有效的装卸搬运支持下,才能实现高水平。

3. 装卸搬运是衔接性的活动

在任何其他物流活动互相过渡时,都是以装卸搬运来衔接,是物流各功能之间能否形成有机联系和紧密衔接的关键。联合运输方式就是着力解决这种衔接而实现的。

（六）流通加工管理

流通加工是物流活动中的一种辅助性的加工活动，根据需要施加包装、分割、计量、分拣、刷标志、拴标签、组装等简单作业。它是为了弥补生产过程加工程度不足而进行的对商品的进一步加工，是现代物流发展的一个重要趋势。

1. 流通加工功能

（1）克服生产和消费之间的分离，更有效地满足消费需求。

（2）提高加工效率和原材料利用率。

集中进行流通加工，可以采用技术先进、加工量大、效率高的设备，不但提高了加工质量，而且提高了使用率和加工效率。集中进行加工还可以将生产企业生产的简单规格产品，按照客户的不同要求，进行集中下料，做到量材使用，合理套裁，减少剩余料。

（3）提高物流效率。

有的产品的形态、尺寸、重量等比较特殊，如过大、过重产品不进行适当分解就无法装卸运输，生鲜食品不经过冷冻、保鲜处理，在物流过程中就容易变质腐烂等。对这些产品进行适当加工，可以方便装卸搬运、储存、运输和配送，从而提高物流效率。

（4）促进销售。

流通加工对于促进销售也有积极的作用，特别是在市场竞争日益激烈的条件下，流通加工成为重要的促销手段。例如，将运输包装改换成销售包装，改变商品形象以吸引消费者；将蔬菜、肉类洗净切块分包以满足消费者的要求。

2. 流通加工的类型

根据不同的目的，流通加工具有不同的类型：

（1）为适应多样化需要的流通加工。

生产部门为了实现高效率、大批量的生产，其产品往往不能完全满足用户的要求。这样，为了满足用户对产品多样化的需求，同时又要保证高效率的大生产，可将生产出来的单一化、标准化的产品进行多样化的改制加工。例如，对钢材卷板的舒展、剪切加工；平板玻璃按需要规格的开片加工；木材改制成枕木、板材、方材等加工。

（2）为方便消费、省力的流通加工。

根据下游生产的需要将商品加工成生产直接可用的状态。例如将水泥制成混凝土拌和料，使用时只需稍加搅拌即可使用等。

（3）为保护产品所进行的流通加工。

在物流过程中，为了保护商品的使用价值，延长商品在生产和使用期间的寿命，防止商品在运输、储存、装卸搬运、包装等过程中遭受损失，可以采取稳固、改装、保鲜、冷冻、涂油等方式。例如，水产品、肉类、蛋类的保鲜、保质的冷冻加工、防腐加工等。

（4）为弥补生产领域加工不足的流通加工。

由于受到各种因素的限制，许多产品在生产领域的加工只能到一定程度，而不能完全实现终极的加工。例如，木材如果在产地完成成材加工或制成木制品的话，就会给运输带来极大的困难，所以，在生产领域只能加工到圆木、板、方材这个程度，进一步的下料、切裁、处理等加工则由流通加工完成。

（5）为促进销售的流通加工。

流通加工也可以起到促进销售的作用。比如，将过大包装或散装物分装成适合依次销售的小包装的分装加工。

（6）为提高物流效率、降低物流损失的流通加工。

有些商品本身的形态使之难以进行物流操作，而且商品在运输、装卸搬运过程中极易受损，因此需要进行适当的流通加工加以弥补，从而使物流各环节易于操作，提高物流效率，降低物流损失。例如，自行车在消费地区的装配加工可以提高运输效率，降低损失。

3. 流通加工的特点

（1）流通加工的对象是进入流通过程的商品，具有商品的属性。

（2）流通加工大多是简单加工，而不是复杂加工。

（3）流通加工的目的则在于完善其使用价值，并在不做大的改变的情况下提高价值。

（4）流通加工有时是为消费（或再生产）所进行的加工，有时是为物流方便进行的加工。

课外实训项目

（1）收集海尔物流系统中有关物流信息管理资料，思考信息技术在物流活动中的应用。

（2）随着网上购物人群增多，生活中快递已经司空见惯，但是存在货损、服务水平差别大、覆盖地区有限等问题。请你说说如何提高快递服务水平？

第三节　企业质量管理

知识目标

※了解质量管理的含义、基本观点和基本要求

※了解质量管理成本构成

※掌握质量管理方法

※掌握 PDCA 循环的方法和步骤

能力目标

※能够利用质量管理方法，分析企业质量管理现状

※能够对企业进行全面质量管理

相关知识

一、质量管理概述

（一）质量

美国著名的质量管理专家朱兰博士认为，产品质量就是产品的适用性，即产品在使用时能

成功地满足用户需要的程度。这一定义有两个方面的含义，即使用要求和满足程度。用户对产品的使用要求的满足程度，反映在对产品的性能、经济特性、服务特性、环境特性和心理特性等方面。因此，质量是一个综合的概念，是追求诸如性能、成本、数量、交货期、服务等因素的最佳组合。

（二）产品质量特性

产品质量特性的含义很广泛，它可以是技术的、经济的、社会的，常把反映产品使用目的的各种技术经济参数作为质量特性。比如工业产品的质量特性大体涵盖这几个方面：物质方面，如物理性能、化学成分等；操作运行方面，如操作是否方便，运转是否可靠、安全等；结构方面，如结构是否轻便，是否便于加工、维护保养和修理等；时间方面，如耐用性（使用寿命）、精度保持性、可靠性等；经济方面，如效率、制造成本、使用费用等；外观方面，如外形美观大方，包装质量等；心理、生理方面，如汽车座位的舒适程度，机器开动后的噪声大小等。这些质量特性，区分了不同产品的不同用途，满足了人们的不同需要。

（三）工作质量

在全面质量管理中，"质量"的含义是广泛的，除了产品质量之外，还包括工作质量。全面质量管理不仅要管好产品本身的质量，还要管好质量赖以产生和形成的工作质量，并以工作质量为重点。

产品质量是反映产品或服务满足明确或隐含需要的特征和特性的总和。产品的使用适宜性，可以通过产品质量特性来进行衡量。企业的工作质量是指同产品质量直接有关的各项工作的好坏，是企业或部门的组织工作、技术工作和管理工作对保证产品质量做到的程度。

产品质量与工作质量是既不相同又密切联系的两个概念。实施质量管理，既要搞好产品质量，又要搞好工作质量。产品质量是企业各部门、各环节工作质量的综合反映。产品质量取决于工作质量，工作质量是保证产品质量的前提条件，应大力提高工作质量来保证产品质量。

（四）质量管理的含义

"ISO 9000质量管理和质量保证"标准规定："质量管理是指全部管理职能的一个方面。该管理职能负责质量方针的制定与实施。"质量管理的实质是为了实现质量目标，而进行的所有管理性质的活动。

质量管理经历了以下几个发展阶段：

1. 工业时代以前的质量管理

工业革命以前，质量主要靠手工操作者本人依据自己的手艺和经验来把关，简易的质量检验方法和测量手段也相继产生，这就是在手工业时期的原始质量管理。工业革命时期，工厂体制的形成，随着工厂进行的大批量生产，质量管理科学诞生。

2. 工业化时代的质量管理

此阶段质量管理的发展，大致经历了三个阶段

（1）质量检验阶段。

通过在成品中挑出废品，以保证出厂产品质量。但这种事后检验把关，无法在生产过程中

起到预防、控制的作用。废品已成事实,很难补救。

(2)统计质量控制阶段。

数理统计方法与质量管理的结合。但过分强调质量控制的统计方法,使人们误认为“质量管理就是统计方法”,同时,它对质量的控制和管理只局限于制造和检验部门,忽视了其他部门的工作对质量的影响。

(3)全面质量管理阶段。

此阶段强调执行质量职能是公司全体人员的责任,把企业各部门的研制质量、维持质量和提高质量活动构成为一体的有效体系。

(4)质量管理的国际化。

随着国际贸易的迅速扩大,相伴而产生的是国际产品质量保证和产品责任问题,制定质量管理国际标准已成为一项迫切的需要。国际标准化组织(ISO)制定和发布 ISO 9000 质量管理和质量保证系列标准,一定程度满足了质量方面对国际标准化的需求。

【小资料】

ISO 9000 质量管理体系分两个阶段进行修改:第一阶段在 1994 年完成,第二阶段在 2000 年完成。

1994 版ISO 9000 标准的核心标准共有三个:

ISO 9001:《质量管理体系——要求》

ISO 9002:《质量管理体系——生产、安装和服务的质量保证模式》

ISO 9003:《质量管理体系——最终检验和试验的质量保证模式》

2000 版ISO 9000 标准的核心标准共有四个:

ISO 9000:《质量管理体系——基础和术语》

ISO 9001:《质量管理体系——要求》

ISO 9004:《质量管理体系——业绩改进指南》

ISO 9011:《质量和环境管理体系审核指南》

二、质量成本

(一)质量成本构成

质量成本又称质量费用。根据 ISO 9000 系列国际标准质量成本的定义是:将产品质量保持在规定的质量水平上所需的有关费用。质量成本是由两部分构成,即运行质量成本和外部质量保证成本,其构成如图 3 -6 所示。

1. 运行质量成本

运行质量成本是指企业为保证和提高产品质量而支付的一切费用以及因质量故障所造成的损失费用之和。它又分为四类,即企业内部损失成本、鉴定成本、预防成本和外部损失成本等。

(1)企业内部损失成本。

企业内部损失成本又称内部故障成本,是指产品出厂前因不能满足规定的质量要求而支

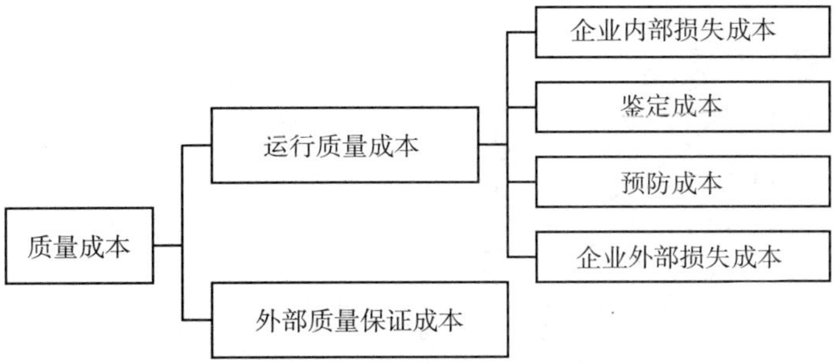

图3-6 质量成本构成

付的费用。主要包括废品损失费用、返修损失费用和复试复验费用、停工损失费用、处理质量缺陷费用、减产损失及产品降级损失费用等。

(2)鉴定成本。

鉴定成本是指评定产品是否满足规定的质量水平所需要的费用。主要包括进货检验费用、工序检验费用、成品检验费用、质量审核费用、保持检验和试验设备精确性的费用、试验和检验损耗费用、存货复试复验费用、质量分级费用、检验仪器折旧费以及计量工具购置费等。

(3)预防成本。

预防成本是指用于预防产生不合格品与故障等所需的各种费用。主要包括质量计划工作费用、质量教育培训费用、新产品评审费用、工序控制费用、质量改进措施费用、质量审核费用、质量管理活动费用、质量奖励费、专职质量管理人员的工资及其附加费等。

(4)企业外部损失成本。

企业外部损失成本是指成品出厂销售后客户因不满足规定的质量要求,导致索赔、修理、更换或信誉损失等而支付的费用。主要包括申诉受理费用、保修费用、退换产品的损失费用、折旧损失费用和产品责任损失费用等。

2. 外部质量保证成本

外部质量保证成本是指为用户提供所要求的产品质量的客观证据所支付的费用。主要包括:

(1)为提供特殊附加的质量保证措施、程序、数据所支付的费用。

(2)产品的验证试验和评定的费用。

(3)满足用户要求,进行质量体系认证所发生的费用。

(二)质量成本一般分析

质量成本分析,就是分析质量成本各要素与产品质量水平(合格率)的关系,及其对经济效益影响程度。在实际工作中,企业要获得好的经济效益,必须追求最佳质量水平和最佳成本水平。所谓最佳质量水平不是最高质量水平,而是指质量要达到必要功能与成本耗费的最佳结合。

质量成本的各部分费用之间存在着一定的比例关系,所以对质量成本分析要深入到质量成本构成要素中去,探讨这些费用的合理比例关系,分析质量成本构成变化对质量及总成本的影响,如图3-7所示。

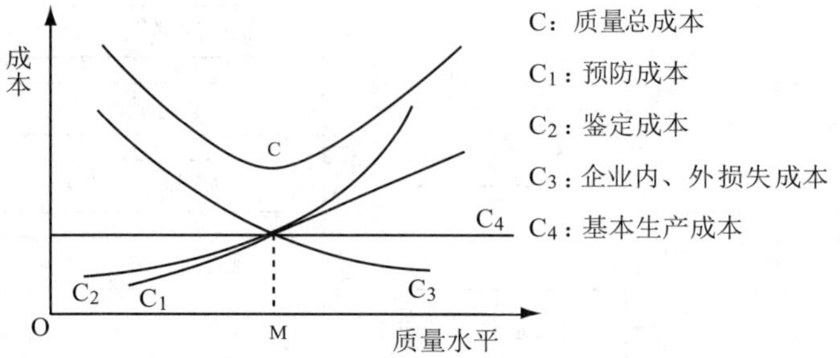

图 3 –7　质量成本分析

当产品质量为 100% 不合格时，预防成本为零。随着质量升高，预防、鉴定成本逐渐增高；当质量为 100% 合格时，预防成本很高。企业内、外故障成本变动规律是：当产品质量较低时，企业内外损失成本很大，当然质量总成本也很大；当质量提高到 100% 合格时，企业内外损失成本为零。基本生产成本不随质量成本而变化，属于不变成本，质量总成本为 C_1、C_2、C_3、C_4 之和。当质量水平较低或较高时，总成本都比较高，在 M 点或 M 点附近区域总成本最低，该点就是最佳质量水平点。

根据企业质量成本分析，企业还可以借鉴很多。从图 3 –7 还可以看出，曲线 C_1 左面部分的变化趋势比较平缓；这说明当质量水平低时，即不合格品率高时，略微增加一些预防成本就可使不合格品率大幅度降低，即这时企业采用加强预防的措施会取得十分显著的效果。可是，当超过某个限度后，再要提高质量水平，即要求不合格品率进一步降低时，即使稍有一点变化，也要在预防成本上付出很大的代价。曲线 C_2 则是另外的一种情况。当不合格品率为 0 时，曲线交于横轴，即内外损失成本也为 0。但随着不合格品率的增加，这部分成本急剧上升。企业要重视减少内外损失成本，如果内外损失成本的上升速度这么快，那么产品质量恶化，信誉下降将给企业造成严重损失。

产品质量成本构成要素并不是彼此孤立和毫无联系的，而是相互影响相互制约的。当企业放松检查后，鉴定成本可能很少，但将造成大量不合格品出厂，一旦在使用中被用户发现，产生显著的外部损失成本，就导致质量总成本的上升。反之，如果在企业内部严格质量管理，加强质量检查，虽然使鉴定成本增加，但损失成本大幅减少，使得质量总成本的降低。因此增加预防成本，加强工序控制，则会使内部损失成本和外部损失成本，甚至连鉴定成本一起都可能大大降低，而使质量成本大幅度下降。

综上所述，质量成本比例在最佳质量水平点附近应该最合适。根据国内外成功的经验，质量成本比例最佳值为 C_3 占 50%，C_2 为 40%，C_1 占 10%，即质量管理成本占 50%，损失成本占 50% 为宜。

（三）质量成本优化

在质量成本分析中我们提到，质量成本比例在最佳质量水平点附近最合适，国内外成功的经验也表明质量管理成本占 50%，损失成本占 50% 比较适合。质量成本优化就是探讨这些费用的合理比例关系，以最大限度降低质量总成本，这是质量成本管理的一项重要任务。

质量成本分析的目的是，通过质量成本核算所提供的数据信息，对质量成本的形成，变动原因进行分析和评价，找出影响质量成本的关键因素和管理上的薄弱环节。再以质量成本报告的形式，将质量成本分析的结果，向领导及有关部门汇报，从而作为制定质量方针目标、评价质量体系的有效性和进行质量改进的依据。

据统计资料表明，质量成本的四类费用大致存在着以下的比例关系：内部损失成本占质量总成本的25% ~40%，外部损失成本占质量总成本的20% ~40%，鉴定成本占总成本的10% ~50%，预防成本占总成本的0.5% ~5%。这些数据说明：内部损失成本和外部损失成本占了总成本的大部分，根据最佳质量水平要求，应着重采取措施降低这部分成本。下面以质量特性曲线（见图3－8）来说明。

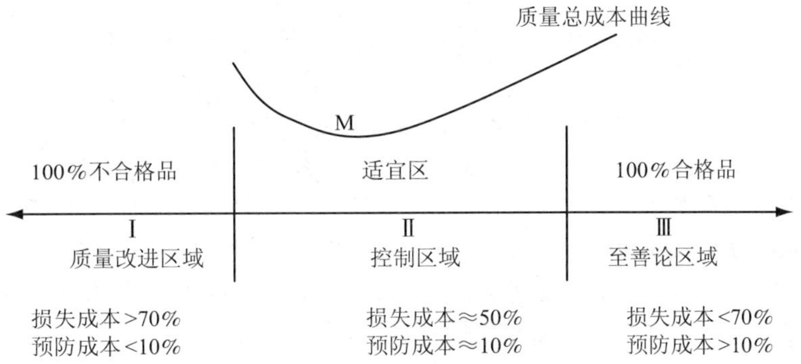

图3－8　质量特性曲线

图3－8中在质量最佳水平M点处附近将曲线划分为Ⅰ、Ⅱ、Ⅲ三个区域，它们分别体现质量成本各项费用的不同比例区域。

1. Ⅰ区是质量改进区

一般来说，内外部损失成本占质量总成本的70%，而预防成本不足10%的属于这个区域。这时，质量损失成本较大，是影响达到最佳质量成本的主要因素。因此质量管理工作的重点应放在加强质量预防措施，加强质量检验，以提高质量水平，降低内外部损失成本。

2. Ⅱ区是质量控制区

这时内外损失成本约占总成本的50%，而预防成本约占10%。质量成本处于最佳水平，如果用户对这种质量水平表示满意，认为已达到要求，而进一步改善质量又不能给企业带来新的经济效益，则这时的质量管理的重点应是维持或控制现有的质量水平。

3. Ⅲ区是质量至善区或质量过剩区

鉴定成本成为影响质量总成本的主要因素。这时质量管理重点应该减少预防费用和鉴定费用，适当降低质量水平，从而降低总成本。

综上所述，可以采取以下几项措施达到质量成本优化：

（1）当质量总成本处于质量改进区时，应增加预防费用，采取质量改进措施，以降低质量总成本；当处于质量最佳区时，应维持现有的质量措施，控制住质量水平的最佳状态；若处于质量过剩区时，则应撤销原有的过严质量要求措施，减少一部分鉴定和预防费用，使质量总成本回到质量最佳水平。

（2）通过增加预防成本，可在一定程度上降低鉴定成本。

（3）通过增加鉴定成本，可降低外部损失，但可能增加内部损失成本。

三、质量管理方法

(一)常用的质量管理统计方法

【案例思考3-7】

某服装厂生产一批男衬衫,经检验发现有下列几种不合格品:上领左右不对称25件、下摆窄宽5件、钉袋过针4件、领面织疵20件、下领接线双轨1件、商标钉歪3件、其他2件。

(1)请用不同的统计方法找出这批衬衫的主要质量问题。

(2)如果出现主要问题超过3项情况,怎么解决?

在质量管理的历史发展过程中,数理统计方法和质量管理紧密结合起来,为加强质量管理效果提供了方法支持。时至今日,数理统计方法已经成为质量管理不可或缺的一部分。多年来企业广泛使用并取得显著效果的质量管理统计方法有如下几种:

1. 检查表

检查表也称为查检表、核对表等,它是用来系统地收集和整理质量原始数据,确认事实并对质量数据进行粗略整理和分析的统计图表。因产品对象、工艺特点、调查和分析目的的不同,检查表样式也有不同。常用的检查表有不合格品项目调查表,不合格原因调查表,废品分类统计表,产品故障调查表,工序质量调查表,产品缺陷调查表等。

(1)检查表的应用步骤。

①明确收集资料的目的。

②确定为达到目的所需收集的资料(这里强调问题)。

③确定检查的人员和方法。

④根据目的不同,设计检查表格式,其内容应包括调查者及调查的时间、地点、方式等栏目。

⑤对收集和记录的部分资料进行预先检查。

⑥如有必要,应评审和修改该调查表格式。

(2)检查表的形式。

①点检用检查表。在设计时即已定义使用时,只做是非或选择的注记,其主要功用用于确认检核作业过程中的状况,以防止作业疏忽或遗漏。例如设备保养查检表、点名册、装配表,等等。

②记录用检查表。主要用来收集计划资料,应用于不良原因和不良项目的记录。例如签到表、产品履历表、设备异常记录表,等等。

2. 分层法

分层法也称分类法或分组法,把"类"或"组"称为"层"。在进行分层时,常常按层把数据进行重新统计,作出频数频率分表。在分层时,要求同一层的数据波动较小,而不同层的数据间的波动较大,这样便于找出原因,改进质量。一般如下分层:

(1)按时间分:例如按日期、季节、班次等。

(2)按操作者分:例如按性别、年龄、技术等级等。

(3)按使用的设备分:例如按机床的型号、新旧程度等。

(4)按原材料分:例如按原材料的成分、规格、生产厂家、批号等。

(5)按操作方法分:例如按工艺流程、生产过程中所采用的温度等。

(6)按检测手段分:例如按测量方法、测量仪器等。

(7)按其他分:例如按使用单位、使用条件等。

3. 排列图

排列图将影响产品质量的众多因素按其对质量影响程度的大小,用直方图形顺序排列,从而找出主要因素。它是建立在帕累托原理的基础上。帕累托原理,又叫“80/20”法则,其内涵是“关键的少数和次要的多数”。利用这一原理可知,对质量产生主要的、决定性影响的往往是少数的项目。质量管理过程中,要解决的问题很多,但往往不知从哪里着手。通过区分最重要和最次要的项目,就可以用最少的努力获得最大的改进。

排列图由两根纵坐标和一根横坐标,若干个长方形和一条折线构成,具体用法如下:

(1)两根纵坐标:左:表示不合格品出现的频数(出现次数或金额等);右:不合格品出现的累计频率(累计百分数)。

(2)一根横坐标:表示影响质量的各个因素(或项目),按影响大小顺序排列。

(3)几个长方形:高度表示影响产品质量的大小程度(出现频率为多少),按从左到右,从大到小顺序排列。

(4)一条曲线(或折线):帕累托曲线,表示各影响因素大小的累计百分比。通常累计百分比将影响因素分为三类:占0~80%为A类因素,也就是主要因素;80%~90%为B类因素,是次要因素;90%~100%为C类因素,即一般因素。由于A类因素占存在问题的80%,此类因素解决了,质量问题大部分就得到了解决。

4. 鱼骨图

鱼骨图,又叫石川图、特性要因图、树枝图、因果图,它表示质量特性波动与其潜在原因关系,亦即以图来表达结果(特性)与原因(要因)之间的关系,其结构见图3-9。鱼骨图如能做得完整的话,容易找出问题之根本症结,采取相应的措施,解决质量问题。

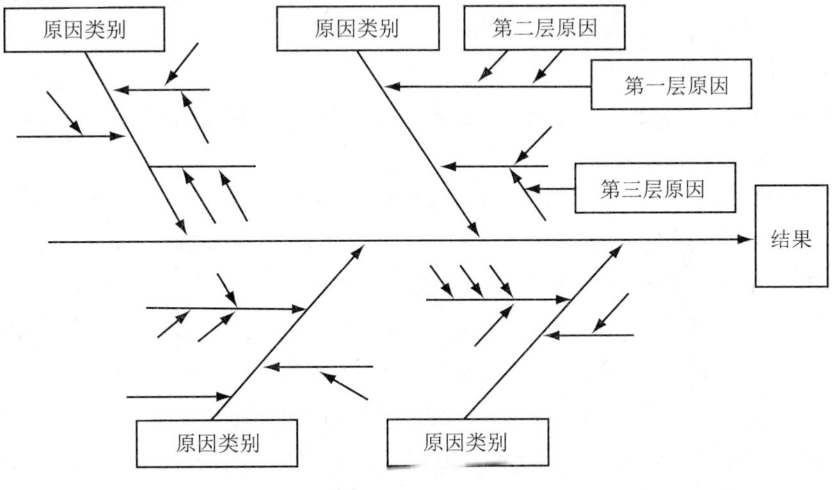

图3-9 鱼骨图结构

(1)鱼骨图类型。

①整理问题型鱼骨图(各要素与特性值间不存在原因关系,而是结构构成关系,对问题进行结构化整理)。

②原因型鱼骨图(特性值通常以"为什么……"来写)。

③对策型鱼骨图(特性值通常以"如何提高/改善……"来写)。

(2)鱼骨图制作。

①简明扼要地规定结果,即规定需要解决的质量问题。

②头脑风暴,找出可能发生的原因的主要类别。

③开始画图,把"结果"画在右边的矩形框中,然后把各类主要原因放在它的左边,作为"结果"框的输入。

④寻找所有下一个层次的原因,画在相应的主(因)枝上,并继续一层层地展开下去。一张完整的因果图展开的层次至少应有2层,许多情况下还可以有3层、4层或更多层。

⑤从最高层次(最末一层)的原因(末端因素)中选取和识别少量(一般为3~5个)看起来对结果有最大影响的原因(一般称重要因素,简称要因),并对它们作进一步的研究,如收集资料、论证、试验和控制等。

(3)画鱼骨图的注意事项。

①必须充分发扬民主,畅所欲言,各抒己见,集思广益,尽可能找出所有原因。

②确定要分析的主要质量问题(特性)。一个主要质量问题只能画一张鱼骨图,多个主要质量问题则应画多张鱼骨图。所以,鱼骨图是只能用于单一目的的研究分析工具。

③因果关系要层次分明,最高层次关系的原因就寻求到可以直接采取具体措施为止。

④"主因"必须用中性词描述,"要因"使用价值判断且一定要确定在末端因素上。

⑤对末端因素应进行论证,一般需要利用其他统计方法进行辅助。

5. 直方图

直方图又称柱状图,可将杂乱无章的资料,解析出其规律性。总的说来,工业产品质量特性值的分布一般都是正态分布或近似正态分布,有些工业产品质量特性值的分布不具有正态性,通常是由于生产过程不稳定或生产工序的加工不规则而造成的。实际应用中就是通过观察图的形状,判断生产过程是否稳定,预测生产过程的质量。

(1)直方图绘制步骤。

①收集数据,并记录于纸上。数据的数量应在100个以上,在数量不多的情况下,至少也应在50个以上。

②确定数据的极差(R)。找出最大值(L)及最小值(S),$R = L - S$。从全体数据中寻找最大值与最小值有时比较困难。有一简便方法,可以先找数据表各列(或各行)数据的最大值与最小值,进而再从中找出全体数据的最大值和最小值。

③定组数(k)。数据为5~100时,选5~10组;数据为100~250时,选7~12组;数据为250以上时,选0~10组;一般情况下选用10组。

④确定组距(h)。$h = R/k$,求出组距的宽度。为避免分组出现骑墙现象,组距(h)应该是测定值最小单位的整数倍。例如,假定最大值(L)及最小值(S)之差为3.8,组数为10,测定值最小单位0.1,那么组距(h)取0.4。

⑤确定组界值。先取测定值最小单位的一半，然后用最小值减去测定值单位的一半，作为第一组的下界值，即：

第一组下界值 = S - 测定值最小单位/2

第一组的上界值 = 第一组的下界值 + 组距

第二组的下界值 = 第一组的上界值

依此类推……

⑥决定每组的中心点值。（上组界 + 下组界）/2 = 组的中心点值。

⑦统计频数（落在各组的数据个数）。依照数值大小记入各组的组界内，然后计算各组出现的次数。

⑧制作直方图。横轴表示测量值的变化，纵轴表示频数，将各组的组界值标示在横轴，频数标示在纵轴，作各组的矩形图。

（2）直方图形态分析。

正常生产条件下计量的质量特性值的分布大多为正态分布，这样获得的数据的直方图为中间高，两边低，左右基本对称的正态型直方图。但在实际问题中还会出现另一些形状的直方图，分析出现这些图形的原因，便于采取对策，改进质量。如图 3 - 10 所示。

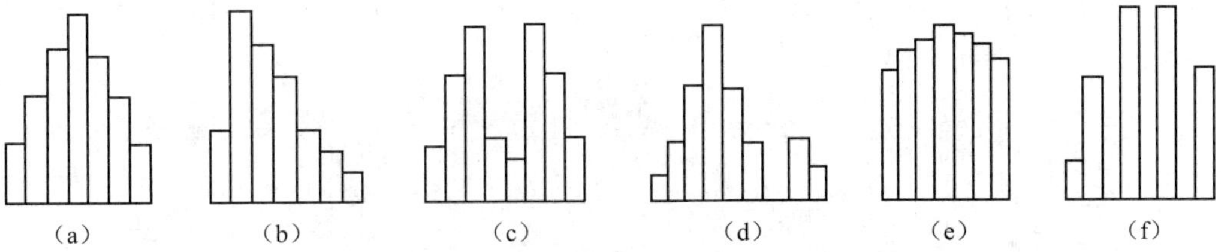

图 3 - 10　常见的直方图形态

①正态型。这是正常生产情况下常常呈现的图形，如图 3 - 10(a) 所示。

②偏向型。偏向型有偏左和偏右之分。造成这种形状的原因是多方面的，有的是剔除了不合格品后作的图形，也有的是由于加工习惯造成的，比如加工孔的时候习惯于孔径偏小，呈偏左型，而加工轴的时候习惯于偏大，呈偏右型，如图 3 - 10(b) 所示。

③双峰型。这种情况的出现往往由于把不同材料、不同加工者、不同操作方法、不同设备生产的两批产品混在一起造成的，如图 3 - 10(c) 所示。

④孤岛型。在直方图的左边或右边出现了孤立的长方形。这种图形往往表示出现某种异常，譬如原材料发生了某种变化，生产过程发生了某种变化，刀具严重磨损，有不熟练的工人临时替班等，如图 3 - 10(d) 所示。

⑤平顶型。直方图没有突出的顶峰，这种情况往往是由于生产过程中有某种缓慢变化的因素造成的，譬如刀具的磨损等，操作者疲劳等，如图 3 - 10(e) 所示。

⑥锯齿型。直方图像锯齿一样凹凸不平，出现这种情况可能是由于测量方法不当，或者是量具的精度较差引起的，也可能是分组不当引起的，如图 3 - 10(f) 所示。

当观察到的直方固不是正态型的形状时，需要及时加以研究，采取措施，改进质量。

【案例分析3－7】

1. 分层法

序号	质量缺陷名称	件数	瑕疵率(%)	累计(%)
1	上领左右不对称	25	41.7	41.7
2	领面织疵	20	33.3	75
3	下摆窄宽	5	8.3	83.3
4	钉袋过针	4	6.7	90
5	商标钉歪	3	5	95
6	下领接线双轨	1	1.7	96.7
7	其他	2	3.3	100
8	合计	60	100	

分析：某种质量问题的产品数从多到少为序排列，累计百分率在80%以内项目为主要质量问题。

结论：这批衬衫的主要质量问题是上领左右不对称和领面织疵。

2. 排列图法

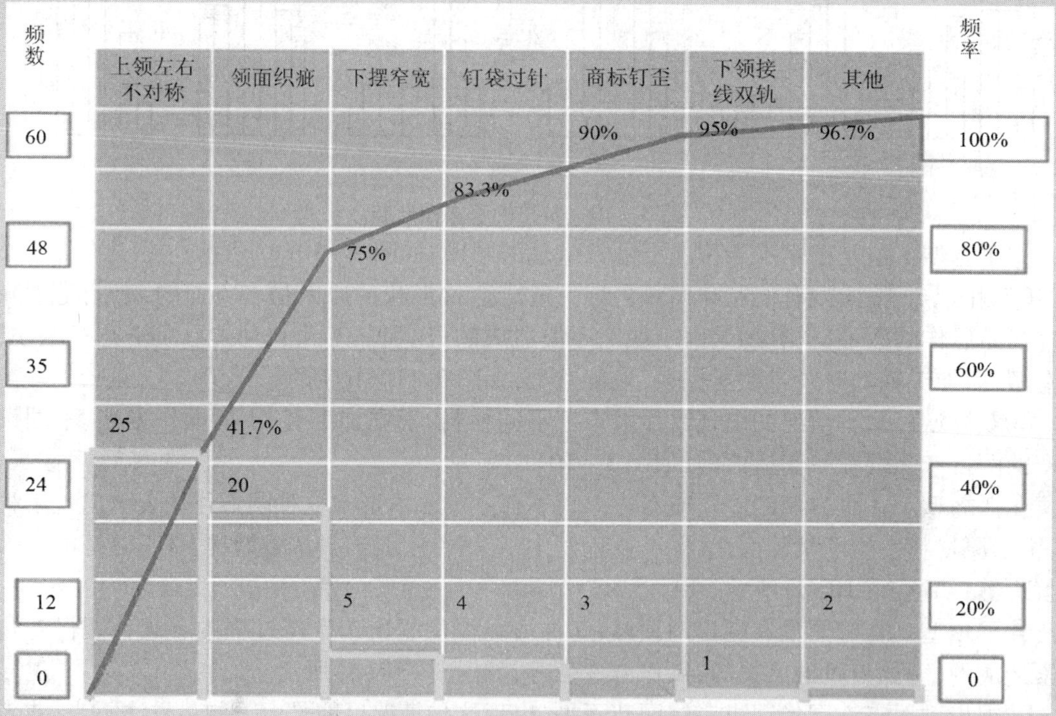

分析：

累计频率	分类影响因素	问题重要程度
0～80%	A类因素	主要问题(2～3)
80%～90%	B类因素	次要问题
90%～100%	C类因素	一般问题

结论：这批衬衫的主要质量问题是上领左右不对称和领面织疵。

如果在实际分析中，累计百分率在80%以内的项目超过2～3项，则说明层分标准不恰当，需重新选择层分标准进行分析。

6. 散布图

散布图是表示两个变量之间关系的图，又称相关图，用于分析两测定值之间的相关关系。前面讲过的排列图、直方图等，都是用来分析独立数据的统计方法。但是，在质量管理工作中，除了分析独立数据之外，还经常需要分析数据与数据之间的关系。如果把一组数据看做一个变量所可能取的各个数值，那么分析数据与数据之间的关系，就是研究两个变量之间的关系。通过作散布图对数据的相关性进行直观地观察，不但可以得到定性的结论，而且可以通过观察剔除异常数据，从而提高用计算法估算相关程度的准确性。

(1)相关关系种类。

在质量管理中，所要研究的变量之间的相关关系，主要有三种：

①因与果关系。生产条件与产品质量特性之间的相关关系就是原因和结果之间的相关关系。

②结果与结果关系。产品的某种质量特性与另一种质量特性之间的相关关系就属于这种关系。

③原因与原因关系。影响产品的某种质量特性的两种生产条件之间的关系就属于这种关系。

(2)散布图画法。

散布图画法比较简单，只要将具有相关关系的两个变量的对应观察值作为直角坐标平面上的点的坐标，一个作为横轴变量X，一个作为纵轴变量Y，并且把这些点描绘在平面上，那么就能得到一张具有相关关系的点的分布图，即散布图。

(3)散布图形态分析。

观察散布图，主要是查看点的分布状态，见图3－11。通过对散布图的观察与分析，可以直观地对变量X与变量Y之间有无相关关系作出判断，从而便于采取相应的措施。

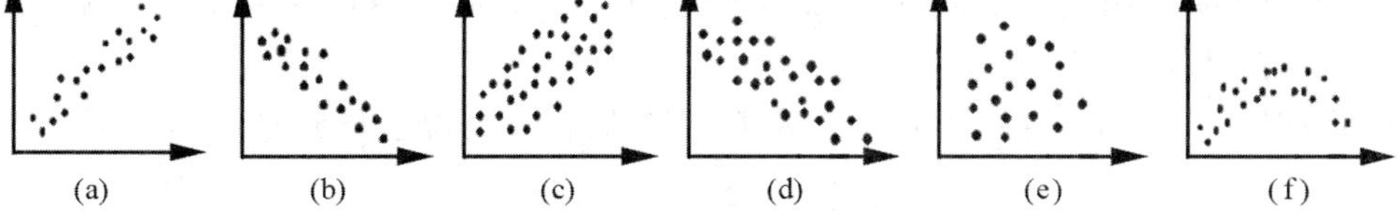

图3－11　常见的散布图形态

图形(a)和(b)表明X和Y之间有强的相关关系，且图形(a)表明是强正相关，即X大时，Y也显著增大；图形(b)表明是强负相关，即X增大时，Y却显著减小。图形(c)和(d)表明X和Y之间存在一定的相关性。图形(c)为弱正相关，即X增大时，Y也大体增大；图形(d)为弱负相关，即X增大，Y反会大致减小。图形(e)表明X和Y之间不相关，X变化对Y没有什么影响。(f)表明X和Y之间存在相关关系，但这种关系比较复杂，是非线性相关，而不是线性相关。

对散布图观察和分析时，要注意几个事项：

①注意有没有异常点。在散布图上,如果有偏离集体很远的点,那么此点对应的数据应当认为是异常的。因此,有必要调查造成异常的原因。在多数场合,除了测定时出差错和记录时疏忽造成异常之外,散布图上的异常点都是由生产条件变化造成的。

②观察有没有分层的必要。如果用受到两种或两种以上因素影响的数据绘制散布图,可能会出相两种情况:一种是散布图整体看不相关,但如果作分层观察,则又存在相关关系;另一种是散布图整体呈相关关系,但如果分层观察,则又不相关。因此,在绘制散布图时,必须注意区分不同性质的数据,用不同记号或颜色来表示分层数据所代表的点。

③明确存在相关的范围。在研究两个变量之间的相关关系时,必须明确它们在什么范围内相关。有时当一个变量在小范围内取值时,它和另一个变量似乎不相关,但是当它在足够大的范围内取值时,和另一个变量却明显地存在相关关系。因此,要确定两个变量存在相关的范围,便于在一定规模范围内控制质量的特性。

通过观察散布图,虽然可以对变量间的相关趋势作出大致的估计,但是由于缺乏客观的统一判定标准,可靠性较低,还只能说是一种定性判断的方法。为了提高判断的精度,在实际工作中,常采用相关系数检验法,帮助进行准确判定。

7. 控制图

鱼骨图、分布表、直方图都是用来表示质量特性数据在某一段时间内的静止状态。但是,生产或工作过程中,用静态的方法不能随时发现问题以调整生产或工作。因此,生产或工作现场不仅需要处理数据的静态方法,也需要了解数据随时间变化的动态方法并以此为依据来控制产品或工作的质量。控制图就是这样一种动态的质量控制方法。

控制图是对过程质量加以测定、记录从而进行控制的一种科学方法。它是由美国的贝尔实验室休哈特(W. A. Shewhart)博士在 1924 年首次提出,所以也被称为休哈特控制图。它是一种有控制界限的图,用来区分引起质量波动的原因是偶然的还是系统的,从而判断生产过程是否处于受控状态。控制图画在平面直角坐标系中,横坐标表示检测时间,纵坐标表示测得的目标特征值。

(1)控制图分类。

按其用途可分为两类:

①供分析用的控制图。用控制图分析生产过程中有关质量特性值的变化情况,看工序是否处于稳定受控状。

②供管理用的控制图。主要用于发现生产过程是否出现了异常情况,以预防产生不合格品。

按控制对象(目标特征值)的变化分为两种:

①稳值控制图。一般用于对产品质量或目标值恒定不变的目标实施状态进行控制,控制图中通过中心线表示计划目标值,虚线表示控制上下限。

②变值控制图。变值控制图用于对目标值随时间变化的目标实施状态进行控制。从计划线与实际线的对比,可看出目标实施状态,对于超出计划线的情况,查清超出的原因,采取措施,将其控制在计划线以下。

(2)控制图的预防作用。

控制图在贯彻实施中主要起到在问题出现初期,就能动态地解决,起到预先预防作用,主要体现在以下两个方面。

①应用控制图对生产过程不断监控,当异常因素刚一露出苗头,甚至在未造成不合格品之前就能及时被发现,在这种趋势造成不合格品之前就采取措施加以消除,起到预防的作用。

②在现场,更多的情况是控制图显示异常,表明异常原因已经发生,这时一定要贯彻“查出异因,采取措施,保证消除,不再出现,纳入标准”。否则,控制图就形同虚设,发挥不了应有的作用。每实施一次控制就消除一个异常因素,使它不再出现,从而起到预防的作用。

【小资料】

1. QC 七大手法

主要包括检查表、排列图(帕累托图)、数据分层法、鱼骨图(因果图)、直方图、散布图(相关图)和控制图(管制图),也被称为 QC 七工具。

2. 新 QC 七大手法

1972 年,日本科技联盟的纳谷嘉信教授,由许多推行全面质量管理建立体系的手法中,研究归纳出一套有效的品管手法,这个方法恰巧有七项,被称为新 QC 七大手法。主要包括箭线图法、关联图法、系统法、KJ 法、矩阵图法、矩阵数据分析法、PDPC 法。

(二)PDCA 循环

PDCA 质量管理工作循环,即按照“计划(plan)—执行(do)—检查(check)—处理(act)”四个阶段的顺序不断循环进行质量管理的一种方法,简称 PDCA 循环,也称戴明循环。其研究起源于 20 世纪 20 年代,休哈特最先引入了“计划—执行—检查(plan—do—see)”的概念,戴明后将休哈特的 PDS 循环进一步发展成为 PDCA 循环。

1. PDCA 循环的步骤

PDCA 循环是一个质量持续改进模型,它包括持续改进与不断学习的四个循环反复的程序和八个步骤,见图 3 - 12。PDCA 循环就是按照这四个程序和八个步骤,不停顿地周而复始地运转。

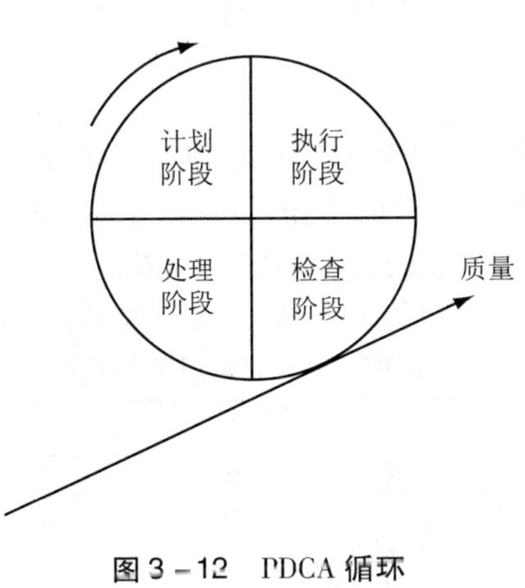

图 3 - 12 PDCA 循环

(1)计划阶段。

计划阶段经过分析研究,确定质量管理目标、项目和拟订相应的措施。其工作内容可分为四个步骤:

①分析现状、找出存在问题,确定目标。

②分析影响质量问题的各种原因。

③从影响质量的原因中找出主要原因。

④针对影响质量的主要原因,拟订措施计划。

(2)执行阶段。

执行阶段根据预定目标和措施计划,落实执行部门和负责人,组织计划的实现。其工作步骤为:执行措施、实施计划。

(3)检查阶段。

检查阶段检查计划实施结果,衡量和考察取得的效果,找出问题。其工作步骤为:检查效果,发现问题。

(4)处理阶段。

处理阶段总结成功的经验和失败的教训,并将成功经验纳入有关标准、制度和规定,巩固成绩,防止问题重新出现,同时,将本循环中遗留的问题提出来,以便转入下一个循环去加以解决。其工作步骤为:

①总结经验,把成功的经验肯定下来,纳入标准。

②把没有解决的遗留问题,转入下一个阶段。

2. PDCA 循环的特点

(1)环环相扣。

大环套小环,小环套大环,一环扣一环。如果把整个企业的工作作为一个大的 PDCA 循环,那么各个部门、小组还有各自小的 PDCA 循环,大环带动小环,一级带一级,有机地构成一个运转的体系。

(2)阶梯式上升。

PDCA 循环每转一周就提高一步。PDCA 循环不是在同一水平上循环,每循环一次,就解决一部分问题,取得一部分成果,工作就前进一步,水平就提高一步。到了下一次循环,又有了新的目标和内容,更上一层楼。

(3)关键程序。

PDCA 循环关键在于“处理”这个程序,推动大循环阶梯式上升,实现质量管理飞跃。

3. PDCA 循环与质量管理常用工具之间的关系

在 PDCA 这八个步骤中,需要利用大量的数据和资料才能作出科学的判断,对症下药。如何收集和整理数据?这就要用到质量管理工具、方法和技术。它们之间的关系如表 3-1 所示。

表 3-1　　**PDCA 循环和常用工具关系**

阶段	步骤	主要办法
P	1. 分析现状,找出问题	排列图、直方图、控制图
	2. 分析各种影响因素或原因	鱼骨图
	3. 找出主要影响因素	排列图、散布图

续表

阶段	步骤	主要办法
P	4. 针对主要原因，制订措施计划	回答“5W1H” 为什么制定该措施（Why） 达到什么目标（What） 在何处执行（Where） 由谁负责完成（Who） 什么时间完成（When） 如何完成（How）
D	5. 执行、实施计划	要按计划执行，严格落实措施
C	6. 检查效果、发现问题	排列图、直方图、控制图
A	7. 总结成功经验，制定相应标准	巩固成绩制定或修改工作规程、检查规程及其他有关规章制度
	8. 把未解决或新出现的问题转入下一个 PDCA 循环	反映到下一计划（从步骤 1 开始）

四、全面质量管理

（一）全面质量管理的含义

20 世纪 50 年代末，美国通用电气公司的费根堡姆和质量管理专家朱兰提出了“全面质量管理”（total quality management，TQM）的概念，认为“全面质量管理是为了能够在最经济的水平上，并考虑到充分满足客户要求的条件下进行生产和提供服务，把企业各部门在研制质量、维持质量和提高质量的活动中构成为一体的一种有效体系”。60 年代初，美国一些企业根据行为管理科学的理论，在企业的质量管理中开展了依靠职工“自我控制”的“无缺陷运动”，日本在工业企业中开展质量管理小组活动，使全面质量管理活动迅速发展起来。

ISO 对 TQM 的定义是：一个组织以质量为中心，以全员参与为基础，目的在于通过让顾客满意和本组织所有成员及社会受益而达到长期成功的管理途径。

费根堡姆对 TQM 的定义：为了能够在最经济的水平上，并考虑到充分满足顾客要求的条件下进行市场研究、设计、制造和售后服务，把企业内各部门的研制质量，维持质量和提高质量的活动构成为一体的一种有效的体系。

总结以上观点，TQM 蕴涵着如下含义：

1. 强烈地关注顾客

从现在和未来的角度来看，顾客已成为企业的衣食父母。“以顾客为中心”的管理模式正逐渐受到企业的高度重视。TQM 注重顾客价值，其主导思想就是“顾客的满意和认同是长期赢得市场，创造价值的关键”。为此，全面质量管理要求必须把以顾客为中心的思想市场调查贯穿到企业业务流程的管理中，即从产品设计、试制、生产、检验、仓储、销售到售后服务的各个环节都应该牢固树立“顾客第一”的思想，不但要生产物美价廉的产品，而且要为顾客做好服务工作，最终让顾客放心满意。

2. 坚持不断地改进

TQM 是一种永远不能满足的承诺，“非常好”还是不够，质量总能得到改进，“没有最好，只有更好”。在这种观念的指导下,企业持续不断地改进产品或服务的质量和可靠性,确保企业获取对手难以模仿的竞争优势。

3. 改进组织中每项工作的质量

TQM 采用广义的质量定义。它不仅与最终产品有关,并且还与组织如何交货、如何迅速地响应顾客的投诉、如何为客户提供更好的售后服务等有关。

4. 精确地度量

TQM 采用统计度量组织作业中的每一个关键变量,然后与标准和基准进行比较以发现问题,追踪问题的根源,从而达到消除问题、提高品质的目的。

5. 向员工授权

TQM 吸收生产线上的工人加入改进过程,广泛地采用团队形式作为授权的载体,依靠团队发现和解决问题。

(二)全面质量管理的主要内容

全面质量管理有三个核心的特征:全员参加的质量管理、全过程的质量管理和全面的质量管理。

全面质量管理过程的全面性,决定了全面质量管理的内容应当包括设计过程、制造过程、辅助过程、使用过程四个过程的质量管理。

1. 设计过程质量管理的内容

产品设计过程的质量管理是全面质量管理的首要环节。这里所指设计过程,包括市场调查、产品设计、工艺准备、试制和鉴定等过程(产品正式投产前的全部技术准备过程)。主要工作内容包括通过市场调查研究,根据用户要求、科技情报与企业的经营目标,制定产品质量目标;组织有销售、使用、科研、设计、工艺、制度和质管等多部门参加的审查和验证,确定适合的设计方案,等等。

2. 制造过程质量管理的内容

制造过程是对产品直接进行加工的过程。它是产品质量形成的基础,是企业质量管理的基本环节。它的基本任务是保证产品的制造质量,建立一个能够稳定生产合格品和优质品的生产系统。主要工作内容包括组织质量检验工作;组织和促进文明生产;组织质量分析,掌握质量动态;组织工序的质量控制,等等。

3. 辅助过程质量管理的内容

辅助过程是为保证制造过程正常进行而提供各种物资技术条件的过程。它包括物资采购供应,动力生产,设备维修,工具制造,仓库保管,运输服务等。它的主要内容有:做好物资采购供应(包括外协准备)的质量管理,保证采购质量,严格入库物资的检查验收,按质、按量、按期提供生产所需要的各种物资(包括原材料,辅助材料,燃料等);组织好设备维修工作,保持设备良好的技术状态;做好工具制造和供应的质量管理工作等。

4. 使用过程质量管理的内容

使用过程是考验产品实际质量的过程,它是企业内部质量管理的继续,也是全面质量管理的出发点和落脚点。这一过程质量管理的基本任务是提高服务质量(包括售前服务和售后服务),保证产品的实际使用效果,不断促使企业研究和改进产品质量。它主要的工作内容有:开展技术服务工作,处理出厂产品质量问题;调查产品使用效果和用户要求。

（三）全面质量管理的基本工作程序和方法

PDCA 循环是全面质量管理最基本的工作程序。实现全面质量管理需要从确定方针和目标到制订实施方案和贯彻执行，形成一个全面质量管理系统。通过信息反馈和对信息的分析研究，确定下一步的方针和目标。应用 PDCA 循环，在计划阶段，应用预测技术对市场产品质量需求等进行预测，经过分析研究，确定质量管理目标、项目和相应的管理方案；然后进入实施阶段，根据预定的目标和经过优选的方案，组织具体部门和人员实施；再次进入检查阶段，检查方案的实施情况，评价工作成果，找出问题；最后进入处理阶段，总结成功的经验和失败的教训，采取相应措施巩固成绩，防止问题再度出现；同时，将本次循环中的问题提出，以便转入下次循环解决。

在应用 PDCA 循环四个阶段进入全面质量管理工作程序，解决质量问题时，需要收集和整理大量的书籍资料，并用科学的方法进行系统的分析。全面质量管理要采取多种多样的管理方法。广泛运用科学技术的新成果，尽量用数据说话，坚持实事求是，科学分析，把质量管理建立在科学的基础之上。最常用的就是上一小节介绍的七种统计方法，它们是检查表、分层法、排列图、鱼骨图、直方图、散布图和控制图。这套方法是以数理统计为理论基础，不仅科学可靠，而且比较直观，在全面质量管理过程中提供了技术方法支持。

随着企业信息化程度的提高，企业在全面质量管理阶段，也要积极利用电子计算机建立质量管理信息系统，以便迅速地收集、处理、储存、检索、传递和更新质量管理所需要的数据和资料。

（四）全面质量管理的特点

1. 管理的内容是全面的

不仅要管好产品质量，还要管好产品质量赖以形成的工作质量。

2. 管理的范围是全面的

从产品的设计、制造、辅助生产、供应服务、销售直至使用的全过程，均需把好质量管理关。

3. 管理的人员是全面的

企业的全体人员都是质量管理的参与者，因而全面质量管理是一种全员的质量管理方法。

4. 管理的方法是全面的

全面质量管理并没有固定不变的管理方法，而是根据不同的情况灵活地采用不同的管理技术和方法，包括科学的组织工作、数理统计方法的应用、现代化科技手段和技术改造措施等。

（五）全面质量管理的意义

全面质量管理能够在全球获得广泛的应用与发展，是因为可以为企业带来如下益处：

1. 提高产品质量

全面质量管理在产品设计阶段就开始介入，在生产过程中更是全方位控制产品质量特性，进入产品售后服务阶段，以使顾客完全满意为宗旨，从而保证企业产品质量。

2. 提高生产率

通过全面质量管理，企业缩短了原材料、物资运转周期，缩短了库存周转时间，达到加速生产流程；提前预防，生产过程责任事故也减少。企业降低了成本，获得较高的利润。

3. 鼓舞员工的士气和增强质量意识

全面质量管理关注工作质量，着重提高人的素质，调动人的积极性。充分发挥广大职工的聪明才智和当家做主的主人翁精神,通过抓好工作质量保证和提高了产品质量或服务质量。

小　结

本节主要有以下关键知识:

(1)产品的质量和工作质量是企业质量管理的主要内容。

(2)质量成本及其构成,如何生产出最佳质量水平产品。

(3)质量管理七大基本方法:检查表、分层法、排列图、鱼骨图、直方图、散布图和控制图;PDCA 循环,包括四个流程和八个步骤。

(4)全面质量管理,其含义是以质量为中心,以全员参与为基础,目的在于通过让顾客满意和本组织所有成员及社会受益而达到长期成功的管理途径。企业应该树立全面质量管理理念,才能在激烈的竞争中立于不败之地。

课外实训项目

(1)上网找一个企业案例,利用 PDCA 循环进行质量管理分析。

(2)试想一下,学校如何实现全面质量管理,培养出优秀的学生?

第四章　企业资产管理

第一节　企业流动资产管理

知识目标

※了解流动资产的概念、组成及特点

※了解短期投资管理的基本知识

※了解存货的日常管理

※理解企业持有货币资金的原因与成本

能力目标

※掌握存货控制的基本方法

案例引入

美国最大的商业企业之一 WT Grant 破产，震撼了整个美国的金融市场，因为其盈利能力非常好，市盈率甚至比其他几个有名的竞争对手都高得多。Grant 公司倒闭的根本原因，是对现金流转循环管理不善。存货周转慢，松懈的应收款政策，使得周转期长了一个多月。在它提出破产前的十年中，Grant 不是运用自有流动资金维持日常营运，而是依靠举债来维持。由于传统的流动性比率指标中包含当期应收款项，因此难以发现其中的问题。但是，如果认真检查一下现金流转循环过程，就会发现应收账款、存货、应付账款之间没有同时适当运行，也就是说，Grant 公司忽视了流动资产管理，导致这个一直盈利的企业最终只能倒闭。

根据上述资料和相关知识回答下列问题：

(1)企业流动资产管理的内容包括哪些？

(2)对于 Grant 公司，如何对其流动资产进行有效管理？

案例分析

很多企业出现倒闭不是因为出现重大的投资决策失误，而是由于企业流动资产出现问题。如现金短缺、坏账激增、存货积压等。要想解决这些问题，必须掌握以下知识：

(1)流动资产的内容和特点。

(2)各类流动资产管理、控制方法。

相关知识

一、流动资产概述

(一)流动资产的含义

流动资产与固定资产相对应,是指企业可以在一年或者超过一年的一个营业周期内变现或者运用的资产,是企业资产中必不可少的组成部分。流动资产在周转过程中,从货币形态开始,依次改变其形态,最后又回到货币形态,各种形态的资金与生产流通紧密相结合,周转速度快,变现能力强。加强对流动资产业务的审计,有利于确定流动资产业务的合法性、合规性,有利于检查流动资产业务账务处理的正确性,揭露存在的弊端,提高资产的使用效益。

(二)流动资产的构成(见图4-1)

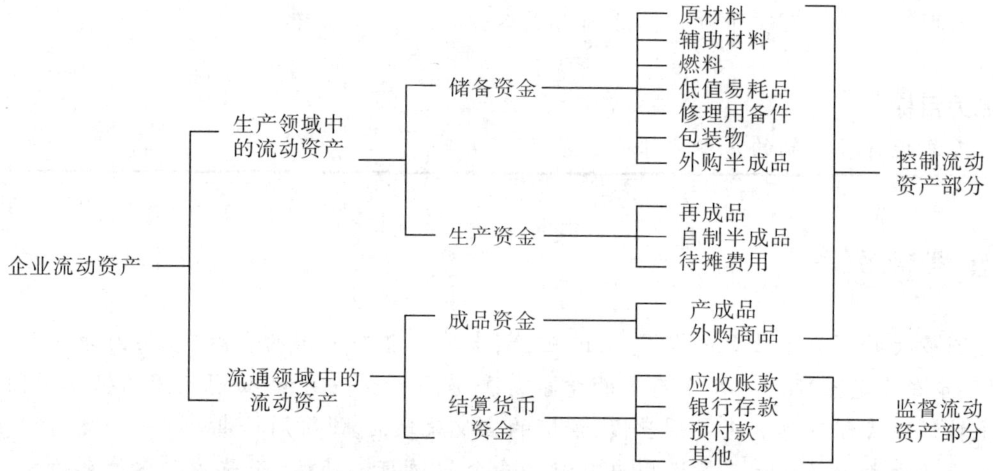

图4-1 流动资产的构成

(三)流动资产的周转

企业为形成流动资产而占用的资金是流动资金,流动资金存在的具体形态则是流动资产。流动资产以不同形态分别表现企业资产的分布状况,流动资金则以价值形态表现企业流动资产的规模及在企业全部资产中的结构。

流动资金在每次生产经营周期循环中,都要依顺序经过供应过程、生产过程和销售过程,表现为生产储备资金、未完工产品资金、成品资金、货币资金与结算资金四种形态。流动资产形态不断变化的同时,所占用的资金也不断循环周转。

流动比率是指企业的流动资产与企业的流动负债之比,计算公式为:

流动比率 = 流动资产/流动负债

流动资产大于流动负债,一般表明偿还短期债务能力强,流动比率越高,企业资产的流动性越强,表明企业有足够变现的资产用于偿债。

【小知识:流动比率越大越好吗】

流动比率太大表明企业占用的流动资产比较多,会影响经营资金周转效率和获利能力;如果比率过低,又说明偿债能力较差。所以,一般认为,合理的流动比率是2。这是因为,处在流动资产中,变现能力最差的存货金额约占流动资产总额的一半,剩下的流动性较大的流动资产至少要等于流动负债,企业的偿债能力才会有保证。

流动资产周转率指企业一定时期内主营业务收入净额同平均流动资产总额的比率,是销售收入与全部流动资产的平均余额的比值,反映流动资产周转速度和流动资产利用效果。计算公式为:

流动资产周转率(次) = 主营业务收入净额/平均流动资产总额 × 100%

流动资产周转速度快等于相对扩大资产投入,增强企业盈利能力;而周转速度慢,需要补充流动资产参加周转,形成资金浪费,降低企业盈利能力。

流动比率和流动资产周转率都是企业财务分析的重要指标,分别为企业偿债能力和发展能力的重要指标,评价企业偿债和发展能力时还应结合其他财务分析指标以及报表项目进行综合分析。

(四)流动资产的分类

从不同的角度,流动资产可以有不同的分类方式。而且不同的行业也有不同的流动资产构成。

1. 按照企业性质和其在生产经营中的作用分类

按照企业性质和其在生产经营中的作用可以将其分为工业企业的流动资产和商业企业的流动资产。

(1)工业企业的流动资产分类。

①储备资产。储备资产是指从购买到投入生产为止,处于生产准备阶段的流动资产,包括原材料及主要材料、辅助材料、燃料、修理用备件、低值易耗品、包装物、外购半成品等。

②生产资产。生产资产是指从投入到产成品入库为止,处于生产过程中的流动资产,包括在产品、自制半成品、待摊费等。

③成品资产。成品资产是指从产品入库到产品销售为止,处于产品待销过程中的流动资产,包括产成品和准备销售的半成品和零部件等。

④结算资产。结算资产是指各种发出商品、应收账款和应收票据等。

⑤货币资产。货币资产是指银行存款和库存现金等。

(2)商业企业的流动资产分类。

①商品资产。商品资产包括库存商品和在途商品等。

②非商品资产。非商品资产包括包装物、物料用品、低值易耗品和待摊费用。

③结算资产。结算资产包括各种应收、应付款和应收票据等。

④货币资产。货币资产包括银行存款、库存现金等。

2. 按流动资产的表现形态分类

流动资产按照表现形态可分为货币性流动资产和实物形态的流动资产。货币性流动资产以货币形态存在,包括上述结算资产和货币资产。实物形态流动资产包括上述储备资产、生产资产、成品资产等,是流动资产价格鉴证的重点。

3. 按对流动资产进行计划管理的需要分类

流动资产可按计划管理的需要分为定额流动资产和非定额流动资产。定额流动资产是流动资产的基本组成部分,包括原材料、辅助材料、在产品、自制半成品、产成品等。非定额流动资产包括结算资产和货币资金。

二、货币资金管理

(一)货币资金的含义

货币资金是指企业在生产经营过程中暂时以货币形态存在的资金,按其存放地点和用途的不同分为现金、银行存款和其他货币资金。在企业各类资产中,货币资金具有最强的流动性和变现能力,但货币资金的营利性最弱。企业因种种需要必须持有货币资金,但应合理安排货币资金的持有量,减少货币资金的闲置,提高货币资金的使用效果。

(二)货币资金管理的内容

1. 确定货币资金的最佳持有量

货币资金的最佳持有量是指理论上最合理的货币资金持有量。保持资金的最佳持有量能使企业在资金存量花费的代价最低,即机会成本最小,而且又相对能确保企业资金需求的最佳持有量。这是企业货币资金管理的重点。

2. 现金预算

现金预算是指用于预测企业还有多少库存现金,以及在不同时点上对现金支出的需要量。现金预算内容包括定期编制现金预算,合理安排现金收支,从而及时反映企业现金的余缺情况。

3. 建立和完善现金收支管理制度

建立和完善现金收支管理制度包括运用现代企业科学的管理手段,实现从预算到结算的现金使用绩效考核制度,进一步提升企业的现金使用效率。同时,加强对企业资金的控制,建立并完善资金内部控制制度,确保经营管理活动合法而有效。

三、应收账款管理

(一)应收账款的概念

应收账款是指企业因对外赊销产品、材料、供应劳务等而应向购货或接收劳务的单位收取的款项。面对国际金融危机的形势恶化和竞争更加激烈的市场,安全、有效地管理应收账款是企业在发展过程中必须具备的条件。

(二)应收账款的作用

应收账款在企业经营管理过程中起着巨大的作用,一方面,借助应收账企业可以促进销售,增加销售收入;另一方面,可以减少企业存货,降低仓储、保险等管理费用。具体作用如下:

1. 促进产品销售

企业产品销售主要有现金销售和赊账销售两种方式。现金销售方式企业可以直接获取款项,并且无须担心坏账,所以这是企业的最佳销售方式。但是,在激烈的市场竞争环境下,企业需要赊账销售来进一步增加销售额、开拓新市场,赊账销售方式除了向客户提供产品外,同时提供了商业信用,即向客户提供了一笔在一定期限内无偿使用的资金。因此、赊销是一种重要的促销手段,对于企业销售产品、开拓并占领市场具有重要意义。如果企业否定赊销方式,必然会把一部分财务支付能力欠缺的客户拒之门外而使其转向其他同类企业,这无疑是自我断送销路,缩小产品的市场份额,在竞争中处于劣势;反之,适时灵活地运用赊销方式能增加销售,增加市场竞争力。

2. 降低管理费用

(1)降低库存水平。

通过赊销方式能增加销售量,同时促成库存产成品存货的减少,使存货转化成应收账款。有利于企业减少存货能降低仓储、保险等管理费用支出,能减少存货变质等损失,有利于加速资金周转。

(2)加强与客户沟通。

通过赊账销售方式,对于客户可以延期支付所购商品的货款,使客户的资金使用效率提高,为客户的生产经营带来好处,有利于建立更好的客户关系。

【小资料:长虹集团通过“集中管控”实现应收账款管理精细化】

2005 年,随着长虹集团根据发展战略向集团化、多元化、国际化发展,与之前单一治理结构相比,各个子公司都有较独立的自主权,同时提升了经营效率,但是整个公司的管控风险加大。

为了适应集团发展战略目标,公司财务资产管理采取了“三大集中”管控,即会计政策和会计报告集中管控,会计人员、财务负责人集中管理,资金集中管理,实现风险和效率的平衡。

“寄售”是长虹常用的销售方式,就是把东西放到你那里卖,送给你卖,卖完了我们根据卖了的价格来进行结算,对于这种先供货,后付款的交易模式,如何管理应收账款,长虹内部的认识还极其薄弱。导致 2004 年出现了高额应收账款,加上 APEX 的影响,长虹高层明令全面停止寄售,并从 2006 年开始,引入了集睿信用管理系统。信用管理系统能够保证全公司在任何一笔应收账款产生前,就是你要赊销前,都要通过信用管理系统进入审批,使长虹的应收账款管理发生根本性的变化:过去是业务说了算,业务部门自己判断该不该放货,现在财务说了算。这样就杜绝了业务部门为了做大业绩、做大销售额,而导致财务风险加剧的可能。

同时,长虹采取应收账款分级授权机制,十万元以下的信用是一线的财务来决定,从一线财务负责人一直到集团董事会,形成了在应收账款额度上层层分级的一个内部体系。这样适当赋予各层级一定灵活性,也有利于提升业务效率。除了来自业务部门的反弹之外,要考虑的,还有如何设计好应收账款的催收制度。长虹现在的做法是:明确规定应收账款最长期限为四个月,即 120 天,一旦超期,则无条件转移到法律部门,进入法制程序。实际上,除了财务管理的要求外,对于业务公司在应收账款上的表现,也被纳入了集团对子公司总经理的绩效考核中。根据负责考核的长虹集团经营管理部部长任宗贵的介绍,应收账款属于考核中的关键指标,如果在这方面发生什么严重问题,就有可能在季度考核中被直接亮黄牌,甚至是红牌,而得到两次红牌的总经理,就必须降职、下课。

除了内部机制保证之外,对于应收账款,长虹还引入第三方保证机制。"我们海外市场的应收账款,现在全部由中国进出口信用保险公司进行信用保险",叶洪林介绍说。而自2008年起,国内40%～50%的应收账款,也在中国进出口信用保险公司进行了投保,一旦投保的应收账款出现坏账,则由保险公司赔付90%。

(三)应收账款的日常管理

应收账款过多使得企业营业周期延长,影响企业资金循环,使大量的流动资金沉淀在非生产环节上,致使企业现金短缺,加大了企业的财务风险,严重影响企业正常的生产经营。因此,完善应收账款管理机制,对加快货款回收、防范财务风险、提高经营效益具有重要意义。从企业经营全局看,应收账款的产生直接受生产部门、财务部门和销售部门等行为的影响;而产生的应收账款能否顺利回收则直接影响到企业的现金流动,进而影响企业持续经营的顺利进行。因此,企业应该从经营管理全局思考,结合企业战略需求和财务管理目标等,依托生产、销售等部门强化应收账款的日常管理和全面管理。

综上所述,应收账的日常管理是非常重要的,企业应进一步强化日常管理工作,采取有力的措施进一步分析、控制,及时发现问题,提前采取对策。这些措施包括以下方面内容:

1. 加强应收账款的控制措施

(1)确定适当的信用标准。

信用标准是企业决定授予客户信用所要求的最低标准。信用标准较严,可使企业遭受坏账损失的可能减小,但会不利于扩大销售。反之,如果信用标准较宽,虽然有利于刺激销售增长,但有可能使坏账损失增加,得不偿失。可见,企业应根据所在行业的竞争情况、企业承担风险的能力和客户的资信情况进行权衡,确定合理的信用标准。

(2)加强产品生产质量和服务质量的管理。

在产品质量上,应采取先进的生产设备、聘用先进技术人员,生产出物美价廉,适销对路的产品,争取采用现销方式销售产品。如果生产的产品畅销,供不应求,应收账款就会大幅度地下降,还会出现预收账款。同时在服务上企业应形成售前、售中、售后一整套的服务体系。

(3)确定应收账款最佳持有额度并对客户使用奖惩政策。

确定企业应收账款的最佳持有额度是在扩大销售与控制持有成本之间的一种权衡,企业信用管理部门要综合考虑企业发展目标,以确定一个合理的应收账款持有水平。为了促使客户尽早付清欠款,企业在对外赊销和收账时要奖罚分明。即对于提前付清的要给予奖励,对于拖欠付款的要区分情况,给予不同的惩罚。

(4)建立应收账款坏账准备金制度。

不管企业采用怎样严格的信用政策,只要存在着商业信用行为,坏账损失的发生总是不可避免的。因此,企业要遵循稳健性原则,对坏账损失的可能性预先进行估计,建立弥补坏账损失的准备金制度,以促进企业健康发展。

2. 加强应收账款的日常管理措施

(1)实施应收账款的追踪分析。

赊销企业有必要在收款之前,对该项应收账款的运行过程进行追踪分析,重点要放在赊销商品的变现方面。企业要对赊购者的信用品质、偿付能力进行深入调查,分析客户现金的持有量与调剂程度能否满足兑现的需要。应将那些挂账金额大、信用品质差的客户的欠款作为考察的重点,以防患于未然。

(2)认真对待应收账款的账龄。

一般而言,客户逾期拖欠账款时间越长,账款催收的难度越大,成为呆坏账的可能性也就越高。企业必须要做好应收账款的账龄分析,密切注意应收账款的回收进度和出现的变化,把过期债权款项纳入工作重点,研究调整新的信用政策,努力提高应收账款的收现效率。

(3)谨慎对待应收账款的转换问题。

虽然应收票据具有更强的追索权,但企业为及时变现应急应收票据贴现,会承担高额的贴现息。另外,企业可通过抵押或让售业务将应收账款变现,这些虽然都可以解决企业的燃眉之急,但都会给企业带来额外的负担,并增加企业的偿债风险,不利于企业的健康发展。

(4)进一步完善收账政策。

企业在制定收账政策时,要在增加收账费用与减少坏账损失、减少应收账款机会成本之间进行比较、权衡,以前者小于后者为基本目标,掌握好宽严界限,拟订可取的收账计划。

(四)应收账款的催收措施

1. 企业内部对应收账款的动态管理

在中小企业,应收账款的规模较小,企业的财务部门通常只是向业务员提示应收账款即将到期或已经逾期的期限,并为业务员提供业务发生的有关原始单据,供业务员催款使用。但在大的集团公司,财务部门应该设立专人负责应收账款的管理。同时财务部门协助有关部门制定收回欠款的奖励制度,加速逾期账款回收。

2. 定期分析应收款账龄以便及时收回欠款

一般来讲,逾期时间越长,越容易形成坏账。所以财务部门应定期分析应收账款账龄,向业务部门提供应收账款账龄数据及比率,催促业务部门收回逾期的账款。财务部门和业务部门都应把逾期的应收账款作为工作的重点,分析逾期的内容有:客户的信用品质发生变化了吗?还是因为市场变化,客户赊销商品造成库存积压、客户的财务资金状况因什么原因恶化,等等。考虑每一笔逾期账款产生的原因,采取相应的收账方法。

在向客户催收货款时,必须讲究方式才能达到目的,催收应收账款的方式一般有:

(1)由公司内部业务员直接出面。

一般情况下,业务员可能与客户有多年的交情,见面易于沟通,这是其他人所做不到的。

(2)由公司内部专职机构出面。

在业务员的协调下,可以集中多人的智慧采取最佳方式与客户接触和谈判,避免可能的极端行为给催收造成不必要的麻烦。

(3)委托收账公司代理追讨。

当做了种种努力,仍未能收回客户欠款时,为了避免耗费无法预测的追讨成本,这笔逾期应收账款的追收工作可以委托专业的收账公司继续追收。总之,在市场竞争日益激烈的今天,企业要想提高销售量和市场的占有率，就必须进行赊销，应收账款对企业来说是不可避免的。所以加强对应收账款的核算和管理，尽量降低三角债、呆账和坏账事件的产生，避免企业的资金在非生产环节上沉淀，是保障企业资金的正常运行的一种重要措施。

四、短期投资管理

短期投资是指可以随时兑换成现金并且持有时间不准备超过一年的投资，实物上一般是企业购买的股票、债券和国库券。

由于短期投资具有极易变现的特点，当企业现金暂时充裕时，选择流动性较强的股票、债券、国库券进行投资是最佳理财方式；当企业现金不足时，可以将投资出售获取现金。短期投资作为企业灵活使用资金的一种策略，当企业持有货币资金过多时，银行存款的收益较低，企业可以将剩余资金投入股票、基金等金融产品中，使得企业获得更好的收益。

五、存货管理

（一）存货管理概述

存货是指公司在生产经营过程中为销售或者耗用而储备的资产。在企业流动资产中，存货占的比重较大，一般占流动资产的50%～60%。它是反映企业流动资金运作情况的晴雨表。因为它不仅在企业营运资本中占很大比重，而且又是流动性较差的流动资产。

因此，加强存货规划和控制，使存货保持在最佳水平上，便成为财务管理的一项重要内容。存货管理就是对企业的存货进行管理，主要包括存货的信息管理和在此基础上的决策分析，最后进行有效控制，达到存货管理的最终目的——提高经济效益。

【小知识：存货管理的三次变革】

1953年，日本丰田公司的副总裁大野耐一创造了一种高质量、低库存的生产方式——准时（just in time，JIT）生产。JIT技术是存货管理的第一次革命，其基本思想是“只在需要的时候，按需要的量，生产所需的产品”，也就是追求一种无库存或库存量达到最小的生产系统。在日本JIT技术又称为“看板”管理，在每一个运送零部件的集装箱里面都有一个标牌，生产企业打开集装箱，就将标牌给供应商，供应商接到标牌之后，就开始准备下一批零部件。理想的情况是，下一批零部件送到时，生产企业正好用完上一批零部件。通过精确地协调生产和供应，日本的制造企业大大地降低了原材料的库存，提高了企业的运作效率，也增加了企业的利润。事实上JIT技术成为日本汽车工业竞争优势的一个重要的来源，而丰田公司也成为全球在JIT技术上最为领先的公司之一。

存货管理的第二次变革的动力来自数控和传感技术、精密机床以及计算机等技术在工厂里的广泛应用，这些技术使得工厂的整备时间从早先的数小时缩短到几分钟。在计算机的帮助下，机器很快从一种预设的工模具状态切换到另一种工模具状态而无须走到遥远的工具室或经人工处理之后再进行试车和调整，整备工作的加快使待机时间结构性发生了关键的变化，困扰着传统工厂的在制品库存和间接成本也随之减少。

仍然是丰田公司在20世纪70年代率先进行了这方面的开拓。作为丰田的引擎供应商，洋马柴油机公司(Yanmar Diesel)效仿丰田进行了作业程序的改革，在不到五年时间里，差不多将机型增加了四倍，但在制品的存货却减少了一半之多，产品制造的总体劳动生产率也提高了100%以上。

90年代信息技术和互联网技术兴起之后，存货管理发生了第三次革命。通过信息技术在企业中的运用(如ERP、MRPⅡ等)，可以使企业的生产计划与市场销售的信息充分共享，计划、采购、生产和销售等各部门之间也可以更好地协同。而通过互联网技术可以使生产预测较以前更准确可靠。戴尔公司是这次革命的成功实践者，它充分运用信息技术和互联网技术展开网上直销，根据顾客的要求定制产品。一开始，在互联网还局限于少数科研和军事用途的时候，戴尔公司只能通过电话这样的网络来进行直销，但是互联网逐渐普及之后，戴尔根据顾客在网上的订单来组织生产，提供完全个性化的产品和服务。戴尔提出了"摒弃库存、不断聆听顾客意见、绝不进行间接销售"三项黄金律。戴尔公司完全消灭了成品库存，其零件库存量是以小时计算的，当它的销售额达到123亿美元时，库存额仅2.33亿美元，现金周转期则是负8天。

(二)存货的作用

1. 保证生产或销售经营的连续性

企业生产过程中，需要有一定数量的原材料、半成品的准备，以保证整个生产过程能够顺利、有序进行，特别是对于连续生产过程(例如流水线生产)，一种原材料的短缺，可能导致整个生产过程的停滞。同时，各类企业都会因为各种原因导致生产水平的高低变化，拥有合理的存货可以缓冲这种变化对企业生产活动及获利能力的影响。所以，维持一定数量的原材料、半成品对于企业均衡生产、提升生产效率起着至关重要的作用。

存货储备能增强企业销售方面的机动性以及适应市场变化的能力。当企业有足够的库存产品时，可以有效地供应市场。相反，如某种畅销产品库存不足时，将会失去潜在的收益以及未来的推销良机，并有可能因此而失去顾客。

2. 降低进货成本

部分企业为了促进销售或处理积压产品，当采购方采购数量达到一定规模时，即会在价格上给予一定的折扣优惠。同时，通过增加每批采购数量，减少采购次数，可以减少采购和运输费用支出(当然，采购成本的减少应大于因此带来的存货成本)。并且，在通货膨胀时，适当地储存原材料，能使企业获得因市场物价上涨而带来的好处。

(三)存货的成本

存货的成本是指企业存货所耗费的总成本，是企业为存货所发生的所有支出。主要包括采购成本、订货成本、储存成本、缺货成本等部分。

1. 采购成本

采购成本是指与采购原材料部件相关的物流费用，包括采购订单费用、采购计划制订人员的管理费用、采购人员管理费用等。

2. 订货成本

订货成本有一部分与订货次数无关,如常设采购机构的管理费、采购人员的工资等基本开支,属于固定成本。另一部分与订货次数有关,如邮资、差旅费等,它们属于变动成本。为了降低订货成本,企业需大批量采购,以减少订货次数。

3. 储存成本

储存成本是指企业在存货过程中各种要素投入的以货币计算的总和。主要包括存货资金费用或机会成本、仓储费用、保险费用、管理费用和存货损失等。储存成本可以按照与储存数额的关系分为变动性储存成本和固定性储存成本两类。其中,固定性储存成本与存货数额多少没有直接的联系,如仓库折旧费、仓库职工的固定月工资等。这类成本属于决策的无关成本;而变动性储存成本则随着存货储存数额的增减成正比例变动。如存货资金的应计利息、存货残损和变质损失、存货的保险费用等,这类成本属于决策的相关成本。

4. 缺货成本

缺货成本是指由于存货供应中断而造成的损失,包括材料供应中断造成的停工损失、产成品库存缺货造成的拖欠发货损失和丧失销售机会的损失(还应包括需要主观估计的商誉损失)等;如果生产企业以紧急采购代用材料解决库存材料中断之急,那么缺货成本表现为紧急额外购入成本(紧急额外购入的开支会大于正常采购的开支)。缺货成本能否作为决策的相关成本,应视企业是否允许出现存货短缺的不同情形而定。若允许缺货,则缺货成本便与存货数量反向相关,即属于决策相关成本;反之,若企业不允许发生缺货情形,此时缺货成本为零,也就无须加以考虑。

(四)存货控制

存货控制主要考虑如何获取存货、管理存货,主要目标包括使存货商品达到最经济的订购量并在最适当的时间订购物料,从而使存货量控制在一个适当的范围,最终达到企业在存货使用和周转过程中相关成本最小的目标。存货的范围包括原料、零配件、在制品、成品、包装材料和设备器具等。

存货控制的方法可以分为分类控制、定量控制、定期控制、双分制及综合控制等。

1. 分类控制

分类控制是将物料分为了几大类,依类设定控制原则在数量上实施各类货品的控制。常用的分类是将物料分为A、B、C三大类,也称ABC存货控制。

2. 定量控制

定量控制的特征有:每次订购数量一定,由存货控制的基本原则来决定;订货周期按需求决定;确定安全存量,应付前置时间内不正常的需求;经常检查当前的存货是否减至订购点,以便订购。

定量订购制的经济定量=平均每天使用量×一个生产周期的天数

3. 定期控制

定期控制的订货周期固定不变,订货的数量为存货水平的数量减去现存量,订货数量是不确定的;并定期执行盘点作业,确定现存量。

4. 双分制

双分制将特定物料分为A、B两份,平常使用A份,而B份作储存。待A份用完后,才准动 B 份，同时订购 A 份的数量，在订货期内则以 B 份来维持需求。

5. 综合控制

综合控制采用定期的控制方法，在定期检查存货时，往往会发生存货已减至应订货存量之下的情况，即使立即订购物料，待新物料到库已无法应付需求。为了弥补这一缺点，管理人员可将双分制与定期控制配合使用。如果定期检查日期未到而双分制中的第一份存货已经用完，则应立即订购；如果定期检查的日期已过，而双分制中的第一份未用完，则仍需进行订购。

企业应结合自身实际情况和特点，选择适合的存货控制方法，并利用企业物流的先进的管理理论和管理方法，对企业存货管理的全过程进行优化组合和合理配置，使存货管理活动中的订单流、物流和资金流处于最佳状态，以最少的投入获得最大的产出，这是现代企业存货管理的趋势和重点。

【小资料：ABC 分类法在企业的应用】

安科公司主要经营进口医疗产品的公司，且产品种类繁多、各产品的需求量变化幅度较大，对于安科公司这样的贸易公司而言，因其进口产品交货期较长、库存占用资金大，库存管理显得尤为重要。安科公司按销售额的大小，将其经营的 26 种产品排序，划分为 A、B、C 三类。在此基础上，安科公司对 A 类产品实行连续性检查策略，即每天检查其库存情况，随时掌握准确的库存信息，并对其进行严格的控制，在满足客户需要的前提下维持尽可能低的安全库存量。对于 B 类产品的库存管理，该公司采用周期性检查策略。每个月检查库存并订货一次，目标是每月检查时应有两个月的销售数量在库里（其中一个月的用量视为安全库存），另外在途还有一个月的预测量。每月订货时，再根据当时剩余的实际对于库存数量，决定需订货的数量。对于 C 类产品，该公司则采用了定量订货的方法。根据历史销售数据，得到产品的半年销售量，为该种产品的最高库存量，并将其两个月的销售量作为最低库存。一旦库存达到最低库存时，就订货，将其补充到最低库存量。这种方法比前两种更省时间，但是库存周转率更低。ABC 分类以后，安科公司在存货管理方面取得了显著的效果，包括：

（1）降低了库存管理成本，减少了库存占用资金，提高了主要产品的库存周转率。

（2）避免了缺货损失、过度存储等情况。

（3）提高了服务水平，增强了客户的满意程度。

（4）树立了良好的企业形象，增强了企业的竞争力。

课外实训项目

1. 其企业年末流动资产组成项目数额分别为：材料 30400 元；在产品 11200 元；产成品 3200 元。该企业年初计划定额流动资金占用资料如表 4－1 所示。

表 4－1　计划定额流动资金占用资料　单位：元

项目	计划数
定额流动资金占用合计	38 000
其中：材料	22 800

续表

项目	计划数
在制品	9 500
产成品	5 700
工业总产值	15 200

企业全年实际完成工业总产值 174 800 元。

分析全部定额流动资金占用计划执行情况并查明原因。

2."天宇"公司只生产一种产品,该产品所耗用的主要原材料为 A 材料,制造一件该产品需要 2.4 千克的 A 材料。假定该公司每年生产 200 000 件该产品,且在整个一年中该产品的需求量非常稳定,公司采购 A 材料每次的变动性订货成本为 300 元,单位材料的年储存成本为 10 元。

要求:

(1)计算 A 材料的经济订货批量。

(2)计算经济批量下的存货总成本。

第二节 企业固定资产管理

知识目标

※了解固定资产的特点和分类

※理解固定资产的价值构成

※理解固定资产的确认和计价

※掌握固定资产折旧方法

能力目标

※掌握固定资产不同折旧方法的适用范围

相关知识

一、固定资产管理概述

(一)固定资产的概念

固定资产是产品生产过程中用来改变或者影响劳动对象的劳动资料,是固定资本的实物形态。固定资产在生产过程中可以长期发挥作用,长期保持原有的实物形态,但其价值则随着企业生产经营活动而逐渐地转移到产品成本中去,并构成产品价值的一个组成部分。根据重要原则,一个企业把劳动资料按照使用年限和原始价值划分固定资产和低值易耗品。对于原始价值较大、使用年限较长的劳动资料,按照固定资产来进行核算;而对于原始价值较小、使用年限较短的劳动资料，按照低值易耗品来进行核算。现行工商企业财务制度规定，固定资产是指企业使用期限超过1年的房屋、建筑物、机器、机械、运输工具以及其他与生产、经营有关的设备、器具、工具等；不属于生产经营主要设备的物品，单位价值在2 000元以上，并且使用年限超过2年的，也应当作为固定资产。固定资产是企业的劳动工具，也是企业赖以生产经营的主要资产。

（二）固定资产的分类

企业固定资产的种类繁多，为了合理地组织固定资产的管理与核算，必须对固定资产进行分类，归类反映和监督各项固定资产的增加、售出、使用和保管情况。固定资产可以按不同的标准进行分类，如：

（1）按固定资产的经济用途，可以分为生产经营用固定资产和非生产经营用固定资产。

（2）按固定资产的使用情况，可以分为使用中固定资产，未使用固定资产和不需用固定资产。

（3）按固定资产的所有权，可以分为自有固定资产和租赁固定资产。

（4）企业实际生产经营中，更常见的是用综合分类方法将固定资产分成以下七类，包括：

①生产经营用固定资产。生产经营用固定资产是指直接参与企业生产经营过程的各种固定资产，如生产经营部门和管理部门所使用的房屋、建筑物、动力设备、运输设备、工作机器及设备、仪器、管理工具等。

②非生产经营用固定资产。非生产经营用固定资产是指不直接参与企业生产经营活动，而是在非生产经营领域内使用的固定资产，如职工宿舍、招待所、食堂、浴室、理发室、医务室、学校等方面使用的房屋、设备等。

③租出固定资产。租出固定资产是指经批准以经营性租赁的方式出租给其他单位使用的固定资产。

④未使用固定资产。未使用固定资产是指尚未投入使用的新增固定资产，调入尚未使用的固定资产，进行改建、扩建的固定资产，以及经批准停止使用的固定资产。

⑤不需用固定资产。不需用固定资产是指本企业不需用、拟处理的固定资产。

⑥融资租入固定资产。融资租入固定资产是指以融资租赁方式租入的固定资产。

⑦土地。土地是指过去已估价并单独入账的土地，而不包括企业取得的土地使用权及因征用土地而支付的补偿费。

（三）固定资产的确认

固定资产在同时满足以下两个条件时，才能加以确认：

（1）该固定资产包含的经济利益很可能流入企业。

（2）该固定资产的成本能够可靠地计量。

具体确认条件可以参照上节固定资产概念中的财务制度规定。企业对固定资产进行确认时，应当按照固定资产含义和确认条件，考虑企业的具体情形加以判断。企业的环保设备和安全设备等资产，虽然不能直接为企业带来经济利益，却有助于企业从相关资产获得经济利益，也应当确认为固定资产。当固定资产的各组成部分具有不同使用寿命或者以不同方式为企业提供经济利益，适用不同折旧率或折旧方法的，应当分别将各组成部分确认为单项固定资产。

（四）固定资产的计价

固定资产计价是指以货币为计量单位来计量固定资产的价值。固定资产计价的正确与否，不仅关系到固定资产的管理和核算，而且关系到企业的收入与费用是否配比，经营成果的核算是否真实。固定资产的计价采用原始价值、重置完全价值和净值三种计价标准。

(1)原始价值。

原始价值是指企业在购置、建造或获得某项固定资产时的全部货币支出，企业为取得固定资产而缴纳的契税、耕地占用税、车辆购置税等相关税费也应包括在内。原始价值是固定资产计价的基本计价标准。

(2)重置完全价值。

重置完全价值是指在当前的生产技术条件和市场情况下，重新购建某项相同的固定资产所需发生的全部支出。当某些情况下企业取得无法确定原价的固定资产时，如出现盘盈固定资产时，按照同类固定资产的重置完全价值计价。当国家要求企业对固定资产进行重估价时，也应当采用重置完全价值。

(3)净值。

净值又称折余价值，是指固定资产原始价值或重置完全价值减去累计折旧后的净额。它反映固定资产尚未损耗的现有价值和新旧程度。这种计价方法主要用于计算盘盈、盘亏、毁损固定资产的溢余或损失。

（五）固定资产的特点

(1)固定资产在使用过程中具有原有物质形态的保持性。固定资产以实物形态参加生产过程，以其技术性能作用于产品的生产，而不是以实物形态形成产品的使用价值。

(2)固定资产的资金周转期取决于使用年限。固定资产实体使用寿命的长短不与产品生产周期一致，其价值的周转时间需要经过多次反复的生产周期才能完成。

(3)固定资产的价值补偿和实物更新时间不一致。固定资产的补偿在价值形态与实物形态上不同。价值形态补偿是根据固定资产在使用过程中的消耗程度，以折旧形式分次，逐步实现的。其实物在报废前仍可在生产中发挥作用。

(4)固定资产在使用中价值存在双重性，此消彼长。随着企业再生产过程的连续性，固定资产分两部分实现，实物部分，逐年递减，脱离实物形态部分依次通过在产品和产成品转化为货币，逐年递增。

二、固定资产的折旧管理

（一）固定资产折旧的概念

固定资产的折旧是指在固定资产的使用寿命内，按确定的方法对应计折旧额进行的系统分摊。使用寿命是指固定资产预期使用的期限。有些固定资产的使用寿命也可以用该资产所能生产的产品或提供的服务的数量来表示。应计折旧额是指应计提折旧的固定资产的原价扣除其预计净残值后的余额；如已对固定资产计提减值准备，还应扣除已计提的固定资产减值准备累计金额。

影响固定资产折旧的因素包括：

(1)折旧的基数。计算固定资产折旧的基数一般为取得固定资产的原始成本，即固定资产的账面原值。

(2)固定资产净残值。固定资产净残值是指预计的固定资产报废时可以收回的残余价值扣除预计清理费用后的数额。

(3)固定资产使用年限。固定资产使用年限指固定资产预期使用的期限。有些固定资产的使用寿命也可以用该资产所能生产的产品或提供的服务的数量来表示，固定资产的使用寿命一经确定，一般不得随意调整。

固定资产的损耗分有形损耗和无形损耗两种形式。固定资产的有形损耗，是指固定资产由于使用和自然力的作用而逐渐丧失其物理性能。有形损耗有两种：一种是由于固定资产投入生产过程中的实际使用而发生的物质磨损；另一种是由于自然力的作用而发生的自然损耗。无形损耗，是设备或固定资产由于科学技术的进步而引起的贬值。按其产生的具体原因，同样分为两种：一种是由于劳动生产力的提高，生产同样效能的设备花费的社会必要劳动量减少，成本降低，同样效能的设备价格便宜，使原有设备的价值相应降低所造成的损失，又称价值损耗；另一种是由于科学技术进步，出现新的效能更高的设备，原有设备不得不提前报废所造成的损失，又称为效能损失。效能损失只有缩短折旧年限才能避免。考虑无形损耗后所确定的折旧年限，成为固定资产的经济折旧年限。

（二）固定资产折旧的计算方法

固定资产的折旧方法有平均年限法、工作量法、双倍余额递减法、年数总和法等。企业应根据固定资产所含经济利益的预期实现方式选择折旧方法。折旧方法一经确定，不得随意变更。如需变更，应在会计报表附注中予以说明。

1. 平均年限法

平均年限法也称直线法，是实际中应用最为广泛的一种折旧方法。它是将固定资产原值减去净残值(残值扣除清理费用的净额)后的余额，按照预计使用年限均衡地分摊到各期的方法。平均年限法主要适用于各期的负荷程度比较接近的固定资产。计算方法如下：

(1)折旧额计算公式，见式(4-1)。

$$\text{固定资产年折旧额}=\frac{\text{原始价值}+\text{清理费用}-\text{残余价值}}{\text{折旧年限}}$$

$$=\frac{\text{原始价值}\times(1-\text{预计净残率})}{\text{折旧年限}} \tag{4-1}$$

(2)折旧率计算公式，见式(4-2)。

$$\text{固定资产年折旧率}=\frac{\text{原始价值}+\text{清理费用}-\text{残余价值}}{\text{原始价值}\times\text{折旧年限}}\times 100\%$$

$$=\frac{1-\text{预计净残值率}}{\text{折旧年限}}\times 100\% \tag{4-2}$$

2. 工作量法

工作量法是将固定资产原值减去净残值(残值扣除清理费用的净额)后的余额均衡地分摊至固定资产预计使用年限内完成的工作总量上，并根据当期固定资产在生产过程中实际完成的工作总量(总产量、总里程、总工时数、总工作台班等)计算折旧额的一种方法。工作量法主要适用于各个使用期内提供的收益较不均衡，使用强度差别较大的固定资产。

如某些价值很大而又不经常使用的大型机器设备，汽车、船舶等运输设备等。计算方法见式(4－3)：

$$单位工作量折旧额 = \frac{原始价值 + 清理费用 - 残余价值}{预计使用年限内完成的总工作量} = \frac{原始价值 \times (1 - 预计净残率)}{预计使用年限内完成的总工作量} \quad (4-3)$$

3. 双倍余额递减法

双倍余额递减法是指在不考虑固定资产残值的情况下，根据双倍的直线法折旧率和逐年递减的固定资产账面折余价值计算旧的方法。计算方法见式(4－4)：

$$年折旧率 = \frac{2}{折旧年限} \times 100\% \quad (4-4)$$

计算方法补充说明：

(1)年折旧率保持不变。

(2)不考虑固定资产残值。

(3)在固定资产使用年限到期前两年内，将固定资产折余价值(净值)扣除预计净残值后的净额平均计提折旧。

4. 年数总和法

年数总和法又称使用年限积数法，是将固定资产的原值减去预计净残值后的净额乘以一个逐年递减的分数以计算每年折旧的方法。计算方法见式(4－5)：

$$固定资产年折旧率 = \frac{折旧年限 - 已使用年限}{预计使用年限的年数总和折旧年限 \times (折旧年限 + 2) \div 2} \times 100\%$$

$$月折旧率 = 年折旧率 \div 12$$

$$月折旧额 = (固定资产原值 - 预计净残值) \times 月折旧率 \quad (4-5)$$

双倍余额递减折旧法和年数总和折旧法都属递减折旧法。采用这两种折旧方法的理由，主要是考虑到固定资产在使用过程中，一方面它的效率或收益能力逐年下降；另一方面它的修理费用要逐年增加。为了均衡固定资产在折旧年限内各年的使用费，固定资产在早期所提的折旧额应大于后期所提的折旧额。

三、固定资产的日常管理

(一)实行固定资产归口分级管理，建立使用保管责任制

建立和健全固定资产管理制度，正确处理好企业和企业所属单位之间在固定资产保管和使用方面的关系，确立责任制，避免无人负责现象。企业的各项固定资产，首先要按类别实行归口管理，如施工机械、运输设备、生产设备等由机械设备部门管理，房屋建筑物、管理用具等由行政部门管理。各该部门负责对所管各类固定资产的采购、调配、维修和清理，并定期对使用保管情况进行检查。

由于各项固定资产实际上是由企业所属各施工队和加工厂等掌握使用的，因此，在实行归口管理的同时，必须建立起使用单位的保管使用责任制，实行分级管理。各使用单位应对机械设备部门等负责，严格执行各项财产管理制度，加强固定资产日常维修保养，保证固定资产完

整无缺，不断提高可用率和利用率。对于机械设备的管理，还要根据谁用、谁管、谁负责维护保养的原则，把机械设备保管责任落实到使用人，使每台机械设备有人管理。同时，各级使用单位均应分别指定专人，全面负责本单位的固定资产管理工作。这样，就可以做到层层负责任，物物有人管，从而有利于加强职工对机械设备保管的责任心，使企业财产不受损失；有利于促使职工加强对机械设备的维护保养，提高机械设备的可用率和利用率；有利于做到账物相符，家底清楚。

（二）对固定资产的使用、保管、调拨、出售、清理进行经常性的核算和检查

为了保证固定资产的完整无缺，不断提高固定资产的利用效果，财务部门必须对固定资产的存在情况和使用情况进行全面的核算和考核。为此，财务部门要会同财产管理部门建立和健全固定资产管理制度和各项财产管理制度，对各项财产的增减变动、内部转移及修理、清理等规定统一而严密的手续；根据固定资产核算资料，掌握固定资产的增减变动和分布情况，检查有关单位执行财产管理办法的状况，经常分析固定资产的利用效果，促使各单位管好用好固定资产。

财务部门对于调入或基建完工交付使用的固定资产，要协同财产管理人员深入现场，根据固定资产交接凭证，认真做好固定资产的验收和交接工作。要清点数量，核对新增机械设备主机和附机的名称、型号规格、数量是否与凭证所列相符，所附备件、工具是否齐全。要检查质量，会同技术人员和工人对机械设备的技术状况进行检查，看机械设备的性能是否良好，质量是否符合技术要求。要核实造价，看新增固定资产的造价和购进、调入的价格是否符合实际。如发现问题，要协同财产管理部门向有关部门提出意见，采取措施，及时解决。

企业对于增加的各项固定资产，都要按类、分项、依顺序进行编号，使每项固定资产都有自己的固定号码，以便查找核对，避免乱账、错账。同时要为每项固定资产开设“固定资产卡片”，以登记固定资产的编号、名称、型号规格、技术特征、附属物、使用单位、所在地点、建造年份、开始使用日期、中间停用日期、原值、预计使用年限、折旧率、进行大修理次数和日期、转移调拨情况、报废清理情况，等等。“固定资产卡片”通常应一式三份，一份由财务部门保管，一份由财产管理部门保管，一份由使用部门保管。财务部门保管的固定资产卡片除按固定资产类别分类外，并应按使用部门分组存放，遇有变动，应随时登记有关卡片，并相应转移它的存放位置，以便于了解固定资产的实际情况。

（三）做好固定资产的清查盘点工作，保证固定资产的完整无缺

为了保证固定资产的完整无缺，必须定期对固定资产进行清查盘点。建立固定资产定期清查盘点制度，除了弄清固定资产实有数量、保证账实相符外，还具有下列重要意义：首先可以了解固定资产的使用和维护情况，进一步挖掘机械设备的生产潜力，促使增产节约运动的深入开展；其次，可以查明账外固定资产，促进企业改善固定资产管理；此外，还可发现丢失、毁损的固定资产，从而堵塞漏洞，揭发破坏盗窃行为。

固定资产的清查盘点，每年至少进行一次。为了做好定期清查盘点工作，必须依靠和发动群众，并成立主管人员、专业人员（包括财产管理人员和财务人员）、员工的“三结合”领导小组，尽可能把固定资产的清查和机械设备的大检查结合起来进行。

【小资料:长安福特的固定资产日常管理的规范化和流程化】

(1)注重流程管理。

长安福特的固定资产内部控制进行的是流程管理。从固定资产投资项目的决策、购置到固定资产的日常管理、最后处置都有一系列的流程图,相关业务经办人员根据这些流程图执行有关固定资产的业务。不少企业虽然有一整套的管理制度,但是执行起来却不尽如人意,很多业务人员经办有关事项时,不遵守企业的规章制度。很多情况下,并不是业务人员有意违反企业的制度,一个重要的原因是企业缺乏可供操作性的流程来指导业务人员处理经济业务。长安福特在这方面做得就比较好,公司采用的是福特公司的管理经验,在流程设计上比较科学合理,有效地指导了业务人员的工作。如长安福特的不少员工就提到,在很多情况下,他们的工作不是来自领导的命令,而是按程序办事。

(2)加强固定资产实物台账管理。

固定资产的内部控制是全方位的控制,从固定资产投资决策、购置,一直到日常管理和处置,每个环节都很重要。很多企业比较重视固定资产的购置,但固定资产购买回来后,对日常管理却不够重视。长安福特公司设立了完善的固定资产实物台账管理制度,对台账的设置、登记、保管、报告进行了详细的规定,并加以执行。通过对固定资产的台账管理,公司较好地保证了固定资产的完整性和安全性,维护了资产的正常运行。

(3)注重固定资产的内部控制自我评价。

内部控制的评价,在我国很多企业中一直是一个薄弱环节。一般来说企业都有相应的内部控制制度。但不少企业对如何评价和考核内部控制的运行却缺乏经验和有效的手段。长安福特的内部控制制度中的一个重要组成部分就是内部控制评价。该公司制定了详尽的内部控制审核项目,从固定资产的购置到日常管理的处置,都是企业内部审核小组予以关注的对象。通过内部审核,长安福特有效地监督了内部控制的运行情况,对出现的问题能够及时发现,并予以纠正。

小　结

本节介绍了企业固定资产折旧的各种方法、适用范围和计算公式。

固定资产折旧方法的选择对于恰当地实现收入与费用的配比,如实地反映固定资产在使用过程中发生的价值损耗和期末固定资产净值具有重要意义。

课外实训项目

(1)针对某中小生产企业,作为财务部门的主管,你应如何加强对固定资产的管理?

(2)某企业某项固定资产原值为60 000元,预计净残值为2 000元,预计使用年限为5年。该项固定资产采用双倍余额递减法计提折旧。请计算该固定资产各年的年折旧率和年折旧额。

第三节　企业无形资产管理

知识目标

※了解无形资产的含义、特点和内容

※掌握企业品牌管理的内容

※掌握企业技术管理的主要内容

能力目标

※能够对具体企业的品牌进行定位与设计

※能够利用各种媒介对品牌进行宣传和推广

※学会申请商标和专利注册

案例引入

广东的C企业是一家从事厨房用具生产和销售的小企业,成立已有5年。5年以来,该企业一直买便宜材料模仿其他企业的厨具进行设计生产。由于工人技术熟练材料浪费少,且该厂的老板老丁是销售出身,培养出了一支销售精英团队,业务遍及全国各地。几年下来,C企业经营得也算有声有色,销售额一路上扬,企业规模也逐渐扩大。但是老丁不满足现状,希望能够以现代管理方式来引导企业发展。于是老丁找了个咨询公司给做企业诊断,咨询公司给出的诊断意见大致是:企业缺乏无形资产而显得发展后劲不足;要想获得长远的发展,企业必须重视无形资产的建设,加强无形资产管理,构造企业核心竞争力。

根据上述资料和相关知识回答下列问题:

(1)一个企业的无形资产包括哪些?

(2)对于C企业而言,如何进行无形资产建设和管理?

案例分析

这个案例围绕的是一个成立时间不长、资金实力比较薄弱的小企业想要利用现代企业的管理理念引导企业长期稳定良性发展的问题。根据咨询公司的诊断建议,需要进行无形资产的建设和管理。要想顺利地开展此项工作,必须要掌握以下知识:

(1)无形资产的内容。

(2)无形资产管理的内容和重点。

相关知识

一、企业无形资产概述

(一)无形资产的含义

无形资产是指企业为生产商品、提供劳务、出租给他人或者为管理目的而持有的、没有实物形态的非货币性长期资产。这些资产一般都具有较大的经济价值,能为企业带来超值收益。

(二)无形资产的特点

与有形资产相比,无形资产具有以下特点:不具有实物形态,看不见,摸不着,通常表现为某种权力、技术或获取超额利润的综合能力;属于非货币性长期资产;是为企业使用而非出售的资产;有可能会给企业带来较大的经济效益,但在创造经济效益方面存在着较大的不确定性。

(三)无形资产的内容

无形资产通常包括商标权、专利权、非专利技术、著作权、特许权和土地使用权等。

1. 商标权

商标权是指专门在某类指定的商品或服务上使用特定的名称或图案的权利。

2. 专利权

专利权是指国家专利主管机关依法授予发明创造专利申请人对其发明创造在法定期限内所享有的专有权利。

3. 非专利技术

非专利技术也称专有技术,是指不为外界所知,在生产经营活动中应采用了的、不享有法律保护的,可以带来经济效益的各种技术和诀窍。

4. 著作权

著作权是指作者对其创作的文学、科学和艺术作品依法享有的某些特殊权利。

5. 特许权

特许权又称经营特许权、专营权,指企业在某一地区经营或销售某种特定商品的权利或是一家企业接受另一家企业使用其商标、商号和技术秘密等的权利。

6. 土地使用权

土地使用权是指国家准许某企业在一定期间内对国有土地享有开发、利用和经营的权利。

(四)无形资产管理的重点

虽然无形资产包括的内容很多,但对大部分的企业而言无形资产管理的中心和重点在对商标、专利和非专利技术的管理上。而商标是品牌法律化的部分,专利是技术法律化的部分。所以企业的无形资产管理的重点是品牌管理和技术管理。

二、企业品牌管理

(一)品牌管理概述

1. 品牌的含义

品牌是一个名字、名词、符号或设计,或是上述的总和。它是一种重要的无形资产,其目的是要使自己的产品和服务有别于其他竞争者。品牌可以使消费者有效地辨认出产品或服务的制造商、产地,可以增强消费者购买的信心,容易为企业培养忠实客户。品牌是企业塑造形象、知名度和美誉度的基石,是企业降低成本、获取增值的有效途径。因此,越来越多的企业开始重视品牌的建立和品牌的维护。

2. 品牌管理的内容

企业试图通过一系列的方法来建立品牌认知度、树立品牌知名度,从而达到品牌管理的目的。要达到此目的,需要进行品牌定位与设计、制定品牌策略、评估品牌价值和实施品牌法律化保护,这就构成了品牌管理的内容。

(二)进行品牌定位与设计

1. 品牌定位

(1)品牌定位的含义。

品牌定位是指建立或塑造一个与目标市场有关的品牌形象的过程与结果。品牌定位应该与品牌所对应的目标消费群建立一种内在的联系,考虑企业的资源条件和竞争者的品牌定位,考虑企业的成本效益比,遵循顾客导向原则,着力突出品牌的个性化与差异化。

(2)品牌定位策略。

品牌定位是技术性较强的一项工作,离不开科学严密的思维,必须讲究策略和方法。品牌定位策略主要有以下几种:

①功效定位。功效定位是根据产品的功能、效果和利益进行定位的策略。功效定位要抓住消费者的特征和需求,塑造出适合消费者的功能和利益。例如沃尔沃以强调耐用和安全性著称,海飞丝一直以来突出去屑功能等都属于功效定位。

【小资料:定位失败使润妍黯然退市】

洗发水品牌“润妍”是宝洁公司在全球推出的第一个针对东方人发质发色设计的中草药配方洗润发产品,倡导“黑发美”。但是该品牌在2002年4月全面停产,逐渐退出了中国市场,是宝洁进入中国市场以来自创品牌的第一个,也是唯一一个退出中国市场的产品。

导致润妍退市的原因有很多,但是最重要一点是润妍这个品牌的定位不准确。润妍的定位是“黑发美”,把目标消费者锁定在18~35岁的城市高层女性。实际上,这部分消费者属于社会阶层的潮流引导者,她们的行为就是改变与创新。随着染发风潮的风靡,其发型与颜色都在不断变化中,其中黑发成为最守旧的发色。

所以润妍由于没有抓住目标消费者对产品的功能需求,导致品牌定位失败,最终黯然退市。

②品质定位。品质定位就是以产品优良的或独特的品质作为表述内容,以吸引那些注重品质的消费者。适合这种定位的产品往往实用性较强,能经得起市场的考验,方能赢得消费者的信赖。例如蒙牛的特仑苏宣称“不是所有牛奶都叫特仑苏”,间接突出它的品质定位。

③情感定位。情感定位是把人类情感中的关怀、牵挂、思念、温暖、怀旧、爱情等情感内涵融入品牌中,使消费者在购买或使用产品的过程中获得这些情感体验,从而唤起消费者内心深处的认同和共鸣,最终使品牌获得消费者的喜爱。例如雕牌洗衣粉创造的下岗片中一句“妈

妈,我也能帮您干活啦"引起了消费者内心深处的强烈震撼和情感共鸣;长虹以"产业报国、民族昌盛"为己任等。

④文化定位。文化定位是利用各种内外部传播途径形成受众对品牌的高度认同,从而形成一种文化氛围,通过这种文化氛围形成很强的客户忠诚度。例如国窖1573宣称其窖池建立于1573年,突出其悠久的酒文化历史和背景。

⑤质量/价格定位。质量/价格定位是将质量和价格结合起来构筑品牌识别,让消费者感觉物有所值,乐于购买。例如戴尔电脑强调"物超所值,实惠之选";雕牌用"只选对的,不买贵的"来暗示雕牌的实惠价格;美廉美宣称"美的不仅是商品,廉的绝对是价格"来塑造它的高质量与价格比。

⑥首席定位。首席定位是强调品牌在同行业或同类中的领导性和专业性定位,如宣称"销量第一"。当今社会是一个信息爆炸的社会,消费者对没有特征的信息过眼即忘,但对领导性、专业性的品牌印象较为深刻。如百威啤酒宣称"全世界最大,最有名的美国啤酒";格兰仕的"中国销量最大的微波炉品牌";高露洁一直强调自己是"口腔护理专家"等。

⑦生活情调定位。生活情调定位就是使消费者在使用品牌产品的过程中能体会一种美好的令人惬意的生活气氛和生活感受,从而获得一种精神满足,使品牌成为生活情调和质量的保证。例如青岛纯生啤酒的"鲜活滋味、鲜活人生"给人以舒畅和激扬的心情体验;动感地带的"我的地盘我做主"给人以奔放和自由的个性体验;美的空调的"原来生活可以更美的"给人以舒适、惬意的生活感受等。

⑧类别定位。类别定位是把品牌产品与某种特定的产品种类连接起来,可以通过对一种现存产品类别的细分,或用一种全新的产品类别来定位品牌,从而突出自己的与众不同,让消费者感受到差异性。例如七喜汽水宣称自己是"非可乐"型饮料,突出自己的独特性;汇源将自己定位为果蔬饮料,突出自己与传统的碳酸饮料和乳饮料的不同。

【小资料:娃哈哈啤儿茶爽定位引争议】

2009年,娃哈哈推出一款新的品牌叫啤儿茶爽,宣称是茶添加香浓麦芽,采用混比充气,二位一体灌装技术,零酒精,低热量,高营养,像啤酒一样酷爽,像绿茶一样健康。娃哈哈指出该品牌主要针对那些想喝啤酒却怕喝多,或对酒精过敏、没有酒量的人群,比如司机、女士等,满足他们对喝啤酒的需要。该品牌拥有酒瓶的外包装、类似啤酒的颜色、泡沫和口感,宣传语是"像啤酒一样的饮料,不喝你就out了"引得众多中小学生争相模仿,在学生群中引起了短期轰动。很多家长和大众看着校门外拿着"啤酒"豪饮的学生,都觉得该品牌在误导未成年人饮酒,社会影响力太差。

成人世界对该品牌反应平平,因为很多人认为它既像啤酒又不是啤酒,不含酒精。它既不是啤酒也不是茶,有点不伦不类。

很多专家预测该品牌定位模糊,似酒非酒,似饮料非饮料,类别不清。他们认为孩子的喜好只是短期的图新鲜,不可能有品牌忠诚度,品牌很快即将被淹没。啤儿茶爽何去何从,我们将拭目以待。

2. 品牌设计

广义的品牌设计范畴很广,包括品牌战略设计、产品设计和形象设计。狭义的品牌设计指的是对产品的文字名称、图案记号或两者结合的一种设计，用以象征产品的特性，是企业形象、特征、信誉和文化的综合与浓缩。在此我们介绍的是狭义品牌设计。

（1）品牌名称设计。

品牌名称设计就是指品牌命名。品牌命名对于建立品牌非常重要。好的品牌名称容易让消费者记住，是品牌资产形成的前提。品牌名称的组合方式较多，一般由汉字、字母和数字等构成。整体而言，在品牌命名的时候需要遵循以下原则：

①独特性。一个平淡无奇的品牌名称很难让消费者留下深刻的印象，因此在对品牌进行命名时，一定要结合产品特征设计出个性独特的名称，以便让消费者容易辨认且能够与其他企业或商品的名称相区别。

②简洁性。如果品牌名称太长或过于晦涩难懂，确实满足了独特性要求，但是消费者难以理解，运作起来非常困难。例如在欧洲属于第一大奶品公司的帕拉玛特兵败中国，其原因就是名字晦涩难懂，所以简洁的品牌名称非常重要。简洁明快的名称应该是使消费者易读、易记、易理解和易辨认的，可以有效降低设计和宣传品牌的成本，有助于提高传播效果。

【小资料：Lux——近乎完美的品牌名称】

Lux是联合利华扬名世界的品牌，它的中文品牌名称是“力士”。业内人士认为它是一个近乎完美的品牌名称，因为它几乎涵盖了优秀品牌名称的所有优点：

（1）它只有三个字母，易读易记，简洁醒目，在所有国家的语言中发音基本一致，易于在全世界传播。

（2）它富含寓意，来自古典语“luxe”，是典雅、高贵之意，它在拉丁语中是“阳光”之意。它的读音和拼写令人很自然地联想到另外两个英文单词lucky（幸运）和luxury（华贵）。

③营销性。好的品牌名称应该暗示产品的利益，富有美好的寓意，具有促销、广告和说服的作用，适合包装，与企业和产品形象相匹配。例如“蒙牛”这个品牌名称，容易让人联想到广袤无垠的内蒙古大草原上自由放养的奶牛以及企业创始人牛根生，一个豪情万丈的创业者。这个品牌很容易暗示出产品的绿色无污染性，易于促销和包装。且名称只由两个字构成，简洁有力而又寓意丰富，同时宣传了企业的领导人，可谓营销性十足。

④愉悦性。愉悦性是指在设计品牌名称时，一定要注意使用美好恰当的词汇。不管读还是看都要使人感到愉快，避免不悦和消极的感觉。例如可口可乐、百事可乐等。

【小资料：旺旺的品牌名称】

旺旺符合好的品牌名称的要求，首先，名称只由一个字，就是“旺”的两次重复，符合简洁性和独特性要求。其次，“旺”表示的意思是旺盛、兴旺、发达、昌盛之意，就像旺旺的广告语“学习旺、事业旺、家庭旺”，符合营销性、愉悦性和中国人希望讨好彩头的文化性。再次，“旺”与人类最忠实的朋友——狗的叫声很类似，因为旺旺品牌的创始人很喜欢狗，他希望借此表示该品牌对合作伙伴和消费者的忠诚，富含个人情感。此外，“旺”的中文发音与英文“one”的发音相同，预示着要力争第一的勇气和信心，符合长远性和时代性的要求。

⑤文化性。由于客观上存在着不同地域、不同民族的风俗习惯及审美心理等文化差异,品牌名称要考虑到不同地域、不同民族的文化传统、民众习惯、风土人情和宗教信仰等因素。例如金利来品牌的创始人曾宪梓最初准备把中文的品牌名称定为金狮,但是由于考虑到香港人的语言习惯会将“金狮”与“金蚀”读为同音,而“金蚀”是赔本的意思。香港人爱讨吉利,不会喜欢“金蚀”,所以最终改为金利来,意味着名利双收。

⑥长远性。在品牌名称设计时要尽量考虑品牌远景,以免陷入区域性的误区,保证通用性。例如“厦新”改为“夏新”即是考虑到日后品牌发展的需要,尽量淡化厦门的区域特色而为。而早在 1993 年,海信之所以由“青岛电视机”改名为“海信”应该也有这方面的考虑。

⑦时代性。品牌名称应该要保持一定的稳定性,以便让消费者能够长期持续地关注购买并保持忠诚度。但是,随着企业的发展和社会的进步,品牌也应该与时俱进,反映时代特色和企业发展进程。例如我们现在熟悉的索尼最初叫做“东京通信工业”,后来由于准备进军欧美市场,而将品牌名称改为了现在大家耳熟能详的 Sony。

【小资料:联想的英文品牌名称】

联想的英文品牌名原来是“Legend”,在 2003 年改为“Lenovo”。六年多来,“Lenovo”变得家喻户晓。

我们知道“Legend”在英文字典中的意思是传奇、联想和想象的意思。而“Lenovo”在英文字典里却找不到,它是一个臆造词。其中“Le”部分继承了原来品牌英文标志中的部分,表示新联想将一如既往地继承老联想的优秀的作风和品质;“novo”是一个很有渊源的拉丁词根,代表着“新意和创新”,合起来的意思是“创新的联想”。

联想的英文品牌名称的变化采用了 Intel 和 Sony 等大品牌的“造词法”,大胆突破而又富有寓意,显得时尚、独特而国际化。

(2)品牌图案设计。

品牌的图案设计包括对品牌平面图形、立体图形以及色彩等组合的设计。品牌的图案设计应该体现以下几方面:

①营销方面。品牌的图案应该能够体现品牌产品的特征和品质,凸显出品牌的价值和理念。

②视觉方面。品牌图案应该新颖独特,醒目直观,适合各种媒体传播,能够对消费者产生强烈的视觉冲击。例如百事可乐的蓝白相间的球形图案设计,对比鲜明,异常醒目,在远处亦能轻易识别。

③设计方面。品牌图案应该色彩搭配协调,线条搭配合理,图案清晰、简约、对称,布局合理。

④情感方面。品牌图案应该极富现代气息,感染力强,令人喜爱,让人产生丰富的联想。例如王老吉的“中国红”设计让消费者产生深深的爱国情结。

⑤认知方面。品牌图案应该易于辨认和记忆,通俗易懂,能够让人印象深刻,符合目标消费群体的文化背景和时代要求。

【小资料:大众的品牌图案设计】

大众的品牌图案是。由蓝白相间的色彩组合而成,非常醒目。图案是由一个圆圈和圈中的“V”和“W”组成。大众的德文是“Volks Wagenwerk”,意为大众使用的汽车,标志中的“VW”为全称中头一个字母。“VW”也可以理解为三个“V”,“V”字表示的是胜利的意思,表示大众公司及其产品“必胜—必胜—必胜”。

(三)制定品牌策略

1. 制定品牌宣传与推广策略

品牌的宣传与推广主要依靠公共关系(简称公关)和广告。

(1)利用公关进行品牌宣传与推广。

①公关在品牌宣传与推广中的作用。公关是打造品牌的途径。公关作为一种行之有效的沟通方式,为品牌传播提供大量信息;帮助企业宣传,塑造良好的品牌形象;能够协调各方面关系,加强情感交流,获得品牌认知度和忠诚度;服务社会,追求社会效益,使企业的品牌形象得以有效提升。

②品牌公关的方式。企业利用公关实现品牌的宣传与推广,主要包括策划新闻、新闻发布会、记者招待会、讲演、领导来访、开业仪式、周年庆典、产品促销、赞助活动、社区活动、展览展示、客户活动、专题活动、公益活动以及各种会议等其他特殊事件。

【小资料:西铁城在澳大利亚摔出的名气】

日本著名的手表品牌西铁城刚刚进入澳大利亚的时候,可以说一文不名。于是,钟表商为了在澳大利亚打开市场,提高品牌知名度,进行了一次别出心裁、轰动一时的活动。

西铁城钟表公司在一份澳大利亚报纸上,刊登了这样一则广告:“×月×日×时,西铁城将用直升机向堪培拉某广场空投全新手表,拾获者将成为该手表的主人。”人们半是觉得好笑,半是觉得怀疑,让直升机在数百米高空投到地面的手表,焉有不粉身碎骨之理? 但出于好奇,成百上千的人还是不约而同地来到广场上。时钟走到预定时刻,直升机果然在广场上空出现了,瞬息间,数以万计的西铁城手表从天而降。在一阵喧嚣过后,首先过去捡起手表的人们竟然惊奇地发现这些西铁城手表不但外表无损,而且走得非常准确。顿时,全场哗然,西铁城的摔表事件在众多报纸、电视的踊跃报道下路人皆知。就这样,刚刚进入澳大利亚市场的西铁城就此一摔成名了。

(2)利用广告进行品牌宣传与推广。

①广告对品牌宣传与推广的作用。广告是品牌传播的主要方式之一,它通过各种传播媒介向消费者传播品牌信息、诉说品牌情感,构建品牌个性,进而在消费者心理上形成强大的品牌影响力。从广告心理学角度讲,广告是建立消费者品牌认知、培养品牌意向和改变品牌态度的重要影响因素。

②品牌广告宣传与推广应考虑的因素。利用广告进行品牌宣传与推广时,要注意结合品

牌产品的特征,采用理性和感性相结合的方法,综合考虑消费者接受媒体的习惯、竞争对手的广告传播方式、相关的法律规定、广告的预算、媒体的寿命和灵活性等因素,有针对性地选择广告代言人和广告媒体。

③品牌广告宣传与推广的步骤。要进行品牌的广告宣传与推广,一般需要经过五个步骤:Ⅰ根据品牌定位和市场营销目标,制定出品牌的广告宣传与推广目标;Ⅱ根据销售额百分比法、竞争平衡法或目标任务法等方法,确定广告预算;Ⅲ根据广告预算和消费者的偏好拟订广告信息;Ⅳ根据广告预算、消费者接受媒体的习惯以及各种广告媒体特征等情况,确定选择何种广告媒体来宣传品牌;Ⅴ通过直接测定和间接测定的方法来测定广告效果,为下次或其他品牌宣传与推广积累经验。

【小资料:蒙牛酸酸乳的成功宣传与推广】

2005年,蒙牛冠名赞助湖南卫视主办的"超级女声",并依靠2004年超女季军张含韵对蒙牛酸酸乳的宣传,蒙牛酸酸乳迅速红遍全国。

该品牌与其他乳品比较起来,口感清新爽滑,酸甜中又不失牛奶特有的浓香,附加价值高,属于中高档奶产品系列。所以,该产品的主力消费群体定位于15~25岁的女孩子。这个消费群体的特点是:追求个性、前卫,喜欢彰显个人的魅力与自信。

张含韵作为2004年超级女声的季军,其形象浪漫、天真,又不乏自信与激情,符合蒙牛酸酸乳的产品内涵,加上那两年超级女声异常火暴,关注度极高。广告巧妙地将超级女声打造青春梦想的追求与产品内涵进行完美搭配,使整个广告片洋溢着梦想与自信的色彩。

与此同时,蒙牛在广播电视、报纸杂志、网络媒体、终端促销和公关造势等方面展开了全面宣传攻势,并重点在中央电视台和收视率很高的湖南电视台轮番滚动播出蒙牛酸酸乳的广告,使得该品牌在短期内家喻户晓、深入人心,获得了很高的知名度。

2. 制定品牌维护策略

(1)品牌维护的含义。

虽然品牌的创立、宣传和推广企业付出大量的人力和物力,但是品牌创立后并不意味着品牌管理的大功告成。品牌在历经艰辛成长起来后,还需要企业全心全意、持之以恒地小心呵护以形成长远的品牌优势,这就是品牌的维护。

(2)品牌维护的原则。

品牌竞争力的形成非一日之功,品牌维护必须具备前瞻性的思维,注意品牌的点滴积累,不可一味贪大求全和急于求成,否则可能会重蹈很多已经夭折品牌的覆辙。品牌维护时需要以消费者为中心,处理好品牌的知名度和美誉度的关系,力争提高消费者满意度和忠诚度。

(3)品牌维护的内容。

品牌维护涉及面广,是一项比较纷繁复杂的工作,包括进行品牌质量管理、品牌诚信管理、品牌机构建设和品牌创新管理。

①品牌质量管理。质量是品牌得以延续和发展的根基,优秀的品牌必须具有坚实的质量保障。对于品牌而言,消费者已经把高质量假定为品牌的内涵,因此不断提高品牌质量

管理水平,保证品牌质量是企业品牌管理中的重要任务。企业尤其是中小企业在进行品牌质量管理时,必须强化质量教育,强化质量标准化管理,强化质量监督技术,强化质量责任奖惩,强化 ISO 9000 标准的实施,坚定地推行品牌战略思想,将品牌质量管理落实在实际行动中。

②品牌诚信管理。品牌是联系消费者和企业的桥梁。品牌本身就是企业对消费者在产品特征和服务上的承诺,消费者视这种承诺为诚信。企业要想塑造强有力的品牌,必须加强品牌的诚信管理。

品牌诚信管理的最基本要求是产品质量信用。一旦产品的质量出现问题,就会引发消费者的信任危机,那么企业长期努力构建的品牌信任大厦就会坍塌,品牌随之会毁于一旦,因此必须严格把控品牌质量关。

品牌信任管理的另一重要内容是品牌广告真诚。虽然说广告要用艺术的手法来表现产品,但是过度的夸张甚至是用虚假信息来误导和蒙骗消费者可能会取得短期的利益,但是长期来讲对品牌是一种致命的伤害。因此,诉诸真实诉求的广告是品牌信誉和诚信的保障,是品牌长远发展的基础。

【小组讨论:三鹿的启示】

2008 年的三聚氰胺事件让"三鹿"这个响当当的品牌走到了尽头,你认为这个惨痛的案例对于企业品牌维护有什么启示?

③品牌机构建设。品牌维护必须依靠建立强有力的机构来执行品牌管理任务,这就是品牌的机构建设。现阶段很多企业建立品牌机构主要是品牌经理制和品牌管理委员会两种。

品牌经理制的管理理念是让品牌经理像管理不同的公司一样来管理不同的品牌。品牌经理负责某个品牌的产品研发、包装设计、市场研究、业务拓展、电视广告制作和促销支援,等等。此制度的优点体现在对品牌进行全方位的计划和控制,能灵活地反映市场变化;减少人力重叠,节约成本,提高效率;保证品牌目标管理富有客户价值。其缺点在于:同类产品以多个品牌、不同风格出现,很难形成统一鲜明的形象;品牌太多容易分散企业资源,难以形成强势品牌;品牌之间容易发生为局部利益争斗的摩擦,不利于企业整体发展;多头领导导致下级无所适从和左右为难,影响工作效率。

品牌管理委员会是由企业的主管副总、品牌委员会会员、品牌项目经理、品牌经理、技术人员、营销人员和财务人员等来自不同部门的成员构成,可以弥补品牌经理制的一些不足。品牌管理委员会的主要工作内容是解决品牌体系的规划、品牌视觉形象的关联和新产品推出的原则等战略问题,它是现在很多大企业比较常用的品牌管理机构。

④品牌创新管理。创新是维持品牌恒久魅力、保持青春活力的良方,是打造强势品牌最重要的因素之一,可见创新是企业塑造强势品牌、获得长盛不衰的必然选择。企业的品牌创新管理包括品牌技术创新、管理创新和文化创新。企业通过运用技术手段,对品牌进行战略创新、制度创新、机制创新、模式创新和组织结构创新,赋予品牌更多的文化内涵,让品牌得以不断升华,创造出持久的魅力。

【小资料:飘柔品牌的创新】

不断创新是飘柔成为宝洁公司全球最成功品牌的原因之一。飘柔在充分了解消费者需求的基础上不断研发出更新、更优质的产品,满足消费者的需求。以下均由飘柔首开先河:1989 年秋,飘柔成为中国市场第一个洗发护发二合一品牌;1989 年 12 月,飘柔率先在中国市场推出 5 毫升轻便小包装;1990 年,飘柔推出中国市场第一款去头屑二合一洗发露;1996 年 12 月,飘柔在中国市场突破性地推出具有焗油效果的二合一洗发露;2000 年 3 月,飘柔特意为中国消费者设计推出首乌黑发洗发露;2003 年 4 月,飘柔推出富含特效人参营养滋润精华的飘柔人参洗发露;2003 年 9 月,飘柔推出一分钟焗油精华露;2006 年 4 月,飘柔迎来上市以来的最大规模的升级;2009 年 6 月,飘柔首款汉草精华防掉发系列全面上市。

正是由于品牌的不断创新,才使得飘柔一直是洗发水市场第一品牌,其知名度、消费者使用率、分销率等各项市场指标多年来均遥遥领先。

3. 制定品牌延伸策略

(1)品牌延伸的含义。

品牌延伸是指企业研制和开发出一系列新产品,或推出原产品类别的新产品,这些新产品采用企业已经在市场上定位成功的知名品牌名称,以期通过原有品牌的光环效应,提高新产品的市场地位和销量。

(2)品牌延伸的影响。

成功的品牌延伸会借助已有品牌忠诚度,最大限度地利用品牌优势减少新产品的营销成本;会借助品牌战略组合迅速扩大企业规模,增强竞争力。但是品牌延伸并不一定都能成功,不恰当的品牌延伸会导致新产品入市不利,难以获得消费者的认可;甚至会对已有品牌造成不良影响,沉重打击原有消费者的品牌信心,影响原有品牌产品的销售。

(3)品牌延伸的方法。

品牌延伸的方法最基本包括水平延伸和垂直延伸。

①品牌的水平延伸。品牌的水平延伸是指在不同的品牌范围内进行品牌线或产品线的延伸,母品牌跨越不同的行业,实现不同的品类的延展,当然品牌水平延伸并不是只采用单一品牌的策略。例如力士品牌最初是一个香皂品牌,后来又用于洗发水、护发素和沐浴露,这在不同产品之间的延伸就是水平延伸。

【小组讨论:“刀刃”的品牌延伸】

庄臣公司有一款著名的剃须膏叫“刀刃”,请问将此品牌延伸到洗面奶是否合适?为什么?

②品牌的垂直延伸。品牌的垂直延伸是指品牌在既有品牌范围内扩充品牌线,是在本行业间的上下延伸,品牌的垂直延伸也不是只采用单一品牌的策略。品牌的垂直延伸分为向上延伸和向下延伸。例如欧莱雅品牌金字塔结构中,欧莱雅向上延伸有高端青睐的兰蔻,向下延伸有符合大众需求的美宝莲。

【小资料:“999”的不当品牌延伸】

“999 胃泰”是三九集团的发家品牌。只要一提起“999”,消费者潜意识里就会马上联想到“999 胃泰”。

后来,三九集团试图借助“999”的品牌优势,将“999”品牌延伸到啤酒。这显然是不合适的,先暂且不说消费者在喝“999 冰啤”的时候是不是会感觉有药味,光是胃药和啤酒这两种产品本身就是相互抵触的。因为“999 胃泰”在提醒消费者为了自己的健康,要少喝酒甚至不喝酒,因为喝酒伤胃,这是消费者众所周知的常识。而“999 啤酒”则分明是要劝人们喝酒,这样自相矛盾的两种产品,居然要使用同一个品牌,显然是不合适的。

所幸的是,“999 冰啤”并没有在全国大范围销售,否则不仅这个产品不会获得销售成功,反倒会对原来的“999 胃泰”造成不利影响。

(四)评估品牌价值

1. 品牌价值的含义

品牌价值是企业和消费者相互联系作用形成的一个系统概念,它体现在企业通过对品牌的专有和垄断获得的物质文化等综合价值以及消费者通过对品牌的购买和使用获得的功能和情感价值。

2009 年全球品牌价值排名前 10 位以及他们在 2008 年的排名情况如表 4 – 2 所示。

表 4 – 2　　2009 年全球品牌价值排名前 10 位及其在 2008 年的排名情况

品牌名称	2009 年排名	2008 年排名
谷歌(Google)	1	1
微软(Microsoft)	2	3
可口可乐(Coca-Cola)	3	4
国际商用机器(IBM)	4	6
麦当劳(McDonald's)	5	8
苹果(Apple)	6	7
中国移动(ChinaMobile)	7	5
通用电气(GE)	8	2
沃达丰(Vodafone)	9	11
万宝路(Marlboro)	10	10

2. 品牌价值评估的作用

品牌价值评估对企业、消费者和投资者都具有非常重要的意义。

(1)对企业的意义。

品牌价值评估不但可以量化具体品牌所具有的价值,还可以通过各个品牌价值的比较,从直观上了解名牌企业的状况,从某些侧面揭示出各个品牌所处的市场地位及其变动,以及揭示出品牌价值的内涵和规律，并且为企业实现以品牌为资本的企业重组扩张创造了良好的舆论基础和社会基础。

（2）对消费者的意义。

消费者通过了解评估出来的品牌价值，决定自己对某些品牌是否应该忠诚，从而更理性地指导自己的消费行为。

（3）对投资者的意义。

投资者通过参考品牌价值，决定自己的投资方向，以便更全面地制定投资决策。

3. 品牌价值的评估方法

品牌资产的价值评估是一项复杂而烦琐的工作。正因如此，品牌资产价值评估方法在理论界和实务界都存在许多争议。但若依据各种评估方法的基本特点作一归纳，品牌资产价值的评估方法基本可分为以下五类：

（1）重置成本法。

重置成本法即依据实际投入在被评估品牌上的资源的现行成本确定品牌价值。换言之，品牌价值取决于按现有的市场、技术条件，重新开发一个同样的品牌所需的成本。

（2）直接评估法。

直接评估法即直接根据品牌的概念，计算出品牌资产价值。根据品牌概念，无形资产中的商标、顾客名单及部分商誉应属于品牌资产，即：

$$\text{品牌资产价值} = \text{商标价值} + \text{顾客名单价值} + \text{部分商誉价值}$$

（3）市场影响力评估法。

市场影响力评估法即根据品牌对市场亦即顾客产生的影响力进行测评，来评估品牌资产的价值。

（4）英特品牌评估法。

英国英特品牌公司提出了英特品牌评估法。该方法根据企业市场占有率、产品销售量以及利润状况，结合主观判断的品牌力量，估算确定品牌资产的价值。其计算公式为：

$$E = IG$$

式中：E 代表品牌价值；I 代表品牌给企业带来的年平均利润；G 代表品牌因子。

（5）北京名牌资产评估事务所评估法。

北京名牌资产评估事务所参照英特品牌公司的评价体系，结合中国的实际情况，建立起了中国品牌的评价体系。这一评价体系所考虑的主要因素有：品牌的市场占有能力（M）、品牌的超值创利能力（S）和品牌的发展潜力（D）。一个品牌的综合价值（P）可简单表述为：

$$P = M + S + D$$

其中品牌的市场占有能力的代表指标是产品的销售收入；品牌的超值创利能力，即超过同行业平均创利水平的能力，其代表指标是营业利润和销售利润率；品牌的发展潜力的代表指标比较复杂，但所有指标都与利润有关，主要有：商标国内外注册状况、使用时间和历史、产品出口情况、广告投入情况等。

4. 品牌价值评估的内容

品牌价值评估的内容与品牌价值评估方法密切相关，采用不同的评估方法，评估内容就会产生差别。但整体而言，对品牌价值评估主要包括对商标、品牌名称、品牌寿命、品牌产品功能、品牌认知度、品牌产品质量、消费者态度、品牌连续性、媒体对品牌的支持度和品牌忠诚度等进行综合评估，从而确定出品牌的资产价值，列入企业的资产负债表中，从而为企业生产经营、消费者购买和投资者决策提供依据。

（五）实施品牌法律化保护

品牌的法律保护是品牌资产管理的重要组成部分。一个品牌要想顺利得以发展，做好品牌法律方面的保护是关键和必要的，对品牌进行法律化保护的途径是全面实施商标管理。

1. 商标的含义

商标是一个法律概念，它是指生产者或经营者在商品或服务项目上使用的，将自己经营的商品或提供的服务与其他经营者经营的商品或提供的服务区别开来的一种商业专用标志。

这种标志通常由文字、图形、字母、数字、三维标志和颜色组合构成。我国的商标分为普通商标和注册商标，未经注册的普通商标不受法律保护，注册商标在法定期限内受法律保护。

2. 商标注册管理

（1）商标注册的原则。

我国商标注册必须遵循三个原则：自愿注册与强制注册相结合的原则；申请在先和使用在先的原则以及一类商品、一个商标，一份申请的原则。

①自愿注册与强制注册相结合的原则。此原则指的是商标注册一般实施自愿注册，即一般商品不注册也可以在生产和服务中使用；但是特殊商品包括人用药品和烟草制品必须强制注册，否则一律不能在市场上销售。

②申请在先和使用在先的原则。此原则指的是如果两个或两个以上的申请人，在同一类或类似商品、服务上以相同或近似的商标申请注册的，初步审定并公告申请在先的商标；同一天申请的，按照使用在先的原则，初步审定并公告使用在先的商标；同日使用或均未使用的，申请人应该协商解决；超过 30 天达不成协议的，由商标局裁定或抽签决定。

③“一类商品、一个商标、一份申请”的原则。申请人应当根据法律规定，按照“一类商品、一个商标、一份申请”的原则提出申请。申请人如果在不同类别的商品上使用统一商标，必须分别提出注册申请，并分别提交相关文件。

【小知识：注册商标申请中禁止出现的文字和图案】

按照法律规定，申请商标注册时，商标中不能出现以下文字和图案：

（1）同中华人民共和国的国家名称、国旗、国徽、军旗、勋章等相同或近似的，以及同中央国家机关所在地特定地点的名称或者建筑物的名称、图形相同的。

（2）同外国的国家名称、国旗、国徽、军旗相同或者近似的，但该国政府同意的除外。

（3）同政府间国际组织的名称、旗帜、徽记相同或者近似的，但经该组织同意或者不易误导公众的除外。

（4）与“红十字”“红新月”的名称、标志相同或者近似的。

（5）带有民族歧视性的。

（6）夸大宣传并带有欺骗性的。

(7)有害于社会主义道德风尚或者有其他不良影响的。

(8)县级以上行政区域的地名或者公众知晓的外国地名,不得作为商标。但是如果地名具有其他含义或者作为集体商标、证明商标组成部分的除外;已经注册的使用地名的商标继续有效。

(2)商标注册的程序。

商标注册的程序包括商标注册申请、商标申请审查和核准商标注册三个步骤。

商标注册申请可以由申请人自己到商标局办理申请手续或委托商标代理组织办理。商标局受理商标申请后,就会对递交上来的商标申请材料进行审查,对符合规定的申请予以初步公告。

如果商标局发现递交上来的材料不符合商标法的相关规定,则会驳回申请,商标申请人如果对驳回不服,可以依法在向商标评审委员会要求复审,如果复审决定不服,可依法在收到复审通知的30日内提出行政诉讼。

如果在公告的3个月期间,没有公众提出异议,则商标局将会予以核准注册,并颁发商标注册证。注册商标的标记是㊟和®。

如果在公告期间有公众提出异议,而当事人不服的,可以依法提起复审,当事人对复审不服的,可以依法提起行政诉讼。

(3)注册商标专用权人的权利和义务。

商标申请注册后,注册商标的拥有人就成为注册商标专用权人。注册商标专有权人享有一定的权利但也有相应的义务。

①注册商标专用权人的权利。注册商标专用权人的权利包括商标专用权、商标许可权、商标转让权、商标表示权和请求商标保护权五种权利,专用权人可以在核准范围内的商品或服务上标注“注册商标”字样,也可以将商标通过签订合同许可他人使用或者是转让商标受益。

②注册商标专用权人的义务。注册商标专用权人的义务包括按照正确的规定使用其注册商标;必须保证使用注册商标的商品和服务的质量;依法变更、转让、许可他人使用自己的注册商标等。

(4)注册商标受保护的期限。

注册商标只在有效期限内才受法律保护。注册商标的有效期为10年,自商标核准注册之日起计算。注册商标有效期满,需要继续使用的,应当在有效期届满前6个月内申请续展注册;在此期间未能提出申请的,可以给予6个月的宽限期。宽限期满仍未提出申请,注销其注册商标。每次续展注册的有效期为10年,续展的次数不受限制。

3. 商标维权管理

企业的商标维权是针对其他个人或组织侵犯自己的商标权时依法作出的回应和处理。

(1)商标侵权的含义。

商标侵权是指违反商标法的规定,假冒或仿冒他人注册商标,或者从事其他损害商标权人合法权益的事。

(2)对商标侵权的认定。

根据法律规定,其他个体或组织的以下五种行为都属于侵权行为:假冒或仿冒行为;销售侵犯商标权的商品；伪造、擅自制造他人注册商标标志或者销售伪造、擅自制造的注册商标标志的；未经商标注册人同意，更换其注册商标并将该更换商标的商品又投入市场的；给他人的注册商标专用权造成其他损害的。

(3)对商标侵权的追究。

当企业发现自己商标被侵权时，一定要利用法律武器对侵权个体或组织进行打击，维护自己的合法权益。

①解决侵权行为的途径。如果企业发现自己的商标被侵权，可以有以下解决途径：双方当事人协商；不愿协商或者协商不成的；被侵权企业可以向人民法院起诉也可以要求工商行政管理部门处理。

②追究侵权行为的法律责任。如果确认侵权行为成立，被侵权企业可以要求对方承担以下法律责任：立即停止侵权行为；向自己赔偿损失；要求相关部门没收、销毁侵权商品和专门用于制造侵权商品、伪造注册商标标志的工具；要求相关部门对其侵权行为处以罚款等。

【小资料：王致和的海外商标维权成功】

2006年7月，已经做了6年出口业务的王致和集团，拟在30多个国家进行商标注册时，发现“王致和”商标在德国被一家名为“欧凯”的公司抢注。后经调查了解到，该公司由德籍华侨注册，是柏林的一个主要经营中国商品的超市。欧凯公司于2005年11月向德国商标专利局申请注册“王致和”商标，其申请的“王致和”商标标志与王致和集团出口产品使用的“王致和”商标标志一模一样，而其注册之前并没有与王致和集团进行任何沟通。

很多中国律师都认为欧凯原先与王致和集团有业务来往，欧凯老板为德国华侨，明知王致和在中国为知名品牌，抢注商标有明显恶意，胜诉的可能性较大。于是王致和开始了艰辛的海外维权道路。

2009年4月23日，中华老字号王致和海外维权案历经两年有余，终于迎来终审判决。德国慕尼黑高等法院4月23日二审裁决“王致和”商标侵权案中方胜诉，要求德国欧凯公司停止使用“王致和”商标，并撤回其在德国专利商标局注册的“王致和”商标。

王致和案是中国老字号海外维权胜诉的第一案，这提醒企业尤其是有意走出国门的企业，一定要尽早建立商标意识，一定要学会用法律武器来维护自己的合法权益。

三、企业技术管理

(一)技术管理概述

1. 技术的含义

技术通常指根据生产实践经验和自然科学原理总结发展起来的各种工艺操作方法与技能的总和。

2. 企业的技术管理

(1)企业技术管理的含义。

现代企业技术管理就是依据科学技术工作规律，对企业的科学研究和全部技术活动进行的计划、协调、控制和激励等方面的管理工作。

(2)企业技术管理的目的。

企业技术管理的目的,是按照科学技术工作的规律性,建立科学的工作程序,有计划地、合理地利用企业技术力量和资源,把最新的科技成果尽快地转化为现实的生产力,以推动企业技术进步和经济效益的实现。

(3)企业技术管理的内容。

企业技术管理是整个企业管理系统的一个子系统,包括企业的技术开发、技术改造、技术创新、技术交易和技术法律保护等内容,其中作为无形资产管理的重点是技术交易管理和技术法律保护。

(二)技术交易管理

1. 技术交易的内容

技术交易是企业技术管理的重要内容,包括技术转让、技术服务、技术咨询、技术培训、技术中介、技术入股、技术承包和技术招标等。技术交易是高新技术企业产生收益的重要来源,是实现无形资产增值的主要途径。

2. 技术交易的程序

技术交易的程序比较复杂,包括:①收集信息情报,确定交易方;②根据对方需求制定交易目标;③论证交易项目;④采取适当的促销策略,促进技术交易的达成;⑤通过谈判,签订交易合同;⑥组织技术交易实施;⑦对技术交易进行评估,为下次交易总结经验。

(三)技术法律保护

对技术进行法律保护的途径主要有利用合同实施法律保护和利用专利实施法律保护。

1. 利用合同实施法律保护

(1)对内的合同保护。

企业利用合同进行技术法律保护涉及技术的开发、技术的转让以及技术的使用的全过程。企业对内可以利用劳动合同法和工作人员保密合同规定等各种合同形式确定技术的归属权属于企业,约束企业的开发人员及相关工作人员未经许可不能泄露、携带、使用和转让核心技术,否则将受到法律制裁。

(2)对外的合同保护。

企业对外在进行技术交易的过程中可以利用《技术转让合同》《技术服务合同》《技术咨询合同》等各种技术合同来规范对方按照要求使用本企业的相关技术,未经许可一律不能泄露和转让,否则将追究法律责任。

【案例思考 4-1:专利之争】

南京A公司诉称其自行研制的系列路灯,于2008年8月2日向国家知识产权局申请了外观设计专利,并于2009年2月9日被授权生效。2009年4月份该公司发现山东B公司在未经自己同意的情况下,生产和使用该公司专利产品去进行中标项目的安装。为此,南京A公司经过和山东B公司交涉,山东B公司没有承认自己的错误,致使侵权事实发生。为维护自己的合法权益,南京A公司向法院提起诉讼,请求判令:(1)确认山东B公司侵犯南京A公司外观设计专利权;(2)判令山东B公司停止侵权,消除影响,赔礼道歉;(3)山东B公司赔偿南京A公司损失30万元;(4)判令山东B公司承担本案诉讼费及相关费用。

山东B公司辩称:其没有生产和使用过原告的专利产品,其只是从生产厂家购货后实施了路灯安装;关于侵犯外观设计专利产品之事与自己无关,因此不构成侵权,也不需要赔偿。赔偿损失30万元没有依据,请求驳回诉讼请求。

后经法院调查,山东B公司并不是专利产品的生产者,其只是购买之后进行安装,在法院审理的过程中该公司也提供了其产品的生产者和产品合法来源的根据。

请阅读上述案例和结合以下专利知识分析以下问题:

(1)什么是外观设计专利?

(2)山东B公司是否侵犯了南京A公司的外观设计专利权?

(3)法院是否会支持南京A公司所有的诉讼请求?

2. 利用专利实施法律保护

(1)专利的含义。

企业专利一般来讲是指企业专利权,是国家专利主管机关按照法律规定的条件和程序,授予申请企业在一定期限内对发明创造享有的独占权。

(2)企业专利构成。

企业专利一般包括发明专利、实用新型专利和外观设计专利三种。

①发明专利。发明是指对产品、方法或者其改进所提出的新的技术方案。需要注意的是发明通常是自然科学领域的智力成果,文学艺术等社会科学领域的成果不属于专利意义上的发明。

②实用新型专利。实用新型是指对产品的形状、结构或其结合所提出的适合于实用的新技术方案。实用新型在技术水平上的要求比发明低,又称"小发明"。

③外观设计专利。外观设计是指对产品的形状、图案、色彩或其结合所作出的富有美感并适于工业上应用的新设计。

【小资料:外观设计专利之红星青花瓷珍品二锅头】

红星青花瓷珍品二锅头一改传统二锅头的平凡包装,设计异常精美。它在产品包装上融入中国古代文化的精华元素。酒瓶采用仿清乾隆青花瓷官窑贡品瓶型,酒盒图案以中华龙为主体,配以紫红木托,整体颜色构成以红、白、蓝为主,具有典型中华文化特色,在中国第二届外观设计专利大赛颁奖典礼上荣获银奖。

(3)申请专利。

①申请专利的条件。企业准备将技术申请为专利时,尤其是要申请发明专利或实用新型专利时,所申请的技术方案一定要具备三个条件:新颖性、创造性和实用性,否则将不符合授予专利的最基本条件。

②申请专利的材料。企业在申请发明专利或实用新型专利时,需要向专利局提交申请专利的请求书、对发明创造内容进行介绍的说明书及摘要和请求确定专利保护范围的权利要求

书。如果要申请外观设计专利,还需要提交该外观设计的图片或照片等文件,同时需要写明使用该外观设计的产品及其所属的类别。

③专利申请的审批程序。企业的专利申请材料提交上去之后,专利局需要对提交的专利申请进行审批。其中发明专利的审批程序是最复杂的,包括初步审查、早期公开、实质审查和授权登记公告四个步骤。而实用新型和外观设计专利只要初步审查没有驳回理由就直接颁发相应的专利证书,同时予以登记公告,它们无须进行早期公开和实质审查。

④注册专利的有效期限。注册专利因类别不同受法律保护的时间不同,发明专利的期限是20年,实用新型和外观设计专利的期限是10年,均自申请日开始计算。专利权期限届满后,专利权终止。专利权届满前,专利权人可以书面声明放弃专利权。

⑤专利权人的权利和义务。企业的专利一经审批之后,就成为专利权企业。专利权企业在专利有效期内对专利享有权利和负有义务。

专利权企业的权利包括独占实施权、实施许可权、专利转让权、专利标示权、放弃专利的权利和专利权遭侵害时的请求权。

专利权企业的义务包括缴纳专利年费义务、实施专利的义务和依法对职务发明创造的发明人或设计人给予奖励的义务。

【小知识:外观设计专利】

发明年费最高,实用新型和外观设计专利年费相同。实用新型和外观设计年费标准:

(1)1~3年:600元/年。

(2)4~5年:900元/年。

(3)6~8年:1200元/年。

(4)9~10年:2000元/年。

因此,如果企业的专利很多而又没有转化为经济效益的话,对企业来讲也是一种负担。所以企业发明和申请专利都要以能转化为经济成果为前提。

(4)专利维权管理。

企业的专利维权是指针对其他个人或组织侵犯自己的专利权时依法所作的回应和处理。

①专利侵权的含义。专利侵权是指在专利权的有效期内,行为人未经专利权人许可又没有法律依据,以营利为目的实施他人专利的行为。

②对专利侵权的认定。企业认定其他个人或组织是否侵害自己专利权的依据是:该个体或组织侵害的对象是本企业有效的专利;其他个人或组织必须对自己有侵害行为;其他个人或组织的专利侵权是以生产经营为目的的;其他个人或组织实施专利的行为未经本企业许可,又无法律依据。企业需要明确的是专利侵权的形式是多样的,包括制造、使用、销售、进口专利产品和使用专利方法等。

③对专利侵权的追究。当企业发现自己专利被侵权时,一定要利用法律武器对侵权个体或组织进行打击,维护自己的合法权益。企业必须在得知或应该得知自己被侵权的两年内,向专利管理机关或法院提出请求,要求其责令侵权人停止侵权行为并赔偿自己的损失。

【案例分析 4－1：专利之争】

（1）外观设计专利是指对产品的形状、图案、色彩或其结合所作出的富有美感并适于工业上应用的新设计。

（2）在确认是否侵权时，①首先要确认外观设计专利是否有效，在获得专利权证之后是否按照国家知识产权局的要求缴纳相关专利费用，确保专利权的现实有效性，根据案例内容，南京 A 公司确实申请了外观设计专利，保证了专利的现实有效性；②在确认外观设计专利有效以后，应对侵权证据申请证据保全；③根据《专利法》第十一条第二款"外观设计专利权被授予后，任何单位或个人未经专利权人许可，都不得实施其专利，即不得为生产经营目的的制造，销售、进口其外观设计专利产品"的规定。

根据上述原则，法院最终认定山东 B 公司已构成了侵权。

（3）A 公司的诉讼请求包括确认山东 B 公司侵权、停止侵权、消除影响、赔礼道歉、赔偿损失 30 万元、承担诉讼费用 6 个诉讼请求。对于确认山东 B 公司侵权上面已经讨论过，没有问题，既然确认被告侵权，那么停止侵权、消除影响和承担诉讼费用的请求自然是理所应当的。比较有争议的是赔礼道歉和赔偿损失 30 万元。

①针对赔礼道歉的问题，法院认为知识产权侵权损害的性质为财产性损害，专利权作为一种财产权，侵权行为影响的只是专利权人的经济利益，并未损及专利权人的精神权益，故法院应不予支持赔礼道歉。

②至于赔偿损失 30 万元的问题，由于在本案中由于山东 B 公司并不是专利产品的生产者，其只是购买之后安装，在法院审理的过程中该公司也提供了其产品的生产者和产品合法来源的根据。根据《专利法》第六十三条第二款"为生产经营目的使用或者销售不知道是未经专利权人许可而制造并销售的专利产品或者依照专利方法直接获得的产品，能证明其产品合法来源的，不承担赔偿责任"的规定，法院对南京 A 公司要求赔偿损失的诉讼请求，不予支持。

小　结

本节是以老丁的 C 企业需要进行无形资产的建设和管理引入无形资产的含义，进而引出企业无形资产管理的重点是品牌管理和技术管理。

企业的品牌管理是一个庞杂的工程，需要进行品牌的定位与设计、制定品牌策略、评估品牌价值和实施品牌法律化保护等。

品牌的法律化保护是将品牌的名称和图案向商标局申请注册，以防止其他人侵权而损害企业的合法利益。

企业的技术管理重点是技术交易管理和技术法律保护。

企业的技术法律保护包括利用合同实施法律保护和利用专利实施法律保护。

课外实训项目

（1）请为某女装品牌设计品牌名称，要求：

①以中文名为主，辅以英文名。

②注意考虑可否注册,因为过于常见的名字可能已经被注册。

③品牌定位于28~35岁的知性职业女性。

④品牌的风格是简约、大方、到位、含蓄和女人味。

(2)寻找一个你熟悉品牌的近期上市新产品,为其制作一份品牌宣传策划书。

第五章　企业信息管理

第一节　企业信息管理概述

知识目标

※了解企业信息管理的重要性

※了解企业信息管理的内容

能力目标

※能够辨别归类企业信息

※能够有效管理信息

案例引入

20 世纪 80 年代美国某钢铁公司依据经济学家普遍对美国经济发展乐观估计这一信息，大量投资，扩大生产规模。结果，1981 年和 1982 年美国出现严重的经济危机，该公司亏损了七亿六千多万美元。现实生活中，有些企业看到某些产品一时紧俏畅销，就闻风而动，一哄而上。现代科学技术的进步，人类知识的深化和扩充，数倍地提高了信息的增长速度和信息量，现代社会信息之多，几乎到了成灾的地步，“信息爆炸”使人淹没在信息的汪洋大海里，反而失去了判断决策的依据，“差之毫厘，谬以千里”。一个优秀的企业应该善于审时度势，不随波逐流，能够正确决策，那么：

(1) 什么是对企业决策有用的信息？

(2) 企业信息管理包括哪些内容？

案例分析

企业要想在信息的汪洋大海中作出英明的决策，利用有效信息提高经营管理效率，必须：

(1) 辨别分析海量数据，获得有效信息；

(2) 正确管理企业信息；

(3) 合理运用企业信息管理系统。

相关知识

一、企业信息管理的概念

(一)企业信息

企业是一个人造的、由若干要素按照一定联系结合方式所构成的、开放的并不断地将输(投)入变为输(产)出的动态转换系统。企业构成要素包括人、物、财和信息,在企业系统的不断转换过程中,同时存在着物流、商流、资金流和信息流。在物流、商流和资金流的过程中,必然会产生大量信息,这些信息总是处在不断的传递和交流之中,从而形成信息流。信息流是协调和控制生产过程的基础和重要手段。只有对信息流加以有效的管理和充分的利用,企业才能有效地利用各种人力、物力和财力,保障决策正确性,增强自身竞争力,不断提高生产效率。

随着社会化大生产的发展和科学技术的进步,信息在企业生产经营中扮演着越来越重要的角色。企业管理以降低各项成本,增强企业竞争力,提高企业的效率和经济效益为目的。企业内部各部门之间以及企业内部和外部之间的信息交流变得越来越频繁,交流的方式越来越复杂,交流的信息量越来越大,交流的速度越来越快,在企业管理中拥有高效有力的信息保障已成为必然条件。

【小资料】

20世纪80年代,一家著名的钢铁公司从欧洲引进当时世界最先进的薄板连铸连轧生产线。指挥这条生产线运转的是一套非常出色的计算机控制系统。要使这条生产线充分发挥效益,二者不可分割。但是,钢铁公司老总要求为了降低生产成本,计算机控制系统不要,有生产线就可以。这样短期内,这家公司确实降低了成本,加上内部不同部门之间的模拟市场化运作,效益也有了增长。由于短期内的效益增长明显,当时行业领导部门还专门把此种做法作为一条成功的经验推向全国,形成了一股学习热潮。

随着20世纪80年代末90年代初中国钢铁行业新一轮信息化热潮的到来,尤其市场经济运作规律明朗化,此公司所谓的"优势"迅速烟消云散,短期内的效益给长期发展造成了巨大的障碍。

1. 数据、信息和知识之间的关系

信息是具有新内容、新知识的消息,是组织的一种资源。信息与数据既有联系又有区别,数据是对情况的记录,数据是信息的原材料,信息是经过加工处理后对组织的管理决策和管理目的实现有参考价值的数据。作为一种资源,信息会影响和决定组织的生存,能够为组织带来收益;具有很强的时效性,获取和使用信息要支付费用和成本。通过对大量信息的体验和学习,并从中提取关于事物的正确理解和对现实世界的合理解释时,信息可以转化为知识。知识可以通过按一定规则排列组合的物理符号表示为数据。

2. 企业信息的主要类型

在现代企业经营管理中,企业遇到的信息很多。从不同的角度可以给企业信息分类。

(1)根据信息内容性质分类。

根据信息内容性质,可以将企业信息划分为管理信息、生产信息、财务信息、市场信息和技术信息。这也是企业信息管理的主要内容和设置信息管理模块的主要理论基础。

(2)根据信息来源分类。

根据信息来源的不同,可以将信息划分为内源性信息和外源性信息。内源性信息是企业内部产生的信息,外源性信息是从经济环境中获得的信息。

在企业信息管理中区别内源性信息和外源性信息十分重要。如果信息来自环境,就要尽量搞清其背景、意图、实力等,分析其与本企业的相关度,然后为企业决策服务。如果信息来自上级机关,对本企业具有约束力,就要慎重对待,不可轻易地否定。如果信息来自竞争对手,其目的是施放烟幕,就既可以不予理睬,也可以将计就计。

(3)根据信息价值分类。

根据信息的价值,可以将信息划分为高值信息、低值信息、无值信息和负值信息。

①高值信息。这是指信息量很大、使用价值很高的一类信息,是企业竭力寻求的信息。比如,对于企业来说是可能获得发展的大好机会的信息;对于企业来说是至关重要、涉及企业生存发展等重大问题的信息;有关已知的竞争对手、潜在的竞争对手和竞争环境等方面的信息;企业所处的自然环境和社会经济环境变动的信息。

②低值信息。这是指仅能够维持企业正常运转的那些信息。比如,企业日常活动中的通知、报告、订单、报表、广告、信函等。这些信息不能没有,没有它们企业就不能维持最起码的运行,但是它们只能使企业维持现状,不能使企业获得发展或变革。如果企业内这类信息过多,会影响企业竞争力的提升和阻碍企业发展的。现在,有许多企业管理者忙于事务,整天埋在公文、报表堆里,把主要精力放在处理低值信息上,这实在是时间和精力的极大浪费。

③无值信息和负值信息。这是指没有使用价值甚至起负作用的信息。这类信息可能是某些人故意制造的假信息,也可能是信息传播过程中由于各种障碍造成的失真信息,也可能是信息采集者的理解不当造成的信息失真,这些信息对企业管理者的决策是没有帮助的,需要信息管理者能够予以识别,并加以排除。

(4)根据信息稳定性分类。

根据信息的稳定性,可以将信息分为固定信息和流动信息两种类型。

①固定信息是指具有相对稳定性的信息,在一段时间内,可以供各管理工作重复使用,不发生质的变化。它是企业一切计划和组织的重要依据。

②流动信息,又称为作业统计信息,它是反映生产经营活动实际进程实际状态的信息,是随着生产经营活动的进展不断更新的。这类信息时间性较强,及时收集这类信息,是控制和评价企业生产经营活动的重要手段。

【小组讨论】

(1)趣味讨论:生活中哪些是数据?哪些是信息?哪些是知识?

(2)企业信息有哪些类型?

(3)什么是企业信息管理?它对企业经营管理起到什么作用?

(二)企业信息管理

信息管理活动广泛地存在于一切管理活动之中。在社会处于工业化生产时期,社会信息量和管理工作中处理的信息量并不大,决策对信息的依赖程度还不算高,在大多数情况下,企业管理者是凭个人的经验决策,因此企业信息管理的作用并不明显,企业管理者也没有感到特别的需求。随着人类社会进入信息经济、知识经济时代,人类面临着纷至沓来的庞大的信息量和信息处理工作量,决策越来越依赖于信息的内容质量和时间质量,信息管理水平的高低优劣,直接制约着管理活动的水平和质量。

信息管理是在管理过程中,人们收集、加工和输入、输出信息的总称。信息管理的过程包括信息收集、信息传输、信息加工和信息储存。信息收集就是对原始信息的获取。信息传输是信息在时间和空间上的转移,因为信息只有及时准确地送到需要者的手中才能发挥作用。信息加工包括信息形式的变换和信息内容的处理。信息的形式变换是指在信息传输过程中,通过变换载体,使信息准确地传输给接收者。信息的内容处理是指对原始信息进行加工整理,深入揭示信息的内容。经过信息内容的处理,输入的信息才能变成所需要的信息,才能被适时有效地利用。信息送到使用者手中,有的并非使用完后就无用了,有的还需留作事后的参考和保留,这就是信息储存。通过信息的储存可以从中揭示出规律性的东西,也可以重复使用。

企业信息管理是为企业的经营、战略、管理、生产等服务而进行的有关信息的收集、加工、处理、传递、储存、交换、检索、利用、反馈等活动的总称。企业信息管理是企业管理者为了实现企业目标对企业信息和企业信息活动进行管理的过程。

1. 企业信息管理模式的三个发展阶段

企业信息管理为企业生产经营提供的信息保障可分为数据保障、信息保障和知识保障三个层次。比如,对某一产品加工过程中出现次品的频度给出度量是数据,将这些数据描绘成一个图像是信息,知识则是根据现有信息对该产品未来加工状态进行预测的能力。

从数据、信息与知识三者的关系,我们可以将企业的物流与商流过程中产生的信息分为数据流、信息流和知识流三个不同层次。每一个层次对于企业管理物流与商流和在企业的决策中对于增强企业竞争力、提高企业经济效益所起到的作用是不一样的。因此企业信息管理模式可以划分为数据管理、信息管理和知识管理三个阶段或层次,其中信息管理又可分为初级的技术信息管理阶段和高级的资源信息管理阶段,见图 5 - 1。目前企业信息管理模式正在经历这样一种变化,即已从数据管理转变为信息管理,正在向知识管理过渡。

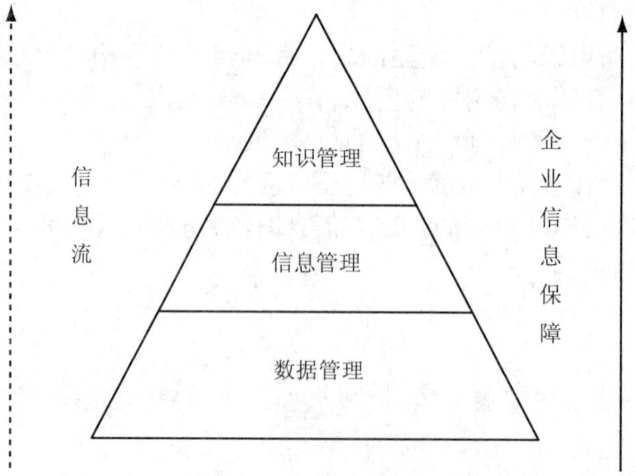

图 5 - 1 企业信息管理模式发展阶段

2. 信息管理对企业的意义

信息管理一方面是建立信息集约,即在收集信息的基础上,实现信息流的集约控制;另一方面对信息进行序化与开发，实现信息的质量控制。信息管理的最终目标是为了提高企业和社会活动资源的系统效率，其主要意义和作用体现在以下几个方面：

（1）增值信息。

通过对信息的收集、组织、存储、查找、加工、传输、共享和利用，使得信息内容增加或信息活动效率提高。从零散信息或孤立的信息系统中很难得到有用的信息或用于决策的知识，信息管理把零散信息或孤立的信息系统整合成不同层次的信息资源体系，并进行序化，从而克服了混乱的信息流带来的信息查询和利用困难，提高了查找效率，节约了查询成本。

（2）增加效益。

信息管理可以通过提供信息和开发信息，充分发挥信息资源对企业各活动要素的渗透、激活与倍增作用，从而节约资源、提高效率、创造效益。信息管理是现代企业节约成本，提高效率，实现可持续发展的有效途径。

（3）提供服务。

信息管理与一般的管理过程相比，具有更强烈的服务性。信息管理的所有过程、手段和目的都围绕企业信息满足程度这个中心。

【小知识：信息管理的特征】

信息管理是管理的一种，因此它具有管理的一般性特征。但是，信息管理作为一个专门的管理类型，又有自己的独有特征：

①信息管理的对象不是人、财、物，而是信息资源和信息活动。

②信息管理贯穿于整个管理过程之中。

信息管理在现代高科技迅猛发展的时代背景之下，具有鲜明的时代特征：

①信息量猛增。

②信息处理和传播速度更快。

③信息处理的方法日趋复杂。

④信息管理所涉及的领域不断扩大。

3. 企业信息管理的特点

（1）企业信息服务的内向性。

企业信息管理服务的对象主要在企业内部，主要是满足企业内部各生产层次、管理层次的信息需求，为企业的盈利目标服务。企业信息管理的服务对象清楚、目的明确、性质专一，服务项目主要依据企业经营的改变而改变。企业信息管理要以最少的成本得到对本企业最有用的信息，其最大特点就是实用性和有效性。

（2）企业信息管理活动具有综合性。

企业管理活动具有很强的综合性。而企业信息管理是为企业管理服务的，因此也具有综合性。企业信息管理，一般由信息系统、信息过程、信息活动三个层面上的管理活动构成。企业信息管理活动的有效件与它的层面性之间没有必然的联系，每个层面的信息管理活动都有它自己特殊的功能。信息系统主要重结构，信息过程主要重手段，而信息活动主要重结果。只有充分发挥这三个层面上的功能，才能充分发挥信息管理工作的综合性功能，才能更好地为企业管理活动服务。

(3)人在企业信息管理中的特殊作用。

企业信息管理中的人既是信息管理主体,又是信息管理客体和工具。人既是信息的收集者、处理者和管理者,同时又是信息的使用者,且是信息支持的最终对象——决策者。另外,在信息收集与管理过程中,存在显现的和隐含的经济信息,隐含的经济信息是需要人的分析、判断以后才能识别的信息。这种信息的处理,只可能由人来完成,不可能由计算机来代替。在经济信息管理中,隐性信息的管理尤为重要。

(4)企业信息管理是一个创造性的劳动过程。

不同的企业其信息管理的过程必然存在一定差异。企业信息需求千差万别,无法用一个固定模式去实现,因此,任何企业的信息管理都需要创造性的劳动。在企业信息管理的每一个环节,都蕴藏着管理方式的创新。

二、企业信息管理的内容

【案例思考5-1】

一家日本公司打算在美国佐治亚州建一座造纸厂,因此,需要了解当地的一家造纸厂的生产能力和实际产量。如果该工厂开工不足,再建一个造纸厂就无意义,否则,就有利可图,因为当地有许多林场,造纸的原料不成问题。日本公司聘请一个外部咨询公司来了解当地造纸厂的情况。该咨询公司首先记录了从工厂开出的火车车皮数量,然后为了解车皮是否都满载,该咨询公司又请来个既是化学家又是金属方面行家的人。他们通过每趟火车开过之后钢轨上的锈的变化情况确定钢轨承受的重量,从该重量中减去火车的重量,而确定了火车的载重,从火车的载重推算出了工厂生产的纸的数量。但仅知道产量还不够,还需要掌握工厂设备的开工情况。于是又通过询问该厂的一些工人了解到机器的数量、类型等,又从机器制造商那儿知道了这些机器的生产能力。结果发现,工厂机器的开工率大部分时间达90%。于是日本公司决定建造一座新造纸厂。

(1)作为这家日本公司的总经理,他最需要的信息是什么?

(2)此案例中收集信息的主要来源是什么?

(3)企业信息管理的内容包括哪些方面?

企业信息管理的内容是决定了信息管理工作的主要任务,直接影响到企业信息管理的质量。从企业信息管理工作流程上看,企业信息管理内容包括:

(一)制定信息规划

信息规划是确定信息搜集的过程或界定信息方向,也就是明确企业需要什么样的信息,收集信息的范围和目的。制定信息规划是企业信息管理的第一个阶段,企业信息管理工作最首要的问题应是界定信息需要,制定信息规划。如果一个企业在信息管理初始阶段没有根据管理层的要求分出轻重缓急,信息收集就可能出现盲目性、缺乏系统性的问题。信息规划应该根据企业管理层对信息的需要确定信息搜集的优先目标,然后确定采取什么方法完成任务。

所以,信息规划工作首先应该了解企业各部门信息需要以及使用信息的目的。重点对企业内部信息需要进行评估,确定最经常需要的信息、广泛使用的内部信息、内部的交流渠道和人们交流的媒介。这是企业信息管理中最易忽略的一项但也是最重要的工作。信息需求评估必须围绕企业管理层的需要进行,以满足企业高层管理人员的需要为第一位,否则,信息管理工作不会成功。了解高层管理者的需要方法很多,如访谈、问卷调查等。

其次,制订一个信息收集计划,根据可拥有的时间和需要的信息内容确定收集的方式和实施的计划。计划应注意考虑得不到某些资料时的应急方案。

(二)收集信息

一般认为收集信息就是对原始信息的获取。原始信息收集是企业信息管理中关键的一步,是后续工作的基础,全面、及时、准确地识别、筛选、收集原始信息是确保信息管理正确性与有效性的前提。原始信息来源广泛,可以来自公开渠道,也可以来自竞争对手。其中大部分来源是公开渠道,从公开渠道收集信息也相对比较容易,信息源包括政府、行业协会、报刊、年度报告、书籍、广播电视、讲话、数据库、聊天、网络等。只要掌握收集信息方法的人都可以通过合理合法的方式得到所需信息的绝大部分,其实这也是企业收集信息的主渠道。可是在企业信息管理的实践中,我们往往忽略公开信息源,而是把收集信息的重点放在竞争对手商业秘密的挖掘上。但事实上即使企业得到竞争对手的商业秘密,充其量才得到你要了解竞争对手信息的一小部分,况且商业秘密也不完全是企业成功的保证。因此,企业收集信息一定要重视公开信息源。

(三)处理信息

企业收集到的信息可能是大量的、无秩序的。因此,首先必须对它们进行一定的处理才能使用。处理信息的首要工作是将信息集中、记录和组合。一般由企业较低级的部门完成,这样做的好处是使公司的中级和高级信息分析人员将精力集中在关键的分析工作上。特别强调的是企业获得原始信息的部门始终应该保存信息的全文,但送达管理层的信息应简明扼要,越往上级,信息越应浓缩。其次是对信息进行评级和分类。由于信息的来源不同,收集到的信息良莠不齐,对信息的真伪要进行辨别,分出等级和档次。

(四)存储信息

存储信息是将获得的或加工后的信息暂时或长期地保存起来,以备随时调用。信息存储主要考虑信息的物理存储和逻辑组织两个方面,物理存储是指寻找适当的方法把信息存储在磁盘、光盘、胶卷等介质中;逻辑组织是指按信息逻辑的内在联系和使用方式,把信息组织成合理的数据结构,以便快速存取。

(五)维护信息

维护信息就是要保持信息处于可用状态。也就是说,要经常更新存储器中的数据,使数据均保持可用状态。其目的是为了保证信息的准确、及时、安全和保密。

(1)保证信息的准确性,一要保证数据是最新的状态,二要使数据在合理的误差范围内。

(2)保证信息的及时性就是能及时地提供各种所需信息。

(3)保证信息的安全性要采取安全措施,防止信息受到破坏,万一被破坏也能容易恢复。

(4)信息的保密性是要采用各种先进技术和防范措施,防止信息被盗。

(六)输出信息

输出信息是指将处理后的信息按照工作要求的形式和习惯,将信息提供给需要者。一般来说,衡量信息管理有效性的关键不在于信息收集、加工、存储、传递等环节,而在于能否定时定向、保质保量地输出信息。输出信息是企业信息管理周期的最后一个环节,是前期工作的最终结果。它可能是简短的口头汇报,也可能是各种详尽的书面报告,比如核算报表、分析报告、查询结果等。

【案例分析5-1】

(1)作为这家日本公司的总经理,他最需要的信息是当地造纸厂的生产能力和实际产量。

(2)此案例中收集信息的主要来源是公开渠道,比如资源、货运情况、机器制造商,通过这些公开渠道获得有关原材料、生产量、生产能力等信息;当然也有来自对手内部的信息源,比如机器数量和类型;两者结合获得比较准确可靠的信息。

(3)企业信息管理的内容包括制定信息规划、收集信息、处理信息、存储信息、维护信息和输出信息。

三、企业信息管理系统(enterprise information management system,EIMS)

企业信息管理系统就是运用现代化的管理思想和方法,采用电子计算机、软件及网络通信技术,对企业管理决策过程中的信息进行收集、存储、加工、分析,以辅助企业日常的业务处理直到决策方案的制订和优选等工作,以及跟踪、监督、控制、调节整个管理过程的人机系统。

企业信息管理初期仅仅涉及数据管理,无论在内容上,还是功能上都很狭窄,只是围绕着对数据的收集、分类、组织、简单的加工处理、存储、检索、计算等操作,企业信息管理为企业提供的是数据保障。伴随着计算机广泛应用,数据处理系统纷纷亮相,如计算机数据统计系统、数据查询与分析系统等。20世纪60年代中期,管理信息系统MIS诞生并迅速发展起来,信息管理的模式开始。MIS具有提供信息,支持企业和组织的运行、管理与决策功能,强调信息系统对生产经营过程的预测和控制作用。70年代推出了决策支持系统DSS和办公自动化系统OAS。DSS面向高级管理层的决策者,引入外部信息,决策模型和用户共同驱动系统的运行,通过技术手段和模型化的方法提高决策的效益。OSA是利用危机和局域网技术以及各种先进办公设备与办公人员构成的信息处理系统,处理对象是办公事务。

信息管理系统发展到20世纪70年代末发生新的转折,为了提高决策水平,必须最大限度地利用信息资源,重视信息资源的开放性、共享性。战略信息系统就是运用这种观点的新一代信息系统,不再面向组织业务流程和办公事务,而是面向高层管理和竞争战略决策的需要。其应用主要体现在生产率提高、市场反应能力增强、竞争优势强化等方面。

企业信息管理技术是保证企业内、外部信息在企业中准确、快捷地流动,为决策提供依据,其关键是实现设计信息、生产信息、管理信息的有效整合。主要分为三大方面的技术:后台技术、前台技术和虚拟技术。后台技术是指以企业资源规划系统为代表的企业内部信息管理系统软件,又称后台管理系统,包括财务管理、采购管理、库存管理、生产管理、人力资源管理、项目管理等。它主要用于管理企业的内部运营的所有业务环节,并将各业务环节的信息化孤岛连接起来,使各种业务的信息能够实现集成与共享。前台技术是指客户关系管理系统,它实施于企业的市场、销售、技术支持等与客户有关的工作部门。由于其管理范围和功能直接面向市场,位于企业运营的最前端,故又被称为前台系统。

从目前已经大量应用的各种企业信息管理系统来看,普遍具有以下特性:

(一)行业专家特性及实际应用特性

除了通用的管理软件和 MRP、OAS 外,大多软件都需要根据企业实际情况量身定做。咨询顾问(多数都是行业内的专家)和企业各级员工在认真总结以往经验和企业发展要求的基础上,做大量的需求分析,根据企业实际定做或在标准版本的基础上做大量的修改适应企业实际需求。

(二)系统性和整体性

多数系统是从企业战略的角度出发,在全局和总体考虑的前提下设计企业的信息管理系统,从企业的人员机构管理、产品管理、系统权限管理、销售管理、采购管理、生产管理、质量管理等系统的角度,考虑战略的实现性和信息之间的关联性、制约性。

(三)积累性和共享性

企业的信息管理系统能够将各部门和各员工的日常工作的关键数据,存储在数据库中,具有历史知识的积累性,并能根据权限方便企业不同层次员工进行查阅和调用。

(四)决策支持性

所有的各种数据可以经过计算机的处理从不同的角度得到各种分析结果,并通过报警提醒的方式,使决策者在第一时间得到相关信息。

(五)动态特性

由于信息的时效性和关联性,当系统中某一信息要素发生变化时,与之相关联的其他信息均发生变化。同时由于企业的外部环境和内部要素均在动态发生变化,系统也要求能够适应这种变化。

【小知识:企业信息管理两大热点趋势】

1. 管理网络化将成主流应用

随着电子商务的快速发展,大量的业务被转移到互联网上,软件需求成为必需,管理软件网络化(SAAS)将成为未来的一个发展趋势。未来用户的需求将会向动态组织、跨组织、跨地域、跨时空的流程管理、表单管理等应用发展变化,将向门户化、无线、服务方向发展,协同管理将成为企业的中枢应用系统,用户在选择 ERP 之前更多会选择协同工作系统作为基础设施,然后不断增加可以连接到协同工作系统的其他业务系统,形成以协同为中心的、完整的信息化布局。

2. 移动商务将成有效发展模式

随着国民经济的不断发展,很多企业对提高管理效率、降低成本的信息化解决方案表现出了强烈需求,企业信息化市场具有很大的发展空间。由于移动信息化投入低,对员工的素质要求也不高,所以移动商务发展将呈现步入快车道趋势。

小　结

本节通过“企业如何进行正确决策”任务的讨论，探讨了数据、信息和知识之间的关系；介绍了企业信息及其分类、企业信息管理及内容、企业信息管理系统。从而达到能够认识企业信息管理的重要性；在企业管理过程中能够辨别出有效的企业信息，能够通过企业信息管理系统帮助企业作出正确决策。

课外实训项目

（1）某高校市场营销专业将进行专业方向分班，有连锁经营和网络营销两个方向，请大家按单、双学号分成两组，分别针对这两个方向收集资料，进行筛选，为他们提供方向选择的有效信息。

提示：制定信息规划、信息收集、信息处理、信息输出。

（2）课后到图书馆及通过网络寻找资料，阐述企业信息化过程中常用的企业信息管理系统有哪些。

第二节　企业信息化建设

知识目标

※管理信息系统
※决策支持系统
※企业资源计划
※客户关系管理

能力目标

※能够协助开发企业信息管理系统
※能够进行信息系统维护

案例引入

小王是某高校管理信息工程专业的一名大三学生，面对日趋严重的就业压力，他决心提前做好充分准备。他了解到如果有一张职业资格证书会在将来寻找工作中助他一臂之力，适合自己的莫过于“企业信息管理师”这样一个职业资格。要想成为一名合格的企业信息管理师，必须对企业信息化建设了如指掌。

案例分析

作为企业信息管理师，进行企业信息化建设，必须掌握以下知识：

(1)企业信息化建设的条件。

(2)常见的企业信息管理系统及维护。

相关知识

【案例思考5-2】

安踏(中国)公司是极富创新精神的中国民营企业中最具代表性的一个，从1994年福建晋江的一家制鞋作坊到今天全国最大的服装制造商之一，安踏书写了自己的“草根传奇”，而“敢为天下先”的创新精神则一直是安踏“永不止步”的原动力，而安踏的信息化建设也同样秉承了这样的精神。安踏实施信息化其实和国内众多民营企业一样，也经历了一个从无到有的过程。安踏公司的信息系统部从最初的几台个人电脑、一个IT技术人员到如今拥有由10多位专业IT人员组成的信息技术建设团队以及稳定的ERP系统，支持全国4000多家销售网点的业务运营。

在如今的福建闽南地区，安踏公司已经成为服装制造行业信息化建设的领先者，近两年来安踏通过改变销售模式，完善业务流程和组织建设，为ERP系统的稳定和高效运营奠定了坚实的基础。而在IT建设和企业运营管理相结合方面也逐步显示出良好效果。目前，安踏集团的生产和供应链管理已经成功通过IT系统的扶助进行规范统一管理。这些都是安踏在信息化建设上引以为豪的地方。

然而着眼未来，随着企业产品线的完善及业务规模的扩张，不仅对信息反馈的速度和质量将有更高的要求，同时对权限管理、信息安全、异地数据备份等信息化要求更高，安踏的领导层早已认识到，单一的ERP系统已经不能支持企业在管理及运营水平上的创新，为了支持企业的长远发展信息化建设更需要从设备、解决方案到技术人员等各个方面磨炼内功，同时也需要制定一个长远的信息化发展蓝图。

(1)描述一下安踏企业信息化的历程，并阐述什么是企业信息化。

(2)安踏在企业信息化过程中运行了哪些信息管理系统？

一、企业信息化

企业信息化建设是企业实现信息管理的必要条件。企业必须从思想观念、管理模式、技术设备、组织机构等方面来一个全新的创造，对自身进行一次信息化改造，只有这样，才有可能实现信息管理。

企业信息化是指通过对信息技术的应用，开发和使用企业的信息资源，提高管理水平、开发能力、经营水平的过程。企业以企业流程优化或重组为基础，在一定的深度和广度上利用计算机技术、网络技术和数据库技术，控制和集成化管理企业生产经营活动中的所有信息，实现企业内外部信息的共享和有效利用，以提高企业的经济效益和市场竞争能力。

目前在企业信息化发展进程中,绝大部分企业已经开始利用计算机系统实现企业内部管理的系统化,即信息管理系统化。企业经营管理和信息管理系统关系密切,两者之间不断互相作用:信息管理系统的每一次更替,无不受制于企业经营管理的需要和信息技术的进步;蕴涵先进信息技术的信息管理系统又会驱动企业的经营管理向着更好的方向发展。

企业信息化建设必须具备一定的条件才能成功实施:

(一)企业信息化的迫切需求

企业信息化的迫切需求是企业实施信息管理的首要条件。企业要进行信息化管理,必然要建立相应的信息管理的自动化系统,或者开发管理信息系统,无论哪一种投入都是巨大的,而且其中技术复杂,牵涉企业管理的方方面面的关系及其利益,实施起来困难很大。因此,只有当企业真正感觉到必须实现信息化,企业才具备实现信息化的真正动力。企业信息管理不是赶时尚、追求花架子,如果企业没有信息化迫切的需求,只是为了装饰门面,而投入大量资金去建设信息管理工程,其结果必然造成各种资源的巨大浪费。

(二)合理的企业信息化总体规划

企业实施信息化管理,必须要有一个与企业发展相适应的整体规划。企业应该根据自身的生产经营情况制定企业信息化管理的总体发展规划,有步骤、有计划、有缓急地建设。设立哪些信息管理系统,以及建设的顺序都要与企业生产经营紧密结合并协调,避免不切合实际地追求"一步到位"。

(三)技术和管理基础

企业信息化首先必须建立在一定的技术基础和管理基础上,如果企业技术基础落后,机械化和自动化技术水平很低,那么企业实现信息管理只是一句空谈。现代化的信息技术只有和相应的机械化、自动化水平相匹配,其信息管理优势才能发挥出来。其次,企业信息化要有较好的管理基础,企业从上至下要有现代化管理理念,对企业信息化的重要性与迫切性有较为深刻的认识,另外要有合理的组织结构、健全的规章制度、完善的业务流程。

(四)信息化人才

成功实施企业信息化必须要有相应的技术与管理人才。企业信息化是充分运用现代信息技术的过程,从项目的立项、开发、投入使用到运转过程中的维护,其中技术总是在不断地更新、升级,因而运用这些技术的信息管理系统也设计不断更新和升级的问题。那么企业必须在各个环节上有与之要求相适应的技术人才和管理人才,这是企业信息管理的重要基本条件之一。

【案例分析5-2】

(1)安踏经历了由简单到复杂职能的信息化历程,从最初的几台个人电脑、一个IT技术人员到如今拥有由10多位专业IT人员组成的信息技术建设团队以及稳定的ERP系统,再到供应链管理;企业信息化是指通过对信息技术的应用,开发和使用企业的信息资源,提高管理水平、开发能力、经营水平的过程。

(2)企业信息管理系统有管理信息系统(MIS)、决策支持系统(DSS)、企业资源计划(ERP)、客户关系管理(CRM)和供应链管理(SCM)等,安踏在其信息化过程中,由最初使用简单办公自动化操作,到ERP、SCM系统的综合运用,为企业的管理,特别是信息管理创造了良好的平台。

二、管理信息系统(management information system,MIS)

管理信息系统,是一个由人、计算机及其他外围设备等组成的能进行信息的收集、传递、存储、加工、维护和使用的系统。它是一门新兴的科学,其主要任务是为管理决策服务,即通过对企业拥有的人力、物力、财力、设备、技术等资源的调查了解,建立正确的数据,加工处理并编制成各种信息资料及时提供给管理人员,以便进行正确的决策,不断提高企业的管理水平和经济效益。

管理信息系统是数据处理系统发展的高级阶段。它除了代替管理人员完成烦琐的事务性工作之外,还可以辅助领导人作出决策。例如,可以利用 MIS 系统找出目前迫切需要解决的问题,并将信息及时反馈给上层管理人员,使他们了解当前工作发展的进展与不足。

(一)管理信息系统层次

企业的管理活动分为三个层次:战略计划、管理控制与战术计划、业务计划与控制,其对应于战略决策、战术决策和业务决策三个决策层次。战略计划处理长期问题,比如企业经营方向、市场战略、产品发展战略等;管理控制与战术计划考虑中期问题,比如合理组织和有效利用资源,调整工作机构设置,接收和培训工作人员等;业务计划与控制是关于现有业务活动的短期决策,比如价格、产量计划和库存控制等。当然,上述三个层次的管理活动是相互关联的,但由于活动内容、时间尺度的不同,信息需求和问题处理的方式也有差别,为了有效地支持各级管理决策,管理信息系统可以分为如下四个层次,如图 5-2 所示。

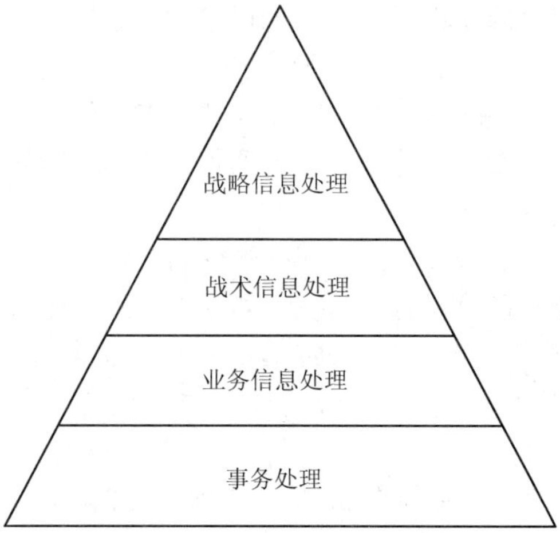

图 5-2　管理信息系统层次

1. 事务处理

主要处理各类统计、报表、信息查询和文件档案管理等。

2. 业务信息处理

主要协助管理者合理安排各项业务活动的短期计划,比如生产日程安排等。根据计划实施情况进行调度、控制。对日常业务活动进行分析、总结,提出报告等。业务信息处理的主要信息来源是内部环境信息,特别是反映当前业务活动情况的信息。

3. 战术信息处理

协助管理者根据企业的整个目标和长期规划制订中期产、供、销活动计划,应用各种计划、预算、分析、决策模型和有关信息，协助管理者分析问题，检查和修改计划与预算，分析、评价、预测当前活动及其发展趋势，以及对企业目标的影响等。战术信息处理要利用大量的反映业务活动状况的内部信息，也需要相当多反映市场情况、原材料供应者和竞争者状况的外部信息。

4. 战略信息处理

协助管理者根据外部环境的信息和有关模型方法确定或调整企业目标、制订或调整长期规划、总行动方针等。战略信息处理要利用下面各层次信息处理结果，同时要使用大量外部信息，如用户、竞争者、原材料供应者的情况，国家和地区社会经济状况与发展趋势，国家和行业管理部门的各种方针、政策等。

（二）管理信息系统开发的基本原则

开发管理信息系统是一件比较复杂的事情，为了取得良好的经济效果，在开发管理信息系统时，须遵循以下几个基本原则。

1. 创新原则

不是简单地用计算机模仿传统的手工作业方式，而是要充分发挥计算机的各种能力去改革传统的工作。如果从一开始就只想用计算机代替人去干那些一般事务性工作，最后肯定弥补不了装置和开发管理信息系统所耗的巨大费用。所以在建立管理信息系统时，一开始就要寻找管理中的薄弱环节，分析它所带来的损失，想办法用计算机来克服它们。特别是过去人们一直认为应该干而又不能干的工作，如果用计算机来完成，一定会收到良好效果。

2. 整体性原则

在传统管理中一个很大的弊病就是管理人员的本位观念较强，他们作决策往往从本部门出发考虑问题多，而考虑全局较少。管理信息系统恰好弥补了这个缺陷。所以，在一开始设计时，就要站在全企业的角度来通盘考虑。有些在局部看来最优，在整体看来不优的决策一定不要引入。各部门的职能分工，任务安排也要考虑到相互协调的问题。

3. 不断发展的原则

随着企业的发展和规模的扩大，会出现新的管理内容，旧的管理内容也会有所更动。作为一个好的管理信息系统，能随着管理内容的扩大和变更而不断改进自己的内容，使其与管理相适应。因而要求在设计管理信息系统时，一定要留有充分的余地。各种编码、记录、文件程序等都要便于今后的变动和增新。

4. 专群结合的原则

建立管理信息系统，需要一批系统分析师、设计师、程序员等专业人员。但是，单靠这批专门人才是远远不够的。一定要得到广大管理人员的支持，并组织他们参加。因为管理人员最熟悉他们的业务。当他们了解到计算机的作用后，便可以提出哪些手工作业最宜于交给计算机来操作。如果没有他们参加，很难使管理信息系统得到成功，甚至根本打不开局面。

三、决策支持系统（decision support system，DSS）

（一）决策支持系统的概念

决策是人们为了达到某种目的而进行的有意识的、有选择的行为，在一定的条件制约下，为了实现一定的目标，而从可能的选择方案中作出决定，以求达到较为满意的目标。科学地进行决策是人们从事的各项工作得以顺利进行的基本保证，也是衡量企业领导水平的重要标志。

决策支持系统是辅助决策者通过数据、模型和知识，以人机交互方式进行半结构化或非结构化决策的计算机应用系统。它是管理信息系统（MIS）向更高一级发展而产生的先进信息管理系统。它为决策者提供分析问题、建立模型、模拟决策过程和方案的环境，调用各种信息资源和分析工具，帮助决策者提高决策水平和质量。

支持决策过程的计算机信息系统虽然得到长足的发展，但由于决策对象和决策过程的复杂性，任何一个决策支持系统又都有其局限性，即它具有很强的针对性，往往都是面向某一确定的决策类型而运行的决策系统，所以它不可能支持所有的决策问题。

【小资料】

决策支持系统（DSS）的产生和发展历史：

（1）20 世纪 70 年代中期美国麻省理工学院的米切尔·S. 斯科特和彼德 G. W. 基恩首次提出了“决策支持系统”一词，标志着利用计算机与信息支持决策的研究与应用进入了一个新的阶段。在整个 70 年代，研究开发出了许多较有代表性的 DSS。

（2）到 20 世纪 70 年代末，DSS 大多由模型库、数据库及人机交互系统三个部件组成，它被称为初阶决策支持系统。

（3）20 世纪 80 年代初，DSS 增加了知识库与方法库，构成了三库系统或四库系统。

（4）20 世纪 80 年代后期，专家系统与 DSS 相结合，充分利用专家系统定性分析与 DSS 定量分析的优点，形成了智能决策支持系统 IDSS，提高了 DSS 支持非结构化决策问题的能力。

（5）近年来，DSS 与计算机网络技术结合构成了新型的能供异地决策者共同参与进行决策的群体决策支持系统 GDSS。

（6）DSS 产生以来，研究与应用一直很活跃，新概念新系统层出不穷。研究与应用范围不断扩大，层次不断提高，国外相继出现了多种高功能的通用和专用 DSS。

（二）决策支持系统的功能

决策支持系统的总体功能是支持各种层次的人们进行决策，或者说辅助各种层次的人们进行决策。决策支持系统如果从功能上分解，则可细分出如下具体功能：

（1）决策支持系统用来整理和提供本系统与决策问题有关的各种数据。各种不同的待决策的问题可能需要不同方面、不同层次的数据，如生产数据、库存数据、财务数据和设备运行数据等。

（2）决策支持系统要尽可能地收集、存储和及时提供与决策有关的外部信息，外部信息是保证正确决策的重要依据。如市场需求、商品价格、原材料供应和竞争对手的经营状况等。

（3）决策支持系统能及时收集和提供有关各项活动的反馈信息，包括系统内和与系统相关的信息，如计划完成情况、产品销售情况和用户反应信息等。

（4）决策支持系统对各种与决策有关的模型具有存储和管理的能力。不同的决策内容需要不同的决策模型的支持，如库存控制模型、生产调度模型、投入产出模型等。

（5）决策支持系统提供对常用的数学方法、统计方法和运筹方法的存储和管理。如统计检验方法、回归分析方法、线性规划方法等。

(6)决策支持系统能对各种数据、模型、方法进行有效管理,为用户提供查找、变更、增加和删除等操作功能,以使用户可以对系统所提供的数据、模型和方法进行有效而灵活的运用。如数据的变更、模型的修改、方法的增删等,都可以通过系统来完成。

(7)决策支持系统运用所提供的模型和方法对数据进行加工,如对数据进行汇总、分析和预测等,并得出有效支持决策的信息。决策支持系统具有人机对话接口和图形加工、输出功能,不仅用户可以对所需要的数据进行查询,而且可以输出相应的图形。

(8)决策支持系统应能支持分布使用方式,提供有效的传输功能,以保证分散在不同点的用户能共享系统所提供的模型、方法和可共享的数据。

(三)决策支持系统的组成

决策支持系统的基本组成一般包括数据库管理系统(DBMS)、模型库管理系统(MBMS)和对话生成管理系统(DGMS),其结构如图5-3所示。总体来讲,在决策支持系统中,对话子系统为决策者提供使用系统的接口,数据子系统提供支持决策的数据和信息,而模型子系统则为决策者提供进行推理、比较、分析和选择资料的手段。

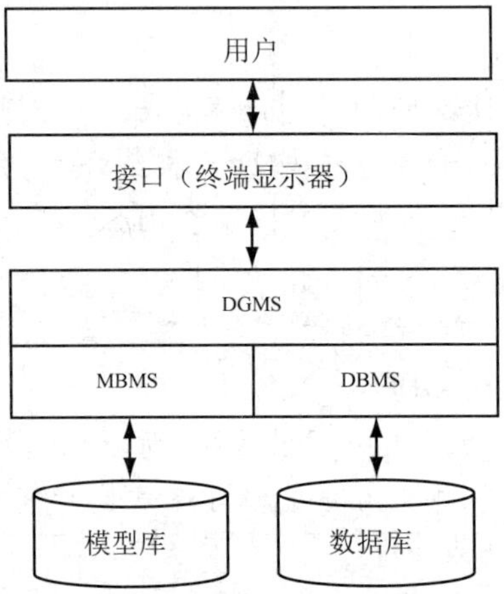

图5-3 决策支持系统结构

1. 对话系统

对话系统是决策支持系统中的重要组成部分,它是用户使用系统的接口,具有很强的交互功能,即决策支持系统的全部功能必须通过对话系统来加以实现。

对话系统是具有交互功能的软件系统,具有的功能有:

(1)具有处理不同类型对话方式的能力,以保证用户可以按照自己选定的对话方式进行工作。

(2)系统提供多种输入设备,以适应用户根据相应的对话方式而使用不同类型的设备。

(3)系统提供多种输出设备,以适应用户根据所采用的对话方式获得自己所需要的输出内容。

(4)系统提供可供选择的用户所需要和习惯的数据输出格式,以满足不同层次用户的需要。在设计一个对话系统时,应先分析和了解用户的决策过程,特别是要了解决策者所要求或习惯的输出表达方式和输入方式,然后才能开始设计一组输入和输出控制模块。

2. 数据系统

数据系统是决策支持系统的另一个重要子系统,因为任何一个决策过程都必须依靠信息,而信息又被表现为多种数据形式,可以包括常规的数据也可涉及多媒体形式的数据,特别是多媒体数据中的表格和图形。

数据子系统的核心是决策支持数据库,并通过数据库管理系统来实现对数据的提取、加工、存储和检索。由此可见,决策支持系统的数据子系统是一个以数据库技术应用为基础的数据库系统,其基本功能包括:

(1)能适应多重数据来源的数据采集系统。

它可获得各种数据并加以提取,因为用于决策过程中的数据可能来自内部也可能来自外部,而内部数据可能来自不同的部门。决策所涉及的方面越多,则所要采集的数据种类也越多,来源更广泛。

(2)能提速对数据进行批量的增加和删除。

在决策过程中所涉及的数据和数据量可能随事件的变化而不同,随决策的方法或决策者的不同而变化,因而对数据和数据量的变化应该提供支持,便于按需要进行调整。

(3)能够按照决策者的要求,提供对数据逻辑结构的描述。

使用户能够清楚地理解各种数据的关系和用途,以帮助决策支持系统的使用能对所提供的数据信息有比较清晰的了解。

(4)有较强的数据管理功能。

除了常规数据库系统应提供的数据管理和查询功能外,由于决策过程中的各种需要,如数据的归并、数据量的变更、数据粒度的选择、数据来源的记录、数据精度的变化、操作方式的多样等,都要求系统提供较强的辅助能力。

(5)有多方面的表达能力。

不仅应具有分析能力,还应有较丰富且直观的表达能力。表格是一种易于为人们所接受且常使用的表达方式。此外,图形也是常用的表达工具,如统计报表的图形表示就常用到直方图、折线图或饼图等形式来表达。

3. 模型系统

模型系统是决策支持系统的重要子系统,而模型库又是模型系统的核心部门。通常说管理信息系统是由数据驱动的,而决策支持系统则是由模型驱动的,可见模型在决策支持系统中的作用和地位。模型系统应由模型库与模型库管理系统以及对外接口组成,模型系统的基本功能如下:

(1)具有用集成的方法来存储和管理模型的功能。

(2)具有快速和方便地构造新的模型的功能。

随着决策的需求,根据条件的变化和发展,新的模型的构造将是必不可少的,模型库系统支持模型构造的全过程。

(3)具有支持对模型的操作和运行的功能。

模型的运作是决策过程中的重要环节,模型库系统必须支持这一环节,能使各层用户利用模型对待决策的问题进行分析,对不确定的问题提供解决的线索。

(4)具有向用户显示模型功能并描述模型与用户需求的关系的能力。

(5)具有获取、存储、分析与模型使用有关的数据和分析过程的能力。

(6)具有在模型建立和分析与支持中,能够产生灵活的自适应和可变更系统的能力。

(7)具有依据知识及推理规则进行模型连接,从而使模型具有相关联的能力。

(8)具有用户操作处理时根据需要引入主观信息的能力。

(四)决策支持系统与管理信息系统

在管理信息系统的实践中,人们发现它还是不能像预期的那样产生巨大的经济效益。管理信息系统虽然将企业内部的各种信息统一起来,加强了对企业生产经营活动的计划与控制,大大改善了企业中的管理工作,提高了整个企业的效率。但对企业的上层管理并没有产生决定性的影响。企业上层主管人员的主要任务是确定目标、选择战略和进行重大决策,对他们来说,重要的不是工作的效率,而是决策的效果,即主要不在"正确地做事",而在于"做正确的事"。这使人们认识到,要对管理目标作实质性的贡献,必须更直接地面向决策。

一定程度上,我们可以认为管理信息系统和决策支持系统是计算机应用于管理活动中的两个不同发展阶段,它们之间既有联系又有区别。

1. DSS 与 MIS 的区别

(1)MIS 侧重于管理,而 DSS 侧重于决策。

(2)MIS 的目标是提高工作效率和管理水平,而 DSS 的目标是追求工作的有效性和提高效益。

(3)MIS 主要面对结构化系统,而 DSS 是处理半结构化和非结构化系统。

(4)MIS 的分析和设计体现系统的全局和总体的信息需求,而 DSS 的分析和实现更着重于体现决策者的信息需求。

(5)MIS 是以数据驱动的系统,而 DSS 则是以模型驱动的系统。

(6)MIS 更强调信息的集中管理,而 DSS 却更趋向于信息的分散利用。

2. DSS 与 MIS 的联系

(1)MIS 能收集和存储大量的基础数据;DSS 可充分地利用这些基础数据,使数据发挥更大的作用。

(2)MIS 能够担负起反馈信息的收集工作,可以对 DSS 的工作结果进行检验和评价。

(3)DSS 的工作能够对 MIS 的工作进行检查和审核,为 MIS 的更加完善提供改进的依据。

(4)在 DSS 的反复使用中对所涉及的问题模式和数据模式可逐步明确,逐步结构化,从而将相关功能并入 MIS 的工作范围。

四、企业资源计划(enterprise resource planning,ERP)

企业内信息系统的主要功能就是将企业内部各职能部门通过信息交换和信息共享集成为一个整体,有效配置企业资源,提高企业运作效率。目前应用比较成熟的企业资源计划是典型的企业信息管理系统后台技术,也逐渐成为一种被企业广泛接受的现代管理理论之一。

所谓企业资源计划,就是将企业内部各个部门,包括财务、会计、生产、物料管理、品质管理、销售与分销、人力资源管理等,利用信息技术整合、连接在一起,以系统化的管理思想,为企业决策层及员工提供决策运行手段的管理平台。

ERP 的发展突破了仅限于企业内部资源管理的 MRPⅡ的发展局限,把供应链内的供应商等外部资源也看作受控对象集成进来,并把时间作为资源计划的最关键的一部分。ERP 以顾客驱动、基于时间、面向整个供应链为三个主要特征,以资金、货物、人员和信息为四大元素。其主要宗旨是对企业所拥有的人、财、物、信息、时间和空间等综合资源进行综合平衡和优化管理，协调企业各管理部门，围绕市场导向开展业务活动，提高企业的核心竞争力，从而取得最好的经济效益。

(一)ERP 系统与企业信息集成模型

ERP 与企业信息集成模型如图 5－4 所示。ERP 中的企业资源包括了厂房、仓库、物资、设备、工具、资金、人力、技术、信誉等全部可供企业调配使用的有形和无形的东西。ERP 集成了质量管理、全员质量控制 TQM、准时制生产 JIT、约束理论、实验室管理、EDI 电子数据交换、C/S 计算机技术、项目管理、运输管理、设备维护、供应商管理、客户管理等丰富内容，同时也能够适应混合模式的运作方式、及时提供决策信息。

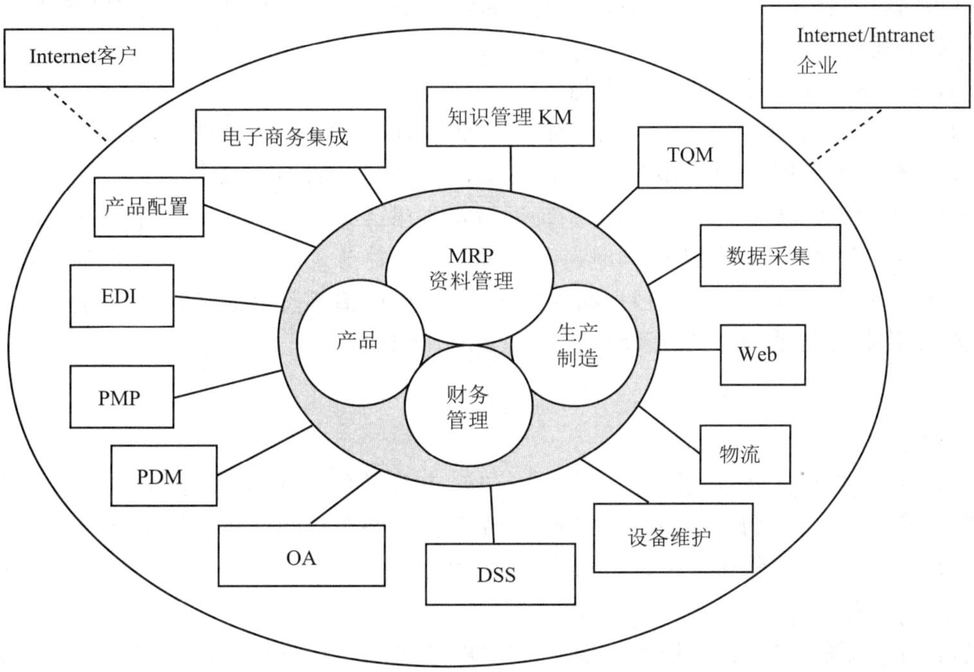

图 5－4 ERP 系统与企业信息集成模型

ERP 强调的是人、财、物、供、产、销，全面结合、全面受控；实时反馈、动态协调；效益最佳、成本最低；流程式管理、扁平化结构。体现了先进的管理思想和理念。

(二)ERP 的核心管理思想

随着对企业资源及资源体系认识的扩展．现在的 ERP 不仅仅局限在物料需求、制造管理，而且延伸到了质量管理、实验室管理、流程作业管理、产品数据管理、维护管理、管制报告、仓库管理、供应链管理、客户关系管理、知识管理等领域。并且，随着管理研究和管理实践的进一步发展，企业资源体系与 ERP 都将不断调整和扩展。ERP 的核心管理思想就是实现对企业整体供应链资源的有效管理，主要体现在以下几个方面：

1. 体现了对集成化供应链资源整合管理的思想

现代企业的竞争已经不是单一企业与单一企业间的竞争，而是一个企业供应链与另一个企业的供应链之间的竞争，即企业不但要依靠自己的资源，还必须把经营过程中的有关各方如供应商、制造工厂、分销网络、客户等纳入一个紧密的供应链中，只有这样才能在市场上获得竞争优势。

2. 体现精益生产和敏捷制造的思想

ERP 系统支持混合型生产方式的管理。其管理思想表现在两个方面：其一是“精益生产”（lean production）的思想，即企业把客户、销售代理商、供应商、协作单位纳入生产体系，同他们建立起利益共享的合作伙伴关系，进而组成一个企业的供应链。其二是“敏捷制造”（agile manufacturing）的思想。当市场上出现新的机会，而企业的基本合作伙伴不能满足新产品开发生产的要求时，企业组织一个由特定的供应商和销售渠道组成的短期或一次性供应链，形成“虚拟工厂”，把供应和协作单位看成是企业的一个组成部分，运用“同步工程”（SE），组织生产，用最短的时间将新产品打入市场，时刻保持产品的高质量、多样化和灵活性，这即是“敏捷制造”的核心思想。

3. 体现事先计划与事中控制的思想

ERP 系统中的计划体系主要包括主生产计划、物流需求计划、能力计划、采购计划、销售执行计划、利润计划、财务预算和人力资源计划等，而且这些计划功能与价值控制功能已完全集成到整个供应链系统中。另外，ERP 系统通过定义事务处理（transaction）相关的会计核算科目与核算方式，在事务处理发生的同时自动生成会计核算分录，保证了资金流与物流的同步记录和数据的一致性。从而实现了根据财务资金现状，可以追溯资金的来龙去脉，并进一步追溯所发生的相关业务活动，便于实现事中控制和实时作出决策。

（三）ERP 系统模块设计

1. 物流系统

包括销售管理、采购管理、库存管理三个模块，主要对企业日常的销售活动进行管理，帮助采购部门控制并完成采购商品，并控制和管理库存。这些模块间有良好的接口，可以从这些系统中获取或向这些系统输送数据，保持数据的一致性。

2. 生产制造系统

包括生产管理、成本管理、质量管理三个模块，主要对生产过程进行管理，帮助企业运用各种方法来降低成本，并保证质量，以达到提高经济效益的目的。

3. 总账系统

总账系统不仅提供准确及时的账务信息，也能灵活处理多种行业不同组织形式及所有特殊的会计需求，同时提供跨国功能，如货币转换及账务处理，增值税、营业税等税种的处理。

4. 应收账款系统

应收账款系统的基本功能包括产生发票，收款处理和分析收款情况。应收账款的管理是一项相当繁杂的工作。系统可追踪客户的来款情况、拖欠情况，及时地提供客户的信用信息，同时还提供了账龄分析功能。从而大大提高了应收账款管理的效率，保障了企业的利益。

5. 固定资产管理

固定资产管理系统分别从编号、类别、所在部门、地点、原值、现值、折旧等方面对固定资产进行系统的管理。本系统可单独使用，也可与账务子系统集成，自动生成有关的记账凭证。

6. 人力资源管理

能帮助企业跟踪人力资源的各个方面，系统提供用户的许可权来支持所需的安全水平，从而保障了诸如工资率等敏感信息的保密性。该系统与账务系统、收付款系统、生产制造系统、购销链系统集成一体、数据共享。

7. 客户服务管理

具有客户需求处理、流程跟踪系统、客户信息管理、产品知识系统、售后质量控制、销售业务支持和市场分析研究功能。

8. 系统权限管理信息功能

所有的人员权限按部门等级划分、岗位等级划分。系统最高权限的设置由用户自定义,权限的修改,只能由操作员的上级主管来做,同级人员不能相互修改、查看,无权修改其他部门人员的权限。

(四)ERP 的实施

ERP 项目是一个庞大的系统工程,不是有钱买来软件就可以的。ERP 更多的是一种先进的管理思想,它涉及面广,投入大,实施周期长,难度大,存在一定的风险,需要采取科学的方法来保证项目实施的成功。一般在实施中需要注意以下问题:

1. 最高决策者和全体员工的参与

ERP 的实施关系到企业内部管理模式的调整,业务流程的变化及大量的人员变动,没有企业领导的参与将难以付诸实践。但同时 ERP 是企业级的信息集成,没有全体员工的参与也是不可能成功的。

2. 知识更新

ERP 是信息技术和先进管理技术的结合,无论是决策者、管理者还是普通员工都要掌握计算机技术、通信技术,并将之运用到现代企业的管理中去。

3. 规范化的数据

ERP 系统实现了企业数据的全局共享,作为一个管理信息系统,它处理的对象是数据。数据规范化是实现信息集成的前提,在此基础上才谈得上信息的准确、完整和及时。很多企业在基础数据的准备上很难投入足够的精力,结果是“输入了一堆垃圾,最后输出的还是垃圾”。所以实施 ERP 必须要花大力气准备基础数据。比如,产品数据信息、客户信息、供应商信息等进行合理编码。

4. 业务流程重组和机构重组

ERP 是面向工作流的,它实现了信息的最小冗余和最大共享。传统需要几个步骤或几个部门来完成的任务,在实施 ERP 系统之后可能只需要一次便能完成了。因此企业要让 ERP 系统发挥作用,有必要在业务流程和组织机构方面进行重组,以使之符合 ERP 的实施要求。

5. 建立项目管理体系

ERP 项目是一个具有系统复杂、实施难度大、应用周期长等特点的企业管理系统工程,因此,企业在 ERP 应用过程中,必须从系统工程和科学管理的角度出发,建立健全工程项目管理体系和运作机制,确保 ERP 项目的成功实施。

6. 加强培训,提高认识

培训是成功实施 ERP 系统的重要因素。ERP 项目培训的主要目的是改变思想、提高认识。思想不统一绝不能进入实施阶段。为了增加人们对 ERP 相关知识的了解和规范管理人员的行为方式,要通过培训使各级管理人员不仅明确什么是 ERP,它的实施将给企业带来哪些变化,并明确实施 ERP 后各个岗位的人员如何适应新的工作方式。

(五)ERP 的优点

1. 即时性

在当今信息社会里,不仅要知己知彼,还要贵在“即时”,能否如此,其效果迥异。在 ERP 状态下,资料是连动而且是随时更新的,每个有关人员都可以随时掌握即时的资讯。

2. 集成性

在 ERP 状态下,各种信息的集成,将为决策科学化提供必要条件。ERP 把局部的、片面的信息集成起来,轻松地进行衔接,使预算、规划更为精确,控制更为准确,也使得实际发生的数字与预算之间的差异分析、管理控制更为容易与快速。

3. 远见性

ERP 系统的会计子系统,集财务会计、管理会计、成本会计于一体,又与其他子系统融合在一起,这种系统整合,及其系统的信息供给,有利于财务作前瞻性分析与预测。

(六)ERP 的发展趋势

目前的 ERP 也还有不足之处有待完善。一方面,ERP 本身注重的是供应链内部的管理和协调,没有考虑供应链以外的客户需求,众多的其他客户或伙伴目前还不能进入供应链内部进行交易;另一方面,ERP 对于客户关系的管理还比较薄弱,此外,对于网上销售技术,目前的功能也比较简单。

2000 年 Gartner Group 公司分析员提出 ERP Ⅱ 的协同商务(collaborative commerce)观念。现在,ERP 系统的供应商在努力开发新的软件模块,要将 ERP 作为全面集成供应链系统的核心模块,并连接更广泛的供应链。在传统的 ERP 系统上外挂了一些独立模块或第三方软件,来构建虚拟社区、虚拟企业、网上商店、在线交易、员工自助服务等功能,逐步向协同商务的方向发展。

21 世纪信息技术的发展,对未来制造业影响会更大,ERP 系统将向提供更好、更先进,集管理、信息和技术为一体的企业全面集成系统发展。

五、客户关系管理(customer relationship management,CRM)

【案例思考 5-3】

肯·罗布是迪克连锁超市的高级营销副总裁,他有一个超越竞争对手制胜的秘密武器。这个秘密武器是当他的顾客来商场采购时,他十分了解这些顾客想要买些什么。这一点连同超市所提供的优质服务的良好声誉,是迪克连锁超市对付低价位竞争对手及类别杀手的主要防御手段。迪克超市采用一种数据优势软件,对扫描设备里的数据加以梳理,即可预测出其顾客什么时候会再次购买某些特定产品。接下来,该系统就会“恰如其时地”推出特惠价格。

它是这样运行的:在迪克超市每周消费 25 美元以上的顾客每隔一周就会收到一份定制的购物清单。这张清单是根据顾客以往的采购记录及厂家所提供的商品现价、交易政策或折扣共同派生出来的。顾客购物时可随身携带此清单也可以将其放在家中。当顾客到收银台结账时,收银员就会扫描一下印有条形码的购物清单或者顾客常用的优惠俱乐部会员卡。无论哪种方式,购物单上的任何特价商品都会被自动予以兑现,而且这位顾客在该店的购物记录会被刷新,生成下一份购物清单。

"这对于我们和生产厂家都很有利,因为你能根据顾客的需求定制促销方案。由此你就可以作出一个与顾客商业价值成正比的方案。"罗布说。促销活动的时间会恰好与每一位顾客独有的购买周期相吻合,而对这一点,罗布通过分析顾客的以往购物记录即可作出合理预测。

"顾客们认为这太棒了,因为购物清单准确地反映了他们要购买的商品。如果顾客养有狗或猫,我们就会给他提供狗粮或猫粮优惠;如果顾客有小孩,他们就可以得到孩童产品优惠,比如尿布及婴幼儿食品;常买很多蔬菜的顾客会得到许多蔬菜类产品的优惠。"

罗布利用从其顾客处所得到的信息向顾客们提供了竞争对手无法轻易仿效的激励,因为这些激励是根据每个顾客独自的爱好及购物周期而专门设计定制的。一位顾客在迪克超市购物越多,超市为其专门定制的优惠也就越多,这样就越发激励顾客保持忠诚。

罗布将这种信息看作自己的小秘密。"在多数情况下,"他说,"如果你的对手想了解你的商品价位,他们只需到你的店里查看一下货架上的价格标签,要么也可以浏览一下你每周的广告。但是,有了这种购物清单,竞争对手对你目前所做的一切一无所知,因为每位顾客的购物清单都不一样。"

(1)罗布经营成功的秘诀是什么?

(2)什么是客户关系管理?具备哪些功能?

(一)客户关系管理的定义

最早发展客户关系管理的国家是美国,在1980年初便有所谓的"接触管理"(contact management),即专门收集客户与公司联系的所有信息;1985年,巴巴拉·本德·杰克逊提出了关系营销的概念,使人们对市场营销理论的研究又迈上了一个新的台阶;到1990年则演变成包括电话服务中心支持资料分析的客户关怀(customer care)。1999年,高德纳咨询(Gartner Group Inc)公司提出了CRM概念。如今随着IT技术的参与,CRM已经成为管理软件、企业信息化解决方案的一种类型,是企业信息管理系统的前台技术。

关于CRM的定义,不同的研究机构有着不同的表述。最早提出该概念的高德纳(Gartner Group)认为:所谓的客户关系管理就是为企业提供全方位的管理视角;赋予企业更完善的客户交流能力,最大化客户的收益率。

赫尔维茨集团(Hurwitz Group)认为CRM既是一套原则制度,也是一套软件和技术。它的目标是缩减销售周期和销售成本、增加收入、寻找扩展业务所需的新的市场和渠道以及提高客户的价值、满意度和忠实度。

而IBM则认为:客户关系管理包括企业识别、挑选、获取、发展和保持客户的整个商业过程。

还有人认为CRM是将市场营销的科学管理理念通过信息技术的手段集成在软件上面,得以在全球大规模的普及和应用。作为解决方案的CRM,它集合了当今最新的信息技术,它们包括Internet和电子商务、多媒体技术、数据仓库和数据挖掘、专家系统和人工智能、呼叫中心,等等。

综上所述，CRM 的核心思想就是：客户是企业的一项重要资产，客户关怀的目的是与所选客户建立长期和有效的业务关系，从而最大限度地增加利润和利润占有率。CRM 的核心是客户价值管理，通过一对一营销原则，满足不同价值客户的个性化需求，提高客户忠诚度和保有率，实现客户价值持续贡献，从而全面提升企业盈利能力。

（二）客户关系管理产生的原因

1. 企业内在需求的拉动

目前，很多企业在信息化方面已经做了大量工作，收到了很好的经济效益。但是，在很多企业，销售、营销和服务部门的信息化程度越来越不能适应业务发展的需要，越来越多的企业要求提高销售、营销和服务的日常业务的自动化和科学化。这是客户关系管理应运而生的需求基础。

（1）销售需求。

销售人员发现从市场部提供的客户线索中很难找到真正的顾客，常常在这些线索上花费大量时间；出差在外，没有办法看到公司电脑里的客户、产品信息；面对一个老客户，如何给他报价才能留住客户。

（2）营销需求。

营销人员也面临一系列困境，急需解决：如何知道营销资金的回报率？怎么利用收集的客户资料？谁是真正的潜在购买者？怎么才能知道其他部门的同事和客户的联系情况，以防止重复地给客户发放相同的资料？有哪些人访问过公司的站点？

（3）顾客服务需求。

客户服务人员发现其实很多客户提出的问题都可以自己解决，但回答这种类型的客户电话占去了工程师的很多时间；顾客发现从公司两个销售人员那里得到了同一产品的不同报价；已经提出不希望再收到大量的宣传邮件，但是情况依然没有改变，等等。

（4）管理需求。

经理人员发现客户马上就要来谈最后的签单事宜，但一直跟单的人辞职了，所以对与这个客户联系的来龙去脉一无所知；如果有多个销售员和同一家客户联系过，无法完整知道他们都给客户承诺过什么，等等。

以上各个层次的需求首先说明企业的销售、营销和客户服务部门难以获得所需的客户互动信息。其次，来自销售、客户服务、市场、制造、库存等部门的信息分散在企业内，这些零散的信息使得无法对客户有全面的了解，各部门难以在统一的信息的基础上面对客户。这需要各部门对面向客户的各项信息和活动进行集成，实现对面向客户的活动的全面管理。

2. 技术的推动

【小资料】

如果你家门口有个小吃店，老板会努力记住你喜欢吃辣这种信息，当你要一份炒面时，他会征询你的意见，要不要加辣椒。但如果你到一个大型的快餐店（譬如，这家店有 300 个座位）时，就不会得到这种待遇了，即使你每天都去一次。为什么呢？最重要的原因是，如果要识别每个客户，快餐店要收集和处理的客户信息量是小吃店的几十倍，超出了企业的信息收集和处理能力。

办公自动化程度、员工计算机应用能力、企业信息化水平、企业管理水平的提高都有利于客户关系管理的实现。很难想象,在一个管理水平低下、员工意识落后、信息化水平很低的企业从技术上实现客户关系管理。数据仓库、商业智能、知识发现等技术的发展,使得收集、整理、加工和利用客户信息的质量大大提高。

技术的发展,使得围绕客户的管理活动得以展开,将对客户的尊重落到实处:企业的客户可通过电话、传真、网络等访问企业,进行业务往来;任何与客户打交道的员工都能全面了解客户关系、根据客户需求进行交易、了解如何对客户进行纵向和横向销售、记录自己获得的客户信息;系统用户可不受地域限制,随时访问企业的业务处理系统,获得客户信息;能够从不同角度提供成本、利润、生产率、风险率等信息,并对客户、产品、职能部门、地理区域等进行多维分析。

【小资料:啤酒与尿布】

美国最大的超市沃尔玛,在对顾客的购买清单信息的分析表明,啤酒和尿布经常同时出现在顾客的购买清单上。原来,美国很多男士在为自己小孩买尿布的时候,还要为自己带上几瓶啤酒。而在这个超市的货架上,这两种商品离得很远,因此,沃尔玛超市就重新分布货架,即把啤酒和尿布放得很近,使得购买尿布的男人很容易地看到啤酒,最终使得啤酒的销量大增。这就是著名的"啤酒与尿布"的数据挖掘案例。

3. 管理理念的更新

技术带来的不仅仅是一种手段,它还触发了企业组织架构、工作流程的重组以及整个社会管理思想的变革。市场经济的观念已经深入人心,一些先进企业的重点正在经历着从以产品为中心向以客户为中心的转移。企业逐渐认可双赢的观念,致力于与客户建立共同获取价值的关系,而不是千方百计地单方面从客户身上谋取自身的利益。

(三)客户关系管理体系结构

1. CRM 的系统结构模型

CRM 系统能实现对客户销售、市场、支持和服务的全面管理,能实现客户基本数据的记录、跟踪,客户订单的流程追踪,客户市场的划分和趋势研究,以及客户支持服务情况的分析,并能在一定程度上实现业务流程的自动化。一般来说,整个 CRM 系统可分为三个层次:界面层、功能层和支持层,如图 5 - 5 所示。

(1)界面层。

界面层是 CRM 系统同用户或客户进行交互、获取或输出信息的接口。通过提供直观的、简便易用的界面,用户可以方便地操作。

(2)功能层。

功能层由执行 CRM 系统基本功能的各个功能模块构成,营销自动化、客户服务与支持、辅助决策等,各功能模块又包含若干业务。

(3)支持层。

支持层则是指 CRM 系统所用到的数据库管理系统、操作系统、网络通信协议等,是保证整个 CRM 系统正常运作的基础。

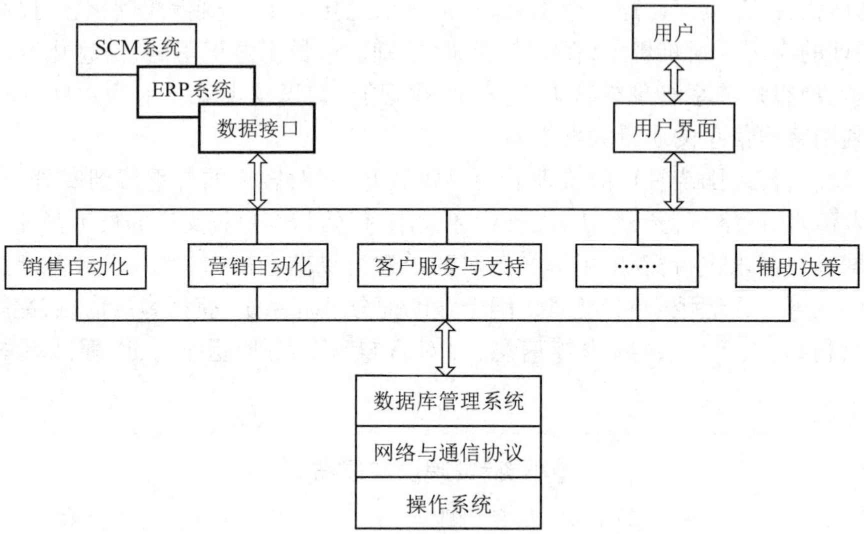

图5-5 CRM 系统结构模型

2. CRM 的功能结构

CRM 的功能结构可以归纳为三个方面：对销售、营销和客户服务三部分业务流程的信息化，这是操作层次子系统；与客户进行沟通所需要的手段（如电话、传真、网络、E-mail 等）的集成和自动化处理，这是协作层次子系统；对上面两部分功能所积累下的信息进行的加工处理，产生客户智能，为企业的战略战术的决策作支持，这是分析层次子系统。如图 5-6 所示。

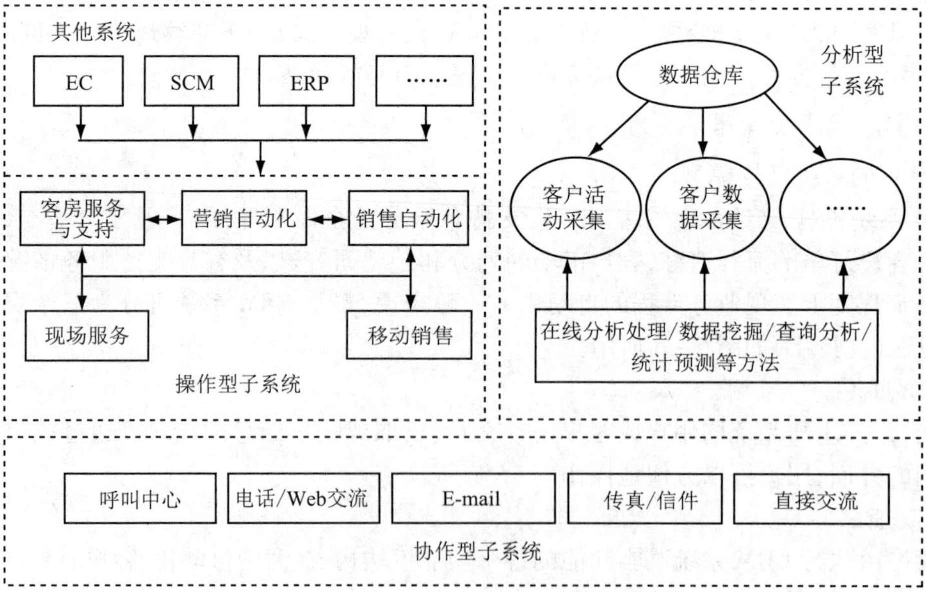

图5-6 CRM 功能结构

主要子模块及功能如下。

(1)销售模块。

①销售。销售是销售模块的基础,用来帮助决策者管理销售业务,它包括的主要功能是额度管理、销售力量管理和地域管理。

②现场销售管理。为现场销售人员设计,主要功能包括联系人和客户管理、机会管理、日程安排、佣金预测、报价、报告和分析。

③现场销售/掌上工具。可以进行报价生成、订单创建、联系人和客户管理等工作。

④电话销售。还有一些针对电话商务的功能,如电话路由、呼入电话屏幕提示、潜在客户管理以及回应管理。

⑤销售佣金。它允许销售经理创建和管理销售队伍的奖励和佣金计划,并帮助销售代表形象地了解各自的销售业绩。

(2)营销模块。

对直接市场营销活动加以计划、执行、监视和分析。使得营销部门实时地跟踪活动的效果,执行和管理多样的、多渠道的营销活动;还可帮助营销部门管理其营销资料。

(3)客户服务模块。

提高那些与客户支持、现场服务和仓库修理相关的业务流程的自动化并加以优化。可完成现场服务分配、现有客户管理、客户产品全生命周期管理、服务技术人员档案、地域管理等;创建和管理客户服务合同,从而保证客户获得的服务的水平和质量;允许客户记录并自己解决问题,如联系人管理、客户动态档案等。

(4)呼叫中心模块。

利用电话来促进销售、营销和服务主要包括呼入呼出电话处理、互联网回呼、呼叫中心运营管理、图形用户界面软件电话、应用系统弹出屏幕、友好电话转移、路由选择等。

(四)客户关系管理日常的管理工作

在客户关系管理过程中,除了信息技术的运用外,还应该切实地改变企业日常的管理工作,为改善企业的客户关系管理作出努力。

1. 识别客户

包括将更多的客户名输入数据库中;采集客户的有关信息;验证并更新客户信息,删除过时信息等。

2. 对客户进行差异分析

根据客户对于企业的价值,比如市场花费、销售收入、与本公司有业务往来的年限等,把客户分为 A、B、C 三类,识别企业的“金牌”客户。

3. 与客户保持良性接触

保证客户和企业的交流通道通畅,改善对客户抱怨的处理,主动和客户对话,通过信息技术的应用使得客户与企业的交易更为方便。

4. 调整产品或服务以满足每一个客户的需求

了解客户希望以怎样的方式、怎样的频率获得企业的产品和信息,提供更完善的个性化服务。

【案例分析5-3】

(1)罗布经营成功的秘诀是通过对顾客消费记录进行收集、分析,生成每一位顾客特有的购物清单,根据顾客的需求定制促销方案,提供了竞争对手所没有的顾客价值。其实质是进行客户关系管理。

(2)客户关系管理是借助于先进的信息技术,通过对企业业务流程的重组来整合客户信息资源,并在企业内部实现客户信息资源共享,为客户提供更经济、快捷、周到的产品和服务,改进客户价值以及客户的满意度和忠诚度。

其主要功能包括三大方面:对销售、营销和客户服务三部分业务流程的信息化;与客户进行沟通所需要的手段(如电话、传真、网络、E-mail等)的集成和自动化处理;对上面两部分功能所积累下的信息进行的加工处理,产生客户智能,为企业的战略战术的决策作支持。

六、供应链管理(supply chain management,SCM)

(一)供应链的概念

供应链管理最早起源于迈克·波特提出的“价值链”(value chain)概念,他倡导运用价值链进行战略规划和管理,以帮助企业构筑核心竞争力,获取并维持竞争优势。

美国的供应链协会将供应链管理定义为:“包括从供应商的供应商开始到客户的客户结束所有涉及产品生产和供给的活动。”

日本学者认为:“供应链是跨越企业边界,作为一个完整的流程来共享经营资源和信息,以整体化为目标,彻底消除流程中浪费的管理技术。”

国内著名学者马士华认为:“供应链是指产品生产和流通过程中所涉及的原材料供应商、生产商、批发商、零售商直至消费者所组成的供需网络,即由物料获取、加工,并将成品送到消费者手中这一过程所涉及的企业和企业部门所组成的网络。供应链管理是一种集成的管理思想和方法,是对整个供应链进行计划、组织、控制和实施。”

综上所述,供应链管理是用系统的观点对供应链中的物流、资金流和信息流进行计划、组织、控制和优化,以寻求建立供、产、销企业及客户间的战略合作伙伴关系,最大限度地减少浪费,实现整体效率最优化,最大限度地满足顾客需求。

(二)供应链的结构

传统的供应链是由一些独立的企业实体构成的,局限于企业的内部操作,注重企业自身的利益目标。在有限的信息交换前提下,供应商和客户难以建立良好的合作伙伴关系,增加了对供应商管理的复杂度。现代的供应链概念已经将注意力转移到了与其他企业的联系和供应链的外部环境上,倾向于将供应链定义为一个通过链中不同企业的制造、组装、分销、零售等过程,将原材料转换成产品,销售给最终用户,形成了一个范围更大、更系统的概念。

一个企业有一个流向下游客户的需求链和一个从上游企业流下的原材料供应链。企业如果期望能更有效地运作和保护竞争力,就必须有效地管理企业的供应商和客户。供应链结构如图 5－7 所示，包括核心企业与供应商、供应商的供应商以及用户、用户的用户，它们之间的物流、资金流、信息流和知识流的交互作用。

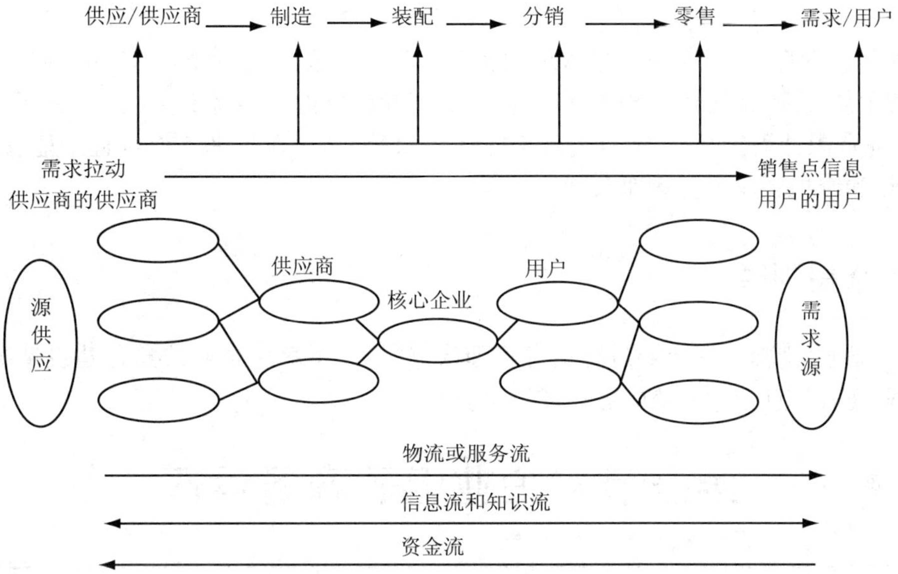

图 5－7　供应链结构

（三）供应链的特点

1. 供应链结构的完整性

供应链是一个整体，不是由采购、制造、分销和销售等构成的一些分离的功能块。为了有助于整体运作，供应链在财务评估方面，体现的供应链中所有企业的整体和共赢利益，而非个别企业，即局部利益。

2. 供应链管理强调战略

战略决策的出发点是为满足消费者需求和偏好。供应链管理强调基于最终消费者对成本、质量、交货速度、快速反应等多种要求，建立整个供应链的共同目标和行动方案。

3. 供应链主体的独立性

供应链各个主体成员均具有独立的自身利益，具有致力于开发核心竞争能力，追求企业利润最大化的基本要求，但在供应链环境下，这种利益最大化要求必须通过供应链系统目标的一致性来实现。

4. 供应链功能的关联性

供应链是企业内部、企业之间业务流程等的集成运作过程，它包括了企业工作流和业务流，供应链中的供应、运输、仓储、配送、结算、信息等功能相互关联，并影响供应链运作效率和效益。

5. 供应链的合作性和动态性

供应链管理通过仔细选择业务伙伴，改变过去企业与企业之间的敌对关系为紧密合作的业务伙伴，共享信息资源，共同解决问题。同时，供应链管理因企业战略及企业适应市场需求变化的需求，其中节点企业需要动态地更新，这就使得供应链具有明显动态性。

小　结

“企业信息管理师”是企业信息管理的实践者和执行人,小王要想具备专业职业人的职业能力,必须了解企业信息化建设及其实施条件,熟悉管理信息系统(MIS)、决策支持系统(DSS)、企业资源计划(ERP)、客户关系管理(CRM)等,从而在将来工作过程中能够推进企业信息化建设和维护企业信息管理系统。

课外实训项目

利用寒暑假,选择一家企业进行信息管理认知实习,了解该企业信息化建设情况,并尽量参与该企业现有信息管理系统的运作或维护。

第三节　企业电子商务运作

知识目标

※了解电子商务及其功能

※了解电子商务下企业信息管理变化

※熟悉企业网站建设流程

能力目标

※能够分析电子商务和企业信息管理之间的关系

※能够协助企业商务网站建设和管理网站

案例引入

戴尔是大家所熟知的“网上直销”型电子商务企业。戴尔的每一个产品都是有订单的,它通过成熟网络,每20秒钟就整合一次订单。戴尔利用企业间电子商务,当客户把订单传至戴尔信息中心,由控制中心将订单分解为子任务,并通过Internet和企业间信息网分派给上游配件制造商。各制造商按电子订单进行配件生产组装,并按控制中心的时间表供货。

戴尔直销的电子商务模式通过网络连接用户,大力推进供应链系统的建立,以具有充分个性化的产品和特色服务拢住新老客户和潜在的用户,以及供应商和采购商,提供完善的服务。并为企业节约了在生产销售环节的各项成本,提高了企业竞争能力,使其在激烈的市场竞争中取得了优势地位。透过戴尔的成功,我们看到电子商务对企业信息管理产生巨大影响,那么:

(1)电子商务是什么?

(2)企业应该如何将电子商务和企业信息管理结合起来?

(3)企业电子商务运作的主要任务有哪些?

案例分析

越来越多的企业采用电子商务运作方式，要将电子商务和企业信息管理结合起来，必须具备如下基础知识：

(1)电子商务的概念及功能。

(2)电子商务和企业信息管理的关系。

(3)企业电子商务网站建设。

相关知识

一、电子商务概述

(一)电子商务的概念及分类

从20世纪60年代后期起，电子商务就已经以多种形式活跃在商用舞台上。电子商务正以无可比拟的优势和不可逆转的趋势，改变了商务活动的运作模式，对企业的经营方式、支付手段和组织形式提出了强有力的挑战，电子商务已经渗透到企业经营活动之中，对企业的信息管理工作产生了重大影响。

【小资料】

1995年，宝钢明确在上冷轧生产线的三期建设中，同步进行信息化建设。拿到宝钢三期信息化建设项目的IBM为了确保成功，专门派自己的工程师到比利时学习如何炼钢。

与此同时，宝钢的领导层也有了新的思路：引入样板厂的管理理念，结合宝钢实际，建设适合自己的管理流程，利用IT手段将管理理念、规范和流程固化到自己的日常生产中。

到1988年3月，宝钢三期的信息化项目产、供、销一体化综合营销系统顺利上线。这个系统打通了从生产到销售的主线，即订货合同—生产计划—作业计划—出厂计划的关键路径，集成全流程的质量管理与财务成本管理。共有生产管理、销售管理、质量管理、财会与成本管理、信息作业管理五大领域，共计41个系统。使薄板合同交货期从45天缩短为6天。宝钢的成功，成为中国钢铁企业信息化的新旗帜。

1. 电子商务的含义

电子商务是指利用任何信息和通信技术进行任何形式的商务或企业的管理运作或进行信息交换，其目标在于满足企业与顾客的要求，降低成本、增强商品和服务质量。

电子商务从某种意义上来说是商务活动的电子化手段，是企事业提高销售额和降低交易成本、寻找商业机会和提高交易率、提升企业品牌和提供更有效的服务、整合企业内部资源和减少中间环节以及降低库存的解决方案。

2. 电子商务的类型

电子商务按电子商务交易涉及的对象、电子商务交易所涉及的商品内容和进行电子业务的企业所使用的网络类型等对电子商务进行不同的分类。

(1)按参与交易的对象分类,电子商务可以分为以下三种类型。

①企业与消费者之间的电子商务(business to customer,B to C)。这是消费者利用因特网直接参与经济活动的形式。随着万维网的出现,网上销售迅速地发展起来。目前,因特网上有许许多多各种类型的虚拟商店和虚拟企业,提供各种与商品销售有关的服务。

②企业与企业之间的电子商务(business to business,B to B)。B to B 方式是电子商务应用中最受企业重视的形式,企业可以使用 Internet 或其他网络对每笔交易寻找最佳合作伙伴,完成从定购到结算的全部交易行为,包括向供应商订货、签约、接受发票和使用电子资金转移、信用证、银行托收等方式进行付款,以及在商贸过程中发生的其他问题如索赔、商品发送管理和运输跟踪等。企业对企业的电子商务经营额大,所需的各种硬软件条件较复杂。

③企业与政府之间的电子商务(business to government,B to G)。这种商务活动覆盖企业与政府组织间的各项事务。例如企业与政府之间进行的各种手续的报批,政府通过因特网发布采购清单、企业以电子化方式响应:政府在网上以电子交换方式来完成对企业和电子交易的征税等,这成为政府机关政务公开的手段和方法。

(2)按交易涉及的商品内容分类,电子商务主要包括两类商业活动。

①间接电子商务。间接电子商务涉及的商品是有形货物的电子订货,如鲜花、书籍、食品、汽车等,交易的商品需要通过传统的渠道如邮政业的服务和商业快递服务来完成送货。

②直接电子商务。直接电子商务涉及的商品是无形的货物和服务,如计算机软件、娱乐内容的联机订购、付款和交付,或者是全球规模的信息服务。直接电子商务能使双方越过地理界限直接进行交易,充分挖掘全球市场的潜力。

(3)按电子商务使用的网络类型分类,电子商务可以分为如下三种形式。

①EDI 网络电子商务(electronic data interchange,电子数据交换)。EDI 主要应用于企业与企业、企业与批发商、批发商与零售商之间的批发业务。EDI 电子商务在 20 世纪 90 年代已得到较大的发展,技术上也较为成熟,但是因为开展 EDI 对企业有较高的管理、资金和技术的要求,因此至今尚不太普及。

②因特网电子商务(Internet 网络)。因特网电子商务是指利用连通全球的 Internet 网络开展的电子商务活动,在因特网上可以进行各种形式的电子商务业务,所涉及的领域广泛,全世界企业和个人都可以参与,正以飞快的速度在发展,其前景十分诱人,是目前电子商务的主要形式。

③Intranet 网络电子商务。Intranet 网络电子商务是指在一个大型企业的内部或一个行业内开展的电子商务活动,形成一个商务活动链,可以大大提高工作效率和降低业务的成本。

例如,中华人民共和国专利局的主页,客户在该网站上可以查询到有关中国专利的所有信息和业务流程,这是电子商务在政府机关办公事务中的应用。

【小资料】

根据艾瑞咨发布的《2009—2010 年中国中小企业 B to B 电子商务行业发展报告》研究显示,2009 年中国中小企业 B to B 电子商务交易规模达 1.86 万亿元,同比增长 18.5%。艾瑞咨询分析认为,金融危机提高了中小企业利用电子商务的意识,一方面,利用电子商务服务的中小企业的数量在增加;另一方面,部分原有使用电子商务服务的中小企业加大了其在电子商务方面的投资力度。双重因素促使 2009 年中小企业 B to B电子商务交易规模稳定上升。

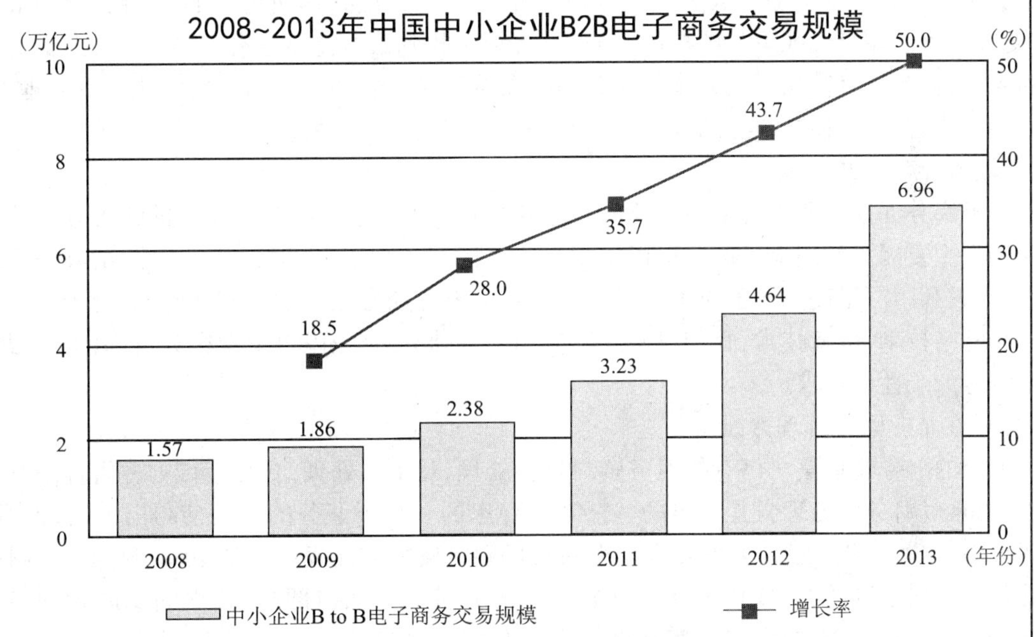

注:市场规模为通过电子化方式在企业间交易的货物、服务或信息价值的总额(贸易中任何一个环节采用了电子化形式,即认为成交的该笔贸易额为B to B电子商务交易额。

Source:参见国家统计局、海关总署数据,根据艾瑞模型核算及预测数值。

@2010.3 iResearchina. WWW.research.com.cn

(二)电子商务对企业管理的影响

随着互联网技术的不断发展与完善以及世界经济的迅猛发展,我国大部分企业正在尝试开展电子商务,企业逐渐认识到在企业管理中采用电子商务对企业产生的巨大影响。

1. 电子商务的发展优化了企业管理思想观念

电子商务及技术改变了人们的消费方式,跨越了时空界限,消费者可以直接面对企业,这使得企业必须树立全球化和标准化的理念;电子商务技术的应用改变了传统的主要以纸质媒介传递信息的方式,所以企业要适应时代的变化必须树立快速反应、时时创新的思想;电子商务大大增强了企业获取知识、应用知识的能力,企业员工可以借助网络收集到企业所需的有用信息和知识,并且进行传播与交流,企业可以通过建立完善的知识数据库,加快企业共享、交流和利用知识的速度,所以企业必须建立起注重知识的观念。

2. 电子商务提升了企业管理方式

随着电子商务的兴起与发展,企业在管理方式、方法方面实现了新的突破,电子商务使企业管理的采购、生产、财务、营销等各个方面的许多传统的管理方式、方法得到升级,衍生出许多新的管理方式、方法。

(1)在企业采购管理方面。

应用电子商务采购是降低企业成本的一个很好的方法。它使企业的采购扩大到最大范围,使企业可以在最大范围内选择供应商,更有利于找到最合适的合作伙伴,购买到更适合企业的原材料和零部件,从而大大降低采购的交易费用,提高采购商品质量,优化存货管理,进一步提高采购效率,进而使企业的采购方式和采购组织发生相应的改变。

(2)在生产管理方面。

电子商务促使企业出现了现代化的低库存生产、数字化定制生产等先进的管理方法。低库存生产主要因为利用电子商务可以实现快速地了解市场需求,对市场的反馈结果作出最快反应,同时利用网络使企业迅速了解其竞争企业的最新动态,从而对企业的产品与服务作出改良。在网络技术、信息技术、管理技术广泛应用的基础上,企业以单个顾客为目标,最大限度地满足顾客的个性化需求。

(3)在企业财务管理方面。

传统的财务管理是对已有的财务资料进行处理,是事后处理,它是传统财务管理最基本的特点,而且对财务的处理只是单机的、封闭的、静态的。电子商务的出现使得财务管理向财务核算动态化、实时化、远程化,并且向经营过程的财务管理方向发展。从单机、封闭式的财务资料处理方式向联网的、集成化的财务资料处理方式发展。从内部的、独立的职能管理向开放的、协同的集成管理方向发展。互联网的发展与普及,使得财务信息和其他业务信息相互连接,彼此共享,从而实现了财务信息和经营信息的协同。

(4)在市场营销管理方面。

电子营销是电子商务的重要组成部分和表现形式。电子营销是借助于互联网技术的一种新型的营销方式,其本质是排除或减少障碍,通过网络引导商品或服务从生产者转移到消费者的过程,它是新经济的必然产物。新的国际市场经营环境要求企业竞争是一种以顾客为焦点的竞争形态。与分布在全球各地的顾客保持紧密的联系,准确地掌握顾客的特性,建立起顾客对虚拟企业与网络营销的信任感是企业电子营销成功的关键。企业制作出符合顾客个性化需求的产品,使企业服务推向个人,提升顾客的满意度,也是使企业提高竞争力,扩大市场占有范围的必要手段,定制销售将成为电子营销的发展趋势,其变化的结果将可能导致大众市场的逐步终结,最终将会以每个用户的需求来组织生产和销售。

(5)在企业人力资源管理方面。

企业可以通过电子商务方式进行人才招聘,利用企业网站全天候发布用人资讯,随时面试合适人选应聘,大大降低人才招聘的开支,提高招聘的效率,而且人才的招聘范围将不再受地域的限制,更有助于公司选择出合适的人才。同时,企业内部员工可以直接通过内部网进行交流和沟通,比过去更加方便。信息、知识资源得以分享以后,员工之间相互信任、相互学习、相互交流的气氛会不断增加,增强了员工的归属感、使命感,建立起健康的企业文化。实施电子化人力资源管理后,企业将成为员工学习知识、发展自我、实现人生价值的平台,而不再是麻木地束缚个人自由发展的流水生产线。

二、电子商务条件下的企业信息管理

【案例思考5-4】

海尔是我国企业全面实施电子商务运作的典型,网络技术不仅应用于客户服务,而且也充分应用于企业内部管理及海尔与供应商、零售商之间的合作。

海尔在家电企业中率先推出电子商务开放式平台:B to B采购和B to C系统对外运行。在海尔的网站上,除了推出产品的在线订购销售外,最大的特色就是面对用户的四大模块:个性化定制、产品职能导购、新产品在线预订、用户设计建议,这些模块为用户提供了独到的信息服务,并使网站真正成为与用户保持零距离的平台。B to C业务推出了几百种产品在网上直接销售;B to B合作把海尔与分销商更紧密地结合在一起。

海尔集团获得可观的经济效益:通过纳入国际化供应商降低了采购成本;减少了库存资金;网上交易额大量增加;贯通了采购、设计、生产、销售、财务等部门,使得物流、资金流以及所有的支持流程都同时准确到位。从海尔成功的经验,请思考:

(1)海尔对哪些信息资源进行了管理?

(2)海尔的电子商务运作对企业的信息化管理产生了什么影响?

企业电子商务运作以信息管理为主,信息传递突破传统单向一对一的传播方式,实现了信息的双向多对多传递。公司内所有成员都可以通过网络访问企业的内部信息网和数据库;企业中的管理人员能够获得更多信息,加强他们在企业决策中的作用,从而提高整个企业的决策水平;而且企业应用电子商务可使经营活动不再受时间、空间的限制,使企业成为无边界的虚拟企业,企业内部要素的组合或不同企业之间的要素组合,实现了企业间合作效果最优化,真正做到资源共享、优势互补、利益共享,从而提高核心竞争力。如何对企业电子商务运作数据进行管理、分析乃至生成有价值的决策信息,就成为一项重要的信息管理工作。

(一)构建电子商务下的企业信息资源管理机制

1. 企业对企业的信息资源管理

企业与企业之间的电子商务是电子商务业务的主体,约占电子商务总交易量的90%,所以,要注重对合作伙伴信息资源的收集。企业生产经营所需要的原材料、辅助材料、设备、动力等物资资料的提供部门都是企业的合作伙伴,来自这些领域的信息均在一定程度上影响和制约了企业的生产经营行为。因此,企业都必须关注这类信息,加强对这类信息的收集和管理。

2. 企业对消费者的信息资源管理

从长远来看,企业对消费者的电子商务将最终在电子商务领域占据重要地位。随着生产的扩大,社会产品日趋丰富,市场竞争日益加剧,在此情况下,顾客选择的空间显著增大,客户需求越来越呈现出个性化特征。企业经营的管理理念由过去的"以产品为中心"转变为"以客户为中心";生产管理也从"推式"模型向"拉式"模型转变,即企业生产首先是由客户的需求和交易信息所拉动的。这种生产经营管理理念的变化,更加突出了企业对客户的信息资源管理。Internet 技术的出现和电子商务的兴起,使得这种"以客户为中心"的经营理念变得更加现实和可行。

3. 企业内部的信息资源管理

企业和客户的信息资源管理都属于企业外源信息的管理,这类信息资源的管理必须与企业内源信息的管理相结合,或者说,外源信息的管理必须建立在内源信息管理的基础上。企业内部信息的有序流动是企业信息管理的核心,是企业物流、资金流的基础和前提,是企业对外输出信息的主要来源。因此,必须加强对企业内部信息资源的管理。

(二)企业信息管理系统的新变化

发展电子商务对企业的信息管理工作提出更高的要求。在急剧演变的电子商务环境中,企业的信息管理工作和信息手段运用已超越传统意义上的辅助范畴,逐渐进入企业经营管理的核心领域。发挥电子商务的优势必须与企业信息管理相结合,企业信息管理系统也必须适应电子商务条件下企业资源管理的新变化才能更好地实行企业信息管理。

1. 电子商务对 SCM 的影响

电子商务技术的发展对供应链管理产生了巨大影响。电子商务环境下,供应链建立了一种跨企业的协作。电子商务下的供应链管理以中心制造厂商为核心,将上游供应商、下游经销商(客户)、物流服务商、零售商以及往来银行进行垂直一体化的整合,消除了整个供应链上不必要的运作和消耗。这种管理方式大大提高了企业生产经营的运行效率,既不会造成原材料缺货或供应不足,也不会带来原材料的大量积压,实现合理的库存管理或零库存管理,从而节约了企业的经营费用,降低了成本,提高了经济效益。

电子商务下供应链管理的优势在于通过网络技术可以方便迅速地收集和处理大量信息,使供应商、制造商、销售商及时得到准确的数据,制订切实可行的需求、生产和供货计划,以利于供应链的组织和协调运作,如图 5-8 所示。采用电子商务,企业可以及时处理信息、跟踪客户订单执行、进行有效的采购管理、存货控制以及物流配送的服务,促进供应链向动态、柔性、虚拟、全球网络化方向发展,提供供应链的持续竞争优势。

2. 电子商务对 CRM 的影响

在电子商务环境下,企业对客户的信息资源管理,主要是在 Intranet 操作平台上,运行 CRM 系统。这对提供企业内部人员信息资源共享,加强与客户的实时互动以及降低沟通成本起到巨大的促进作用。电子商务对客户关系管理的影响主要体现在:

(1)提高客户的满意度。

企业工作人员由于对客户更全面的了解,对各种客户服务请求反应更加快速,减少了客户的等待时间;客户可以不受时间限制,提高了客户进行各种查询、交易活动的灵活性;提供了多种联系方式如网络、电话、传真等,客户可以根据喜好和实际情况自行选择。

(2)提高客户的忠诚度。

这是客户关系管理追求的关键目标,也是最难的一个要求。在这个方面,电子商务所做出的贡献并不是直接体现于技术的应用,而是通过客户满意度的提高来扩展客户忠诚度的深度。

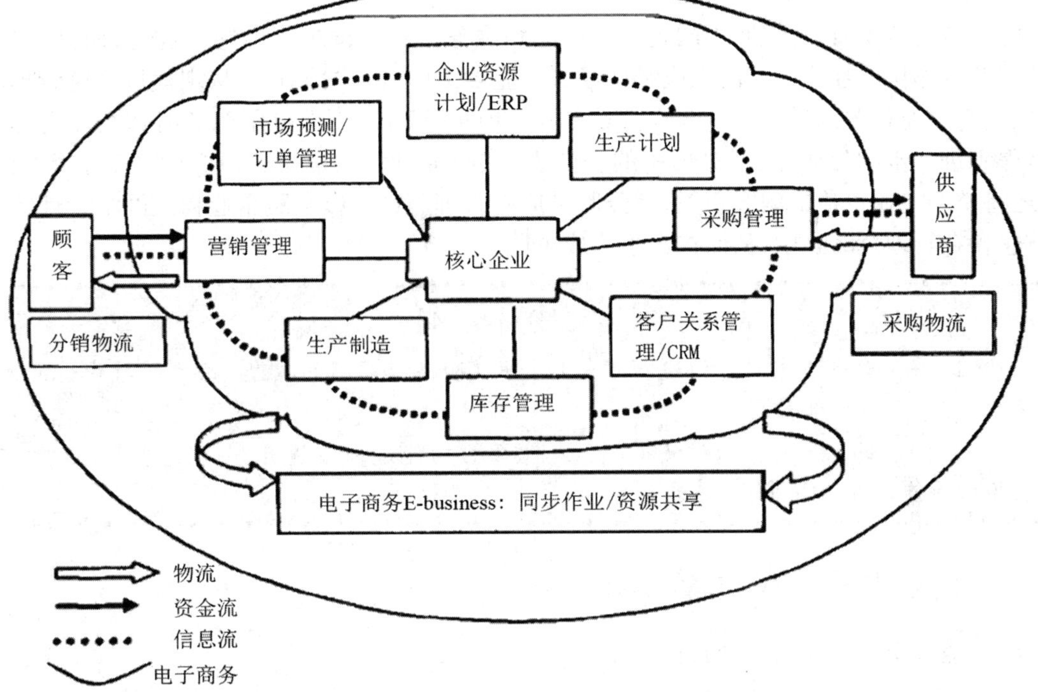

图5－8 电子商务下的供应链结构

(3)加快信息反馈速度。

基于因特网的电子商务使得客户同企业之间的联系非常密切,交互性也大大提高,因此信息在企业同客户之间、企业内部部门与部门之间都能迅速进行传递,实现共享,客户信息反馈比以前提高了几倍。而且客户与企业任一个部门打交道都能得到一致的信息。

(4)改善企业与客户的关系。

电子商务采用后,企业与客户的距离大大缩短了,实现了一对一的营销,从而使企业与客户之间的关系得到极大改善。

3. 电子商务对 ERP 的影响

随着计算机网络技术的飞速发展以及电子化管理思想的出现,ERP 也必须不断地调整,以适应电子商务时代的变革,具体表现如下:

(1)企业对外接口界面大大拓展。

传统的系统一般只能提供电脑终端给系统使用者,而电子商务时代的终端可以是多种多样的,除了固定的或可以移动的电脑之外,还有更广泛的各类数字终端。这就要求企业的信息系统能很好地利用这些资源,更方便系统用户的使用。

(2)企业的运作方式大为改观。

由于 Internet 大大缩小了时间和空间的距离,企业内部部门和员工之间的沟通模式有了很大的变化。在内部工作和业务流程的控制方面,企业将会主动地采用电子商务模式进行交流。无论该项业务涉及的员工或经理是否在同一物理位置或网络上,业务的处理将会同样顺利进行。例如,传统的管理系统模式下,一个财务或采购单据的审批,如果审批人出差在外,只有等待他回来才能完成。有了电子商务模式,即使出差,也可以通过网络审批这个单据,而不必延误业务。

(3)企业管理内涵进一步延伸。

随着市场竞争日益激烈,不同企业的产品和服务本身已很难分出绝对优劣,而把客户、供应商以及合作伙伴连成一体的供应链已经成为企业之间竞争的核心。从现代供应链管理的思想来看,与企业相关的供应商及客户都是ERP的组成部分。因而电子商务时代企业管理的内涵将得到进一步的延伸,除了对传统的企业人事、财务、库存、销售、采购、生产等进行管理以外,还将整个企业价值链的客户关系管理、供应链管理、营销管理、跨企业物流网络管理等许多环节包含在管理范畴当中,从而扩大了集成范围。

【案例分析5-4】

(1)海尔对如下信息资源进行了管理:海尔和供应商间的信息、海尔和消费者间的信息、海尔企业内部信息。

(2)海尔的电子商务运作使得其信息化平台功能进一步提升,包括客户管理、供应商管理以及企业内部生产、资源管理。

三、企业电子商务方案设计

(一)企业电子商务系统建设阶段

【案例思考5-5】

康柏是20世纪末PC电脑行业中的老大,在其前任总裁埃克哈德·皮费佛执掌康柏最后的几年里,康柏受到的来自戴尔等新兴PC厂商的竞争挑战越来越严峻。当时皮费佛心中一直有一个理念,那就是不惜一切代价保持康柏在市场中的霸主地位。1998年底,康柏宣布了它的进攻型战略,就是要实施电子商务计划。当时,戴尔的电脑直销模式已经相当完善,康柏传统分销网络不但复杂而且难以控制;启动电子商务计划后,康柏采用传统分销和网上直销两种模式,而且有些产品只在网上推出,有些产品网上销售价格和传统分销商销售价格也有差距。本来以为,电子商务计划的启动会为康柏的销售注入活力,但是最后利润报告显示,比原先预测少了将近一半,公司股票也迅速下跌。请思考:

(1)康柏电子商务运作失败的原因?

(2)电子商务系统建设要遵循什么流程?

电子商务系统是商务与技术结合的产物,所以在电子商务应用的全过程中,都必须充分兼顾着商务和技术两个方面的因素,以科学、合理的程序展开系统设计、建设和应用工作。如果按阶段划分,要实现电子商务应用,电子商务系统建设大致需要经过下列五个阶段:

1. 商务分析阶段

这是实现电子商务应用计划的第一步。这一阶段的工作主要是进行充分的商务分析,主要包括需求分析(包括企业自身需求、市场需求以及客户需求等)和市场分析(包括市场环境、客户分析、供求分析和竞争分析等)两个方面。

在电子商务条件下,市场范围扩大,创新速度加快,竞争的压力越来越大,竞争的频率越来越高，因此必须对拟建的电子商务系统在未来可能面临的竞争尽可能作出分析，最大限度地避免竞争失利。此外，还要对企业自身状况进行分析，包括对企业组织、管理、业务流程、资源、未来发展的分析，等等。要结合电子商务的特点，从供应链的角度重新审视企业组织、管理与业务流程，寻找与电子商务的最佳结合部。

2. 规划设计阶段

在完成商务分析的基础上，在掌握电子商务最新技术进展的情况下，充分结合商务和技术两方面因素，提出电子商务系统的总体规划，提出电子商务系统的系统角色，提出电子商务系统的总体格局，亦即确定电子商务系统的商务模式，以及与商务模式密切相关的网上品牌、网上商品、服务支持和营销策略四个要素。

电子商务系统设计工作由此展开，也即从子系统、前台、后台、技术支持、系统流程、人员设置等各个方面全面构架电子商务系统。此阶段的工作完成的好坏，将直接关系到后续电子商务系统建设和将来电子商务系统运行和应用的成功与否。

3. 建设变革阶段

这个阶段的工作分为两条线：一条线是按照电子商务系统设计，全面调整、变革传统的组织、管理和业务流程，以适应电子商务运作方式的要求；另一条线是按照电子商务系统设计，全面进行计算机软硬件配置、网络平台建设和电子商务系统集成，完成电子商务系统技术支持体系的建设，从技术上保障电子商务系统的正常运作。

4. 整合运行阶段

建设变革阶段完成后，就可以将经过变革的组织、管理和业务流程，与已经建好的电子商务技术平台整合起来，进行电子商务系统的试运行。再经过必要的调整、改进以后，实现电子商务应用的工作就可以进入整合运行阶段，开始实现电子商务应用。

企业电子商务系统建设绝不是一旦建成就可以一劳永逸的事情，必须在系统应用的过程中，根据企业商务和网络技术等各个方面的变化，不断创新、改进、完善，确保和提高企业电子商务系统的竞争能力。

【案例分析5－5】

(1)康柏电子商务运作失败主要原因是没有对电子商务运作做好规划，对企业业务流程没有整合成适应电子商务运作的模式。具体来说，康柏没有考虑到电子商务计划对原有分销渠道和分销商的影响，特别是，电子商务启动后有些产品只在网上推出，而且网上销售的价格同分销商销售的价格差异使得康柏的两套销售体系不能很好地运作。

(2)电子商务系统建设经历这几个阶段：商务分析阶段、规划设计阶段、建设变革阶段和整合运行阶段。

(二)企业网站建设

目前，许多企业利用电子商务手段进行营销活动，网站建设成为企业电子商务运作的主要手段。相应地，企业自己的网站开发与网站内容的管理成为信息管理部门的一项重要工作。为了激发人们的交易欲望，使网络营销取得成功，网站内容必须包括尽可能详尽的、有吸引力的产品信息、相关新闻、用户评估意见等,而且必须经常更新,不断提高可靠性和准确性。对于不少企业的信息管理部门来讲,这是一项新的工作,意味着巨大的挑战。

【小资料】

CNNIC《第24次中国互联网络发展状况统计报告》表明:截至2009年6月,中国的网站数,即域名注册者在中国境内的网站数(包括在境内接入和境外接入)达到306万个,较2008年末增长6.4%。历年网站规模变化如下图所示。

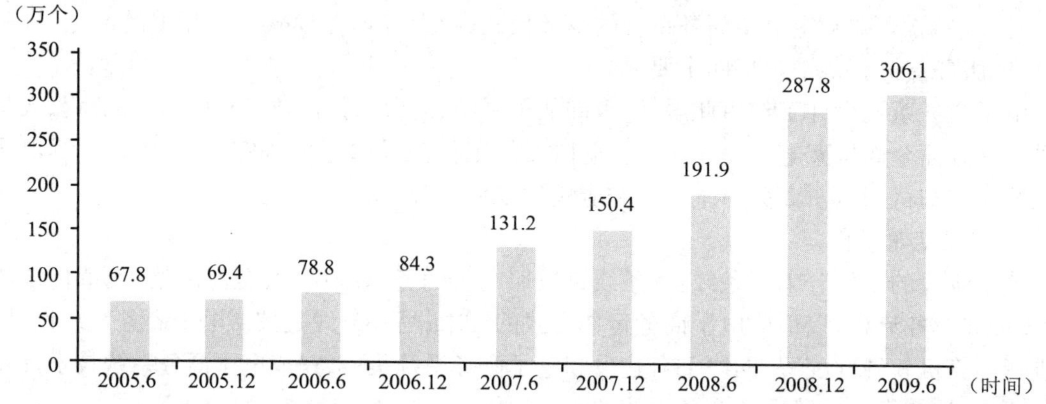

1. 企业网站建设的一般要素

企业网站是一个可以发布企业信息、提供顾客服务,以及在线销售的渠道;而在开发设计人员看来,企业网站无非是一些功能模块,通过网页的形式将前台和后台结合起来。一个完整的企业网站,无论多么复杂或多么简单,都要划分为四个组成部分:结构、内容、功能、服务。这四个部分也就是组成企业网站的一般要素。

(1)网站结构。

网站结构是为了向用户表达企业信息所采用的网站栏目设置、网页布局、网站导航、网址层次结构等信息的表现形式等。

(2)网站内容。

网站内容是用户通过企业网站可以看到的所有信息,也就是企业希望通过网站向用户传递的所有信息。网站内容包括所有可以在网上被用户通过视觉或听觉感知的信息,如文字、图片、视频、音频等。一般来说,文字信息是企业网站的主要表现形式。

(3)网站功能。

网站功能是为了实现发布各种信息、提供各种服务等必须的技术支持系统。网站功能直接关系到可以采用的网络营销方法以及网络营销的效果。

(4)网站服务。

网站服务即网站可以提供给用户的价值,如问题解答、优惠信息、资料下载等。网站服务是通过网站功能和内容而实现的。

2. 网站内容与技术整台

对于一个良好的电子商务网站而言,内容和技术同等重要,首先需要技术先行,然后终靠内容取胜,所以二者缺一不可,关键在于将技术与内容进行整合。技术人员在对网站进行建设的时候,企业会为技术人员提供大量的产品介绍、企业理念、营销活动等方面的原始资料,这些资料构成了网页设计的基础部分。但是,网页设计绝不是技术人员对资料的原始堆砌,而是应当在信息管理人员的参与下,进行再加工。也就是说,要根据网站形象策划与宣传、文化理念传播与打造的需要,对相关信息,主要是文字和图片,进行加工。

(1)网站内容合理适度。

网站的内容应既能达到网站设计目标,又能满足用户的期望,并且应该及时更新。网站不能为了实现某一个功能或只注意美观,内容上泛泛而谈,那么客户就不能很好地了解产品和服务。网页的文本内容应简洁,过长的页面需要更多的下载时间并容易使用户感到不耐烦。此外,文字要正确,不能有语法错误和错别字。

(2)提供一些在线帮助功能。

为了及时了解用户对网站的看法,可以在网站上提供网站所有者的电子邮件地址、网上论坛、网络会议等功能,让用户能够发表观点和进行讨论。比如,用户输入查询关键字或者根据索引目录就可以获得企业所提供的在线帮助。

(3)避免过分使用新技术。

有些设计人员为了展示自己的技术水平,在网站建设时采用许多新技术,甚至包括一些不成熟的技术。新技术可能吸引一小部分的技术工作者,但大多数用户更加关心的是网站的内容是否具有价值、是否能够为他们提供有效的服务。过分使用新技术常常会造成系统的不稳定,使用户丧失对网站的信心。

3. 网站维护

网站建设并不是一劳永逸的,建好网站后信息管理部门还需要精心运营才会发挥成效。大致说来,企业网站建好之后,要做好以下几个方面的工作:

(1)网站内容的维护和更新。

网站的信息内容应该适时地更新,如果现在客户访问企业的网站看到的是企业去年的新闻或者说客户在秋天看到新春快乐的网站祝贺语,那么客户对企业的印象肯定大打折扣。因此,应注意适时更新内容。在网站栏目设置上,最好将一些可以定期更新的栏目(如企业新闻等)放在首页上,使首页的更新频率更高一些。

(2)网站服务与反馈工作。

企业应设专人或专门的岗位从事网站的服务和反馈处理。客户向企业网站提交的各种反馈表单、购买的商品、发到企业邮箱中的电子邮件、在企业留言板上的留言等,企业如果没有及时处理和跟进,不但丧失了机会,还会造成很坏的影响,以致客户不会再相信你的网站。

(3)网上推广与营销。

要让更多的人知道你企业的网站,了解你的企业,就要在网上进行推广。网上推广的手段很多,大多数是免费的。主要的推广手段包括搜索引擎注册、注册加入行业网站、邮件宣传、论坛留言、新闻组、友情链接、互换广告条、B to B 站点发布信息等。除了网上推广外,还有很多网上与网下结合的渠道。比如将网址和企业的商标一起使用,通过产品、信笺、名片、企业资料等途径可以很快地将企业的网站告知客户,也方便客户从网上了解企业的最新动态。

(4)不断完善网站系统,提供更好的服务。

企业初始建网站一般投入较少,功能也不是很强。随着业务的发展,网站的功能也应该不断完善以满足顾客的需要,此时使用集成度高的电子商务应用系统可以更好地实现网上业务的管理和开展,从而将企业的电子商务引向更高的阶段。

小　结

本节从戴尔"网上直销"成功的经验,探讨了企业电子商务运作及其在企业信息管理中的地位和作用。主要有以下关键知识:

(1)电子商务的概念和功能。

(2)电子商务对企业管理的作用。

(3)电子商务下企业信息资源管理。

(4)企业网站一般要素。

课外实训项目

(1)三人一组分别扮演采购商、供应商和物流商,在电子商务模拟平台体会企业间电子商务,学会在电子商务平台上从事采购、销售、客户、配送和资金等的操作和管理。

(2)访问戴尔企业网站,列举它在信息管理方面的优势。

参考文献

[1]陈国山. 矿山企业管理[M]. 北京:冶金工业出版社,2014.

[2]辛磊,朱波. 企业管理概论[M]. 上海:上海财经大学出版社,2017.

[3]罗建华,游金梅. 企业行政管理[M]. 北京:机械工业出版社,2014.

[4]潘虹尧. 企业管理实务[M]. 北京:机械工业出版社,2013.

[5]申纲领,王永志. 现代企业管理[M]. 北京:化学工业出版社,2012.

[6]孙铁玉,乔平平. 企业经营管理[M]. 北京:电子工业出版社,2014.

[7]闫彦. 企业管理[M]. 北京:清华大学出版社,2010.

[8]葛楚华,黄君麟. 现代企业管理[M]. 北京:机械工业出版社,2012.

[9]陈玲,黄英. 现代企业管理[M]. 北京:清华大学出版社,2015.

[10]李鹰,唐德新. 现代企业管理[M]. 北京:清华大学出版社,2014.

[11]林宏,卢兰万. 企业管理理论与实务[M]. 杭州:浙江大学出版社,2011.

[12]徐静,张丽丽,高小辉. 企业管理[M]. 南京:南京大学出版社,2011.

[13]杨善林. 企业管理学[M]. 北京:高等教育出版社,2009.

[14]高海晨. 现代企业管理(第2版)[M]. 北京:机械工业出版社,2009.

[15]斯蒂芬·P. 罗宾斯,玛丽·库尔特. 管理学(第8版)[M]. 北京:清华大学出版社,2005.